Panorama hispanohablante 1

Spanish ab initio for the IB Diploma

Coursebook

Second edition

Chris Fuller, Virginia Toro, María Isabel Isern Vivancos,
Alicia Peña Calvo and Víctor González

University Printing House, Cambridge CB2 8BS, United Kingdom

One Liberty Plaza, 20th Floor, New York, NY 10006, USA

477 Williamstown Road, Port Melbourne, VIC 3207, Australia

314–321, 3rd Floor, Plot 3, Splendor Forum, Jasola District Centre, New Delhi – 110025, India

79 Anson Road, #06–04/06, Singapore 079906

Cambridge University Press is part of the University of Cambridge.

It furthers the University's mission by disseminating knowledge in the pursuit of education, learning and research at the highest international levels of excellence.

www.cambridge.org
Information on this title: www.cambridge.org/9781108704878

First published 2019

20 19 18 17 16 15 14 13 12 11 10 9 8 7 6 5 4 3 2

Printed in the United Kingdom by Latimer Trend

A catalogue record for this publication is available from the British Library

ISBN 978-1-108-70487-8 Paperback

IB consultant: Carmen de Miguel

Dedicado a la memoria de Virginia Toro, estimada docente de la lengua española que participó como autora en este proyecto.

Acknowledgements
The authors and publishers acknowledge the following sources of copyright material and are grateful for the permissions granted. While every effort has been made, it has not always been possible to identify the sources of all the material used, or to trace all copyright holders. If any omissions are brought to our notice, we will be happy to include he appropriate acknowledgements on reprinting.
anks to the following for permission to reproduce images:

er image: Gabriel Perez/Getty Images

Me presento

Unidad 1

Encuentro internacional de español como lengua extranjera

1 Para empezar

¿Está tu idioma representado en la imagen? ¿Sabes cómo se dice en español?

2 Lee

Observa el póster. ¿De qué crees que se trata?

¿A qué público crees que está dirigido? ¿Por qué?

Identidades

- Atributos personales
- Relaciones personales

Teoría del Conocimiento

¿Crees que tu identidad cambia cuando hablas otra lengua?

Creatividad, Actividad y Servicio

Imagina que presentas a tu familia a unos nuevos amigos. Prepara una actuación con tus compañeros.

Gramática

- Artículo determinado
- Concordancia de adjetivos
- Negativos simples
- Presente de verbos comunes
- Números cardinales
- Fechas
- Ortografía

PUNTO DE REFLEXIÓN

¿Por qué es importante hablar otro idioma?

A. *Los asistentes al encuentro internacional de estudiantes y profesores de español se presentan*

Hola, me llamo Christophe. Soy francés, vivo en la capital de Francia, en París. Hablo francés y español. ¡Adiós!

¡Buenos días! Me llamo Romy y vivo en Stuttgart, en Alemania. Soy alemana. Hablo alemán, francés, inglés y español. ¡Hasta luego!

Hola, ¿qué tal? Me llamo Michael y soy estadounidense. Vivo en el sur de los Estados Unidos, en California. Hablo inglés y español. ¡Chao!

Hola, buenas tardes. Me llamo Jian y soy china. Vivo en el norte de Beijing, en China. Hablo español, mandarín y un poco de italiano. ¡Hasta pronto!

1 Escucha y lee

Identifica tres saludos y cuatro despedidas en las presentaciones.

Gramática en contexto

Las nacionalidades

País	Nacionalidad	
	(hombre)	(mujer)
Brasil	brasileño	brasileña
Escocia	escocés	escocesa
España	español	española
Estados Unidos	estadounidense	estadounidense
Grecia	griego	griega
Inglaterra	inglés	inglesa
Italia	italiano	italiana
México	mexicano	mexicana
Paquistán	paquistaní	paquistaní
Puerto Rico	puertorriqueño	puertorriqueña

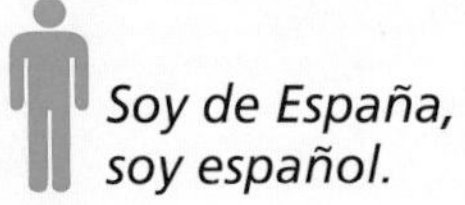

Soy de España, soy española.

2 Lee

Lee los textos y completa la tabla.

Nombre	País	Nacionalidad	Idiomas
Christophe	*Francia*	*francés*	*francés y español*
Romy			
Michael			
Jian			

3 Escribe

Escribe la conversación en el orden correcto.

Solo hablo español. ¡Adiós!

Hola, buenos días. Me llamo Ludmila, ¿y tú?

¡Adiós! ¡Hasta pronto!

Me llamo Paco, encantado.

Hablo español, rumano y ruso. ¿Y tú?

Soy chileno, ¿y tú?

Yo soy rumana. Vivo en Bucarest, en el sudeste de Rumanía. ¿Y tú? ¿Dónde vives?

Vivo en Iquique, en el norte de Chile. ¿Qué idiomas hablas?

Encantada. ¿Cuál es tu nacionalidad?

Hola, ¿cómo te llamas?

Ejemplo:

A: Hola, ¿cómo te llamas?

B: Hola…

4 Habla

Utiliza la conversación de la actividad 3 como modelo. Preséntate a cuatro de tus compañeros.

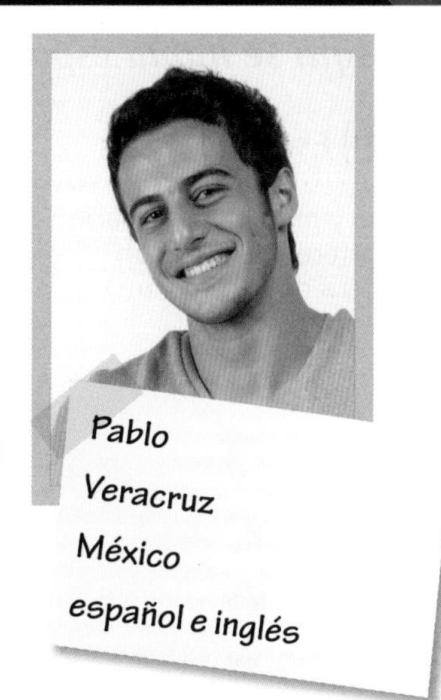

5 Escucha

Escucha y completa la tabla. ¿Qué papel juega el acento de las personas en nuestra comprensión del idioma?

¿Cómo se llama?	¿Cuál es su nacionalidad?	¿Dónde vive?	¿Qué idiomas habla?
Ethan	*escocés*	*Bath, Inglaterra*	*inglés y español*
Monika			
Gerard			
Nuccio			

Cuaderno de ejercicios 1/1

Gramática en contexto

Verbos en presente

pronombres personales	llamarse	hablar	ser	vivir
yo	me llamo	hablo	soy	vivo
tú	te llamas	hablas	eres	vives
él/ella/usted*	se llama	habla	es	vive
nosotros(as)	nos llamamos	hablamos	somos	vivimos
vosotros(as)	os llamáis	habláis	sois	vivís
ellos(as)/ustedes*	se llaman	hablan	son	viven

* indica respeto, formalidad. ¿En qué situaciones se debe utilizar *usted*?

*Yo **me llamo** Natalia, **hablo** inglés y español. **Soy** estadounidense, **vivo** en California.*

*Tú **te llamas** Moisés, **hablas** español e italiano. **Eres** chileno, **vives** en Santiago.*

6 Habla

Kaitlin, Sadaf, Albert y Pablo se han conocido en el encuentro. Mira las fotos, imagina sus conversaciones y practícalas con tus compañeros. Después escribe los diálogos en un estilo formal también.

Ejemplo:

A: Hola, me llamo Kaitlin y soy escocesa. ¿Y tú?

B: Hola, me llamo Sadaf...

7 Lee

Lee el ejemplo y completa las frases para Sadaf, Albert y Pablo.

*Ejemplo: **Se llama** Kaitlin, **es** escocesa y **vive** en Edimburgo. **Habla** inglés y español.*

8 Habla

Entrevista a uno de tus compañeros y después preséntale al resto de la clase.

9 Escribe

¿Y ellas? Escribe la transcripción de la entrevista en la emisora Radio Mar del instituto local.

A: ¿Cómo os llamáis?

B: Nos...

B. *¡Aquí se habla español!*

1 Escucha

Escucha y mira el abecedario. ¿Qué diferencias hay con la manera de escribir tu(s) idioma(s)?

A
B
C
D
E
F
G
H
I
J
K
L
M
N
Ñ
O
P
Q
R
S
T
U
V
W
X
Y
Z

2 Escucha

Escucha estos nombres y mira el recuadro. Pon atención a las sílabas subrayadas. ¿Qué observas?

H	CH	Ll	C/Q	G
Helena	Charo	Lluís	Carmen	Gabriel
Hugo	Merche	Llesenia	Araceli	Gema
Humberto	Conchita	Lluc	Francisco	Gil
Hernán			Conchita	Gonzalo
			Pascual	Guadalupe
			Quique	Berenguer
				Guillermo

3 Habla y comprende

1 Busca en el mapa una ciudad o un país que empiece con cada letra del abecedario. Deletréalos con un compañero.

Ejemplo: A – Argentina, se escribe A-R-G-E-N-T-I-N-A

2 Sonidos en español: ¿cómo pronuncias la palabra *cerrojo*? ¡Inténtalo! ¿Es difícil su pronunciación? ¿Por qué?

C. *Los números*

0	cero	10	diez	20	veinte	10	diez
1	uno	11	once	21	veintiuno	20	veinte
2	dos	12	doce	22	veintidós	30	treinta
3	tres	13	trece	23	veintitrés	40	cuarenta
4	cuatro	14	catorce	24	veinticuatro	50	cincuenta
5	cinco	15	quince	25	veinticinco	60	sesenta
6	seis	16	dieciséis	26	veintiséis	70	setenta
7	siete	17	diecisiete	27	veintisiete	80	ochenta
8	ocho	18	dieciocho	28	veintiocho	90	noventa
9	nueve	19	diecinueve	29	veintinueve	100	cien

31 treinta y uno, 32 treinta y dos…

41 cuarenta y uno, 42 cuarenta y dos…

Taxis
316-832-7865

Información autobuses
316-562-6161

Información restaurantes
315-723-4783

Información hoteles
318-487-0093

Información turística
317-320-7060

Emergencias
123

4 Lee

Lee la lista de profesores y estudiantes de la sesión matinal del encuentro. Completa la tabla.

	Número
Total asistentes	
Profesores de español	
Estudiantes de español	
Hablantes de español como lengua materna	
Hablantes de inglés como lengua materna	
Europeos	

Sesión matinal		
países	profesores	estudiantes
Gran Bretaña	cuatro	dieciséis
Pakistán	cero	uno
Colombia	tres	cero
Alemania	dos	quince
China	uno	nueve
Noruega	uno	dos
España	dos	cero
Bolivia	tres	cero
Canadá	uno	siete
Estados Unidos	cinco	veintitrés
Total	?	?

5 Lee

Lee estos números. ¿De qué servicio son? Corrige los errores.

Ejemplo: A Información autobuses: tres, dieciséis, cinco, ***sesenta*** *y dos, sesenta y uno, sesenta y uno.*

A tres, dieciséis, cinco, *setenta* y dos, sesenta y uno, sesenta y uno

B tres, diecisiete, tres, veinte, setenta, setenta

C uno, veintidós

D tres, quince, seis, veintitrés, cuarenta y siete, ochenta y tres

E tres, dieciocho, cuatro, ochenta y siete, cero, cero, ochenta y tres

6 Habla

Los asistentes al encuentro intercambian sus números de teléfono. Practícalos con tus compañeros.

Ejemplo:

A: ¿Cuál es tu número de teléfono?

B: Mi teléfono es treinta y cuatro, noventa y tres…

Josefa
(España) +34 93 868 0258

Cecilia
(Venezuela) +58 212 545 3278

Romana
(Austria) +43 423 88 224

Derek
(Inglaterra) +44 1489 645 841

Xavier
(Francia) +33 628 91 24 77

D. *En el encuentro hay actividades para todas las edades*

1 Lee

¿Cuántos años tienen Tom, Virginie, Salvador, Sophia, Michael y María?

Ejemplo: Tom, 23

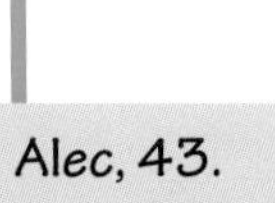

2 Escribe

Escribe lo que dicen Silva, Blanka, Alec, Alana y Neassa.

Gramática en contexto

Verbo *tener*

pronombres personales	tener
yo	tengo
tú	tienes
él/ella/usted	tiene
nosotros(as)	tenemos
vosotros(as)	tenéis
ellos(as)/ustedes	tienen

(Yo) ***Tengo*** *18 años.*

Carlos (él) ***tiene*** *19 años.*

José y Lorena (ellos) ***tienen*** *17 años.*

3 Habla y comprende

1 ¿Qué edad tienen?

Ejemplo: A Tiene tres años.

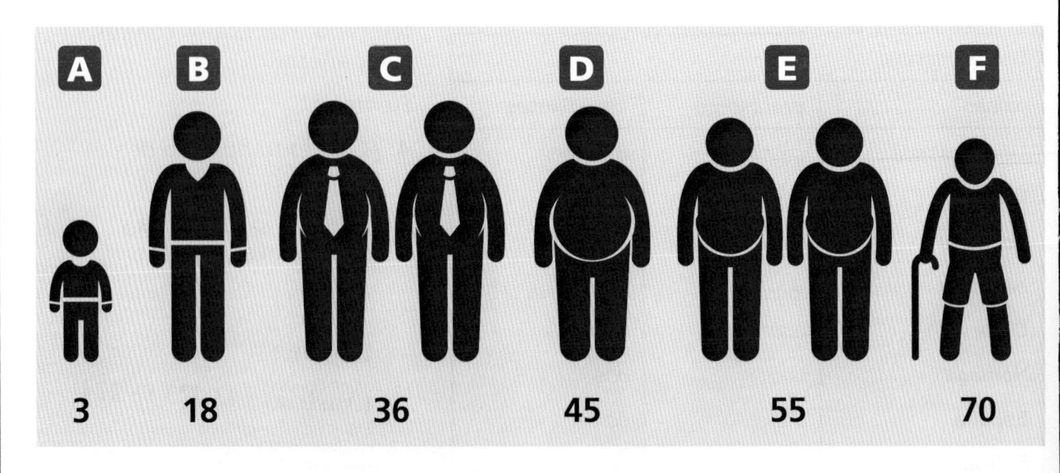

2 ¿Se utilizan los pronombres personales en tu(s) lengua(s)? ¿Por qué hay idiomas en los que es imprescindible utilizarlos, pero en otros, como el español, no?

E. *Los meses del año*

1 enero
2 febrero
3 marzo
4 abril
5 mayo
6 junio
7 julio
8 agosto
9 septiembre
10 octubre
11 noviembre
12 diciembre

4 Lee

Lee las frases. ¿Cuándo es su cumpleaños?

Ejemplo: 1 25/02

1

Mi cumpleaños es el veinticinco de febrero.

2

Mi cumpleaños es el tres de abril.

3

Mi cumpleaños es el dieciocho de junio.

4

Mi cumpleaños es el veintisiete de noviembre.

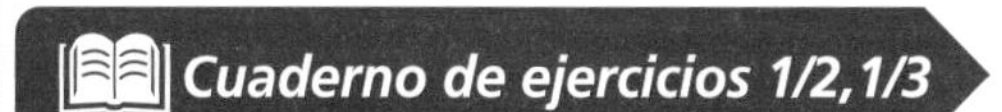
Cuaderno de ejercicios 1/2, 1/3

5 Escribe

Los participantes de una sala de chat contestan a la pregunta *¿Cuándo es tu cumpleaños?* Escribe las frases.

Ejemplo: 1 Mi cumpleaños es el cuatro de enero.

15/05

19/07

25/10

31/12

6 Escucha

Escucha y completa la tabla.

	Edad	Cumpleaños
1	*28*	*4/09*
2		
3		
4		
5		

7 Habla

Haz una encuesta. Pregunta a cinco de tus compañeros su edad y la fecha de su cumpleaños. Toma nota de sus respuestas.

Ejemplo:

A: ¿Cuántos años tienes?

B: Tengo…

A: ¿Cuándo es tu cumpleaños?

B: Mi cumpleaños es el…

F. *Los asistentes al encuentro se describen*

Vocabulario

¿Cómo eres?

Soy alto.

Soy bajo.

No soy ni alto ni bajo.

Soy alta.

Soy baja.

No soy ni alta ni baja.

No + verbo

¿Eres alto?

No, no soy alto.

No, no soy **ni** alto **ni** bajo.

1 Lee

Completa la tabla. Busca en el diccionario el significado de los adjetivos que no conozcas.

Soy...		Somos...	
Masculino singular	**Femenino singular**	**Masculino plural**	**Femenino plural**
alto		*altos*	
	baja		
atractivo			
	guapa		
		bonitos	
			atléticas
	sofisticada		
callado			
	simpática		

Vocabulario

Adverbios de cantidad

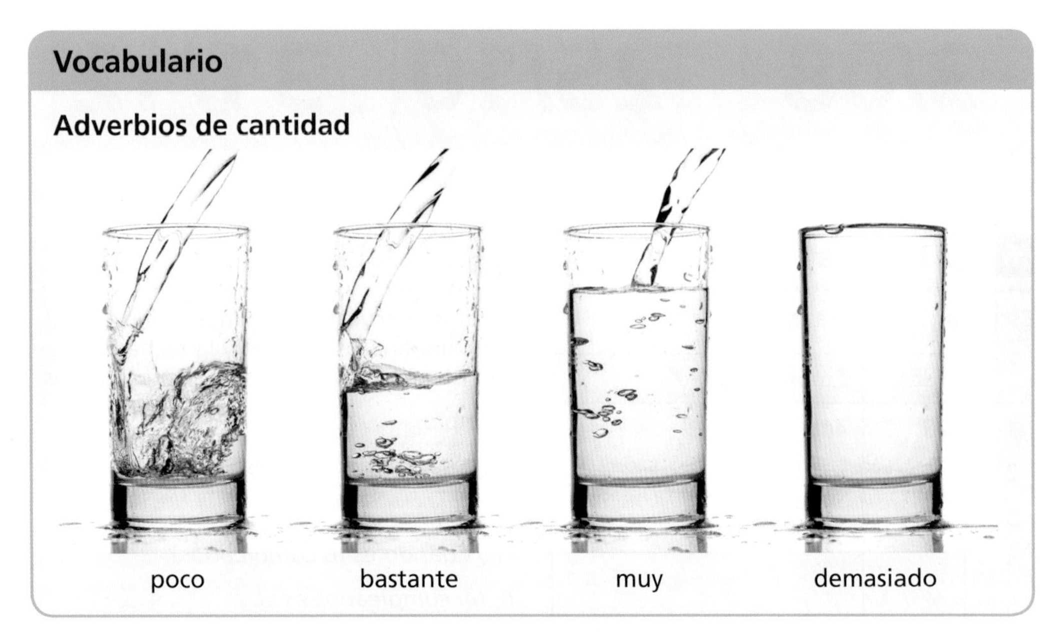

poco | bastante | muy | demasiado

2 Escribe

Estos son Luis y Marifé, dos participantes del encuentro de este año. Descríbelos con los adjetivos del recuadro.

alto • baja • guapa • sofisticada
atractivo • simpático
callada • atlético

3 Investiga

Busca en el diccionario cuatro adjetivos adicionales para describir a Luis y Marifé.

Vocabulario

Conectores

y	aunque
pero	sin embargo
también	pues
además	no obstante

Vocabulario

La personalidad

ambicioso	hablador	responsable
callado	inteligente	serio
formal	perezoso	trabajador

4 Lee

Lee las palabas del recuadro de vocabulario y busca las que no conoces en el diccionario. ¿Son atributos positivos o negativos?

5 Lee

Completa los perfiles con la información del recuadro. ¿Dónde podrías encontrar textos así?

Nombre:
Edad:
Cumpleaños:
Nacionalidad:
Idiomas:
Aspecto físico:
Personalidad:

Nombre:
Edad:
Cumpleaños:
Nacionalidad:
Idiomas:
Aspecto físico:
Personalidad:

estadounidense
bastante alta y muy atractiva
bastante atlética y muy simpática
bastante guapo y ni alto ni bajo
inglés y un poco de español
inglés, alemán y español
muy responsable, bastante ambicioso y un poco perezoso
O'Neil Watson
quince de enero
Sandra Morales
sesenta y ocho años
treinta y cuatro años
veintidós de abril
venezolana

6 Escribe

Quieres presentar a O'Neil y a Sandra al resto de participantes en el encuentro internacional.

Escribe un texto con sus características personales. ¿Qué tipo de texto es el más adecuado?

7 Habla

Toma turnos con un compañero para ser reportero o entrevistado. Practica los diálogos. Después de presentar a O'Neil y a Sandra al resto de participantes en el encuentro internacional, explica a tu compañero cómo son los dos.

Gramática en contexto

Concordancia de adjetivos

Soy...		Somos...	
Masculino singular	**Femenino singular**	**Masculino plural**	**Femenino plural**
serio	seria	serios	serias
responsable	responsable	responsables	responsables
trabajador	trabajadora	trabajadores	trabajadoras
formal	formal	formales	formales

Cuaderno de ejercicios 1/4

G. *Los asistentes al encuentro internacional de español como lengua extranjera hablan de sus familias*

1 Lee

Lee las frases. ¿Qué dicen los jóvenes? ¿Tienen hermanos?

Ejemplo: 1 Sí, una hermana menor.

2 Escribe

¿Tienen hermanos? Escribe una lista.

Ejemplo: 1 Salva tiene dos hermanas mayores.

Gramática en contexto

El plural

Singular	Plural
hermano	hermanos
hermana	hermanas
menor	menor**es**
mayor	mayor**es**
a, e, i, o, u	**+ s**
b, c, d, f, g, h, j…	**+ es**

*Tengo **un** hermano menor.*

*Tengo **tres** hermanos menor**es**.*

3 Habla

Haz un sondeo. ¿Cuántos hermanos tienen tus compañeros? ¿Son mayores o menores?

Ejemplo:

A: ¿Cuántos hermanos tienes?

B: Tengo…

4 Escribe

Mira el árbol genealógico de la página siguiente y completa las frases.

1 Montse es *la madre* de Julia.
2 Floren es _______ de Isabel.
3 Miguel es _______ de Quique.
4 José es _______ de Martín.
5 Miguel, Alicia y Quique son _______ de Cristian.
6 Isabel es _______ de Rubén.

Cuaderno de ejercicios 1/5, 1/6

Mi gran familia

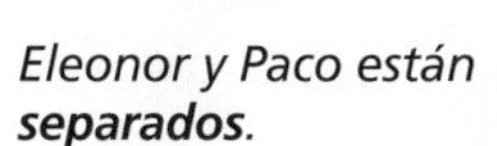

mi abuelo Domingo 81 · mi abuela Josefa 76

mi tío Antonio 56 · mi tía Floren 55 · mi padrastro Gabriel 52 · mi madre Isabel 54 · mi padre José 60 · mi suegra Eleonor 59 · mi suegro Paco 67

mi primo Rubén 32 · mi prima Sandra 30 · mi cuñada Montse 26 · mi hermano Miguel 28 · mi hermana gemela Alicia 34 · mi hermanastro Quique 32 · **yo María 34** · mi esposo Cristian 35

mi sobrino Martín 6 · mi sobrina Julia 3 · mi hijo Javier 12 · mi hija Jana 3

Vocabulario

Estado civil

Estar...

... soltero/a

... casado/a

... separado/a

... divorciado/a

*Alicia está **soltera**.*

*Eleonor y Paco están **separados**.*

*Isabel y José están **divorciados**.*

*Isabel y Gabriel están **casados**.*

Gramática en contexto

Artículos determinados

	Masculino	Femenino
Singular	el	la
Plural	los	las

***El** hermano de Sara es guapo.*

*Quique y Juan, **los** herman**os** de Sara, son guapos.*

Gramática en contexto

Verbo *estar*

pronombres personales	estar
yo	estoy
tú	estás
él/ella/usted	está
nosotros(as)	estamos
vosotros(as)	estáis
ellos(as)/ustedes	están

*Mi hermana **está** soltera.*

*Mis padres **están** casados.*

5 Escucha

Escucha y mira el árbol genealógico. ¿Quién habla?

6 Lee

Lee y mira las fotos. ¿Quién habla?

Me llamo Lorena. Mis padres están casados y tengo cuatro hermanos. Mi hermano mayor tiene dieciocho años, es muy simpático y bastante atractivo. También tengo dos hermanas gemelas menores y un hermano menor.

7 Habla

Imagina que eres una de las personas en las fotos. Utiliza tu imaginación para describir a tu familia.

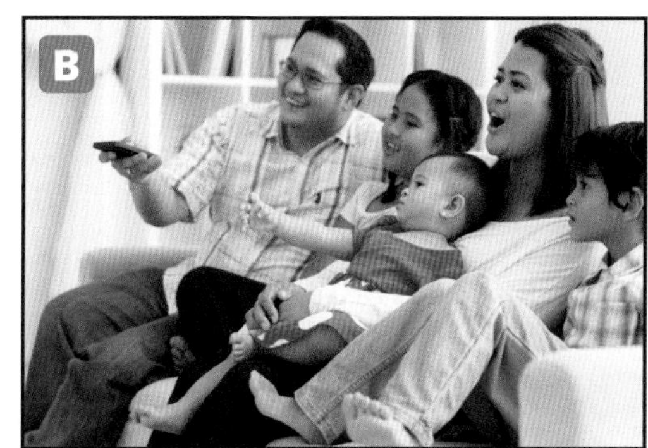

Repaso

El encuentro internacional de español como lengua extranjera llega a su fin

1 Lee

Lee y empareja las preguntas con las respuestas.

1	¿Cómo te llamas?	☐	A	Hablo inglés, español y un poco de portugués.
2	¿Cuántos años tienes?	☐	B	Me llamo Raúl.
3	¿Cuándo es tu cumpleaños?	☐	C	Tengo tres: un hermano gemelo y dos hermanas mayores.
4	¿Cuál es tu nacionalidad?	☐	D	Es el treinta y uno de agosto.
5	¿Dónde vives?	☐	E	Vivo en la capital, en Caracas.
6	¿Eres estudiante o profesor?	☐	F	Soy profesor de idiomas, enseño español.
7	¿Qué idiomas hablas?	☐	G	Tengo veintisiete años.
8	¿Estás casado?	☐	H	No, no lo estoy. Estoy soltero.
9	¿Tienes hermanos?	☐	I	Soy venezolano.

2 Escribe

Ahora completa el formulario sobre Raúl. Inventa la información que falta.

Encuesta asistentes

Nombre: Raúl ____________

Edad: ____________

Cumpleaños: ____________

Nacionalidad: ____________

Vive en: ____________

Estudiante o profesor: ____________

Idiomas: ____________

Personalidad: ____________

Descripción: ____________

Familia: ____________

Cuaderno de ejercicios 1/7, 1/8, 1/9

3 Habla

Utiliza las preguntas de la entrevista de Raúl para entrevistar a un compañero. Anota sus respuestas.

4 Escribe

Escribe un texto a tu familia donde presentes a tu compañero utilizando las respuestas que has obtenido en el ejercicio 3.

PUNTO DE REFLEXIÓN

¿Por qué es importante hablar otro idioma?

Con tu compañero, haz una lista de las situaciones en las cuales te parece importante hablar otro idioma.

¿Cómo te ha ayudado lo que has aprendido para hablar de tu(s) identidad(es)?

Mis orígenes

Unidad 2

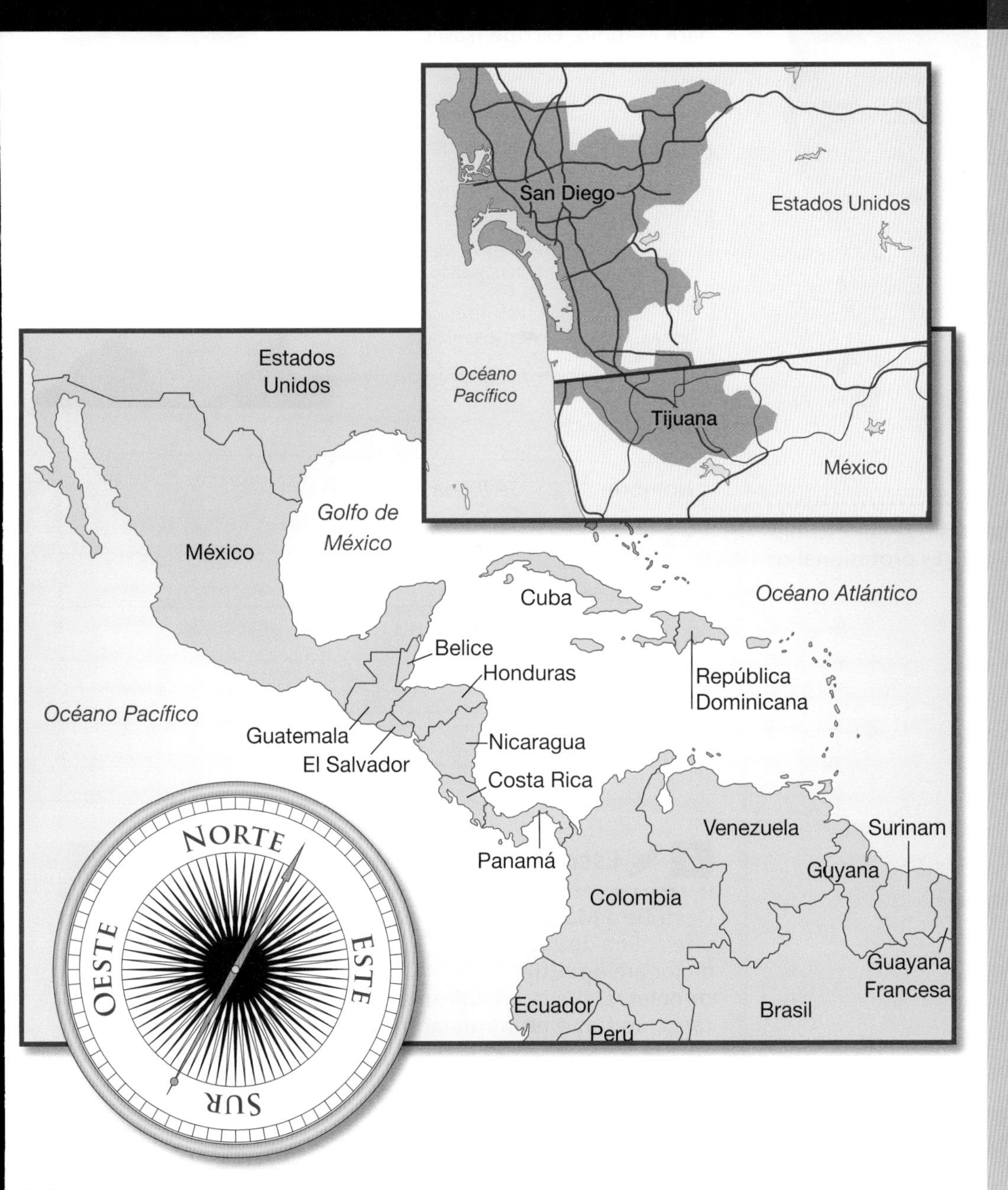

Identidades

- Atributos personales
- Relaciones personales

Teoría del Conocimiento

¿La familia es importante en el mundo moderno?

Creatividad, Actividad y Servicio

Habla con tus padres y abuelos y luego crea un póster para reflexionar sobre tus orígenes y cómo impactan sobre tu presente y tu futuro.

Gramática

- Presente regular (continuación)
- Verbos *tener* y *ser*
- Verbo *estar*
- Números cardinales (continuación)
- Comparativos
- Orden de las palabras

PUNTO DE REFLEXIÓN

¿Quién eres? ¿De dónde vienes?

1 Para empezar

1 Utilizando los dos mapas escribe una lista de diez países.

2 ¿Dónde están las ciudades siguientes?

Ejemplo: 1 Está en Ecuador.

1 ¿En qué país está Quito?
2 ¿En qué país está Tegucigalpa?
3 ¿En qué país está San José?
4 ¿En qué país está Bogotá?
5 ¿En qué país está Caracas?

2 Habla

¿Dónde están las ciudades siguientes?

Ejemplo: 1 Tijuana está en el noroeste de México.

1 ¿En qué país está Tijuana?
2 ¿En qué país está La Habana?
3 ¿En qué país está San Antonio?
4 ¿En qué país está San Diego?
5 ¿En qué país está Guatemala?

A. *Javier se describe*

1 Lee

Lee la información.

Me llamo Javier y soy mexicano.

Vivo en Tijuana, México, una ciudad pequeña cerca de la frontera con Estados Unidos.

Tengo 19 años y mi cumpleaños es el 29 de octubre.

No tengo trabajo, estoy desempleado.

2 Lee y escribe

1 Lee la información y contesta las preguntas: ¿Javier escribió una lista / un tuit / un correo electrónico? ¿Es profesional o personal? ¿Cómo lo sabes?

2 Completa el formulario.

Nombre:	Se llama Javier.
Nacionalidad:	Es ___________ .
Localización:	Vive en ___________ , es una ciudad _________ en _________ .
Edad:	Tiene ________ años.
Cumpleaños:	Es el _______ de ___________.
Trabajo:	No _________ trabajo.

Gramática en contexto

Verbos tener y ser

Tengo diecinueve años y **soy** mexicano.

¿**Tienes** diecinueve años y **eres** mexicano?

Él **tiene** diecinueve años y **es** mexicano.

 *Cuaderno de ejercicios 2/1*

3 Escribe

Completa el formulario para Manolo. Escribe frases completas.

Me llamo Manolo. Soy amigo de Javier.

También vivo en Tijuana. En mi opinión es una ciudad fantástica.

Tengo 18 años y mi cumpleaños es el 15 de marzo.

Soy estudiante, no tengo trabajo.

Nombre:	*Se llama Manolo.*
Nacionalidad:	___________
Localización:	___________
Edad:	___________
Cumpleaños:	___________
Trabajo:	___________

4 Escribe

Describe a Margarita, una amiga de Javier, a tu mejor amigo. Utiliza frases completas. ¿Vas a escribir una carta, un tuit o un formulario? ¿Por qué?

B. *La vida en Tijuana, México*

Tabla de distancias entre ciudades en México y los Estados Unidos	San Diego	Tijuana	Los Ángeles	San Francisco	Las Vegas	Ciudad de México	Chihuahua
San Diego		38	195	809	526	2830	1451
Tijuana	38		228	842	558	2758	1476
Los Ángeles	195	228		381	265	1837	980
San Francisco	809	842	381		564	2218	1361
Las Vegas	526	558	265	564		1765	908
Ciudad de México	2830	2758	1837	2218	1765		1434
Chihuahua	1451	1476	980	1361	908	1434	

Vocabulario

50	cincuenta
51	cincuenta y uno
52	cincuenta y dos
53	cincuenta y tres
54	cincuenta y cuatro
55	cincuenta y cinco
56	cincuenta y seis
57	cincuenta y siete
58	cincuenta y ocho
59	cincuenta y nueve
60	sesenta
70	setenta
80	ochenta
90	noventa
100	cien
101	ciento uno
200	doscientos
500	quinientos
700	setecientos
900	novecientos
1000	mil

Cuaderno de ejercicios 2/2, 2/3

5 Escribe

Completa las frases.

Ejemplo: 1 Los Ángeles

1 San Francisco está a trescientos ochenta y un kilómetros de ______________________.
2 Las Vegas está a quinientos veintiséis kilómetros de ______________________.
3 Tijuana está a mil cuatrocientos setenta y seis kilómetros de ______________________.
4 Ciudad de México está a dos mil doscientos y dieciocho kilómetros de ______________________.
5 Los Ángeles está a ciento noventa y cinco kilómetros de ______________________.

6 Escribe

¿A qué distancia están?

Ejemplo: 1 San Francisco está a mil trescientos sesenta y un kilómetros de Chihuahua.

1 San Francisco – Chihuahua
2 San Diego – Tijuana
3 Tijuana – Ciudad de México
4 Los Ángeles – San Francisco
5 Ciudad de México – Chihuahua
6 San Francisco – Las Vegas
7 Chihuahua – Las Vegas
8 San Diego – San Francisco
9 Tijuana – Los Ángeles
10 Los Ángeles – Chihuahua

7 Habla

Habla con un compañero sobre las distancias.

Ejemplo:

A: ¿A qué distancia está Tijuana de San Diego?

B: Tijuana está a treinta y ocho kilómetros de San Diego.

C. *Mi familia*

Me llamo Javier y vivo con mi familia en Tijuana. Tengo diecinueve años.

Mi padre se llama Daniel. Tiene cuarenta y cinco años. Es mexicano. Vive en Tijuana.

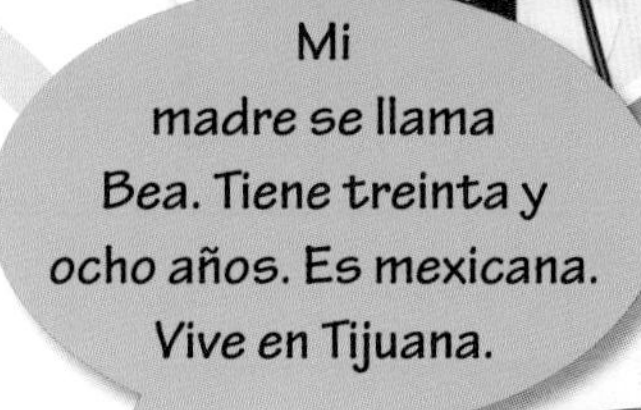

Mi madre se llama Bea. Tiene treinta y ocho años. Es mexicana. Vive en Tijuana.

Mi hermano menor se llama Rafa. Tiene quince años. Es el gemelo de mi hermana, que se llama Emiliana. Emiliana también tiene quince años, claro, ¡son gemelos! Emiliana tiene un caballo.

Mi abuelo se llama Santi. Tiene setenta y cinco años. Vive en Tijuana. Tiene tres gatos y dos conejos.

Me llamo Luis. Soy el primo de Javier. Tengo diecisiete años. Vivo en San Diego con mi familia.

Mi padre, el tío de Javier, se llama Quique. Es el hermano mayor de su padre. Tiene cincuenta años. Vive en San Diego.

Mi hermana, la prima de Javier, se llama Raquel. Es mayor que yo, tiene veintidós años. Mi hermano menor se llama José y tiene doce años.

Mi madre se llama Marta. Tiene cuarenta y ocho años. Es estadounidense. Vive en San Diego. Le encantan los animales, tiene muchas mascotas.

Vocabulario

La familia

el padre	el hermano	el tío
la madre	la hermana	la tía
el abuelo	el primo	
la abuela	la prima	

1 Lee

Lee la información sobre la familia de Javier. ¿Las familias son diferentes en otras partes del mundo? ¿Por qué?

2 Lee y escribe

Lee la descripción de Marta, la tía de Javier. Escribe una lista con los animales que menciona.

Hola, me llamo Marta. Soy la madre de Luis, y la tía de Javier. Me encantan los animales. Tengo muchos. En casa hay dos perros que se llaman Fernando e Isabel, cinco peces, tres gatos, ¡y también tengo una tortuga! Pero no me gustan las serpientes, son horribles. También tengo un caballo.

3 Escucha y escribe

1 Escucha el diálogo. ¿Es una conversación formal o informal? ¿Cómo lo sabes? ¿Cuál es el objetivo de la conversación?

2 Completa el diálogo.

Luis: ¿Qué tal tu familia, primo?

Javier: Pues, mi padre es muy serio, y a veces un [1]________ severo.

Luis: ¿Tú [2]________ mucho con él?

Javier: Él [3]________ mucho, pero cuando nosotros hablamos en casa, la [4]________, nunca nos escucha.

Luis: Pero tu padre es siempre [5]________ divertido.

Javier: ¡Qué va! Mi madre [6]________ muy simpática, y [7]________ mucho con ella. Pero mi padre es [8]________ mi abuelo, un poco tímido y nervioso. Y un poco aburrido.

Luis: Pero, primo, tú no [9]________ ni nervioso ni tímido, tienes mucha confianza. Eres más como mi padre, tu tío Quique. Es muy hablador [10]________, siempre está muy alegre.

como • eres • es • familia • habla • hablas
hablo • muy • poco • también

4 Lee y escribe

1 Busca la palabra en el diccionario con un compañero.

2 Busca en el texto el antónimo.

Ejemplo: 1 Es serio.

1 Es alegre.

2 Es divertido.

3 Es atrevido.

4 Es antipática.

5 Lee y escribe

Hay nueve características personales en el discurso. Búscalas y completa la tabla.

Positivas	Negativas
serio	

6 Escribe

Escribe una descripción de una prima de Javier. ¿Vas a escribir una carta o un diálogo? ¿Debe ser formal o informal?

Incluye:

- La relación con Javier y su nombre
- Su edad
- Dónde vive
- Su personalidad
- Sus animales

7 Habla

Habla con un compañero. Utiliza las preguntas siguientes:

A: ¿Tienes un hermano o una hermana? — B: Sí, tengo... / No, no tengo.

A: ¿Cómo se llama tu...? — B: Mi... se llama...

A: ¿Dónde vive tu... ? — B: Mi... vive en...

A: ¿Tu... tiene mascotas? — B: Sí, tiene un... / No, no tiene mascotas.

D. *Mi familia y la ropa*

Llevo una camisa blanca. También llevo unos pantalones azules porque son cómodos.

Nunca llevo pantalones cortos, no me gustan. Mi hermano lleva una camisa azul y blanca.

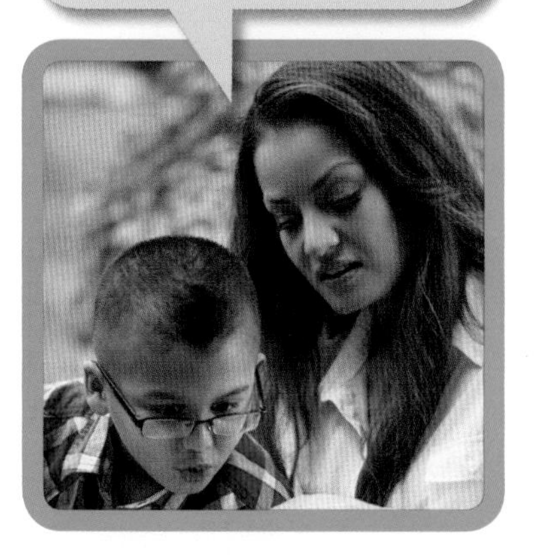

Llevo unos pantalones grises y un jersey azul. También llevo unos calcetines blancos y unos zapatos negros. Nunca llevo zapatillas de deporte, no me gustan.

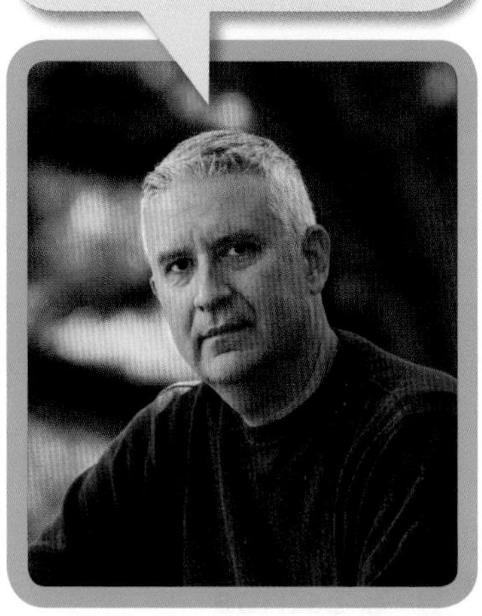

Llevo un jersey con rayas azules y blancas. Llevo unos pantalones azules, pero prefiero llevar una falda o un vestido.

Llevo una camiseta de color rojo y un sombrero.

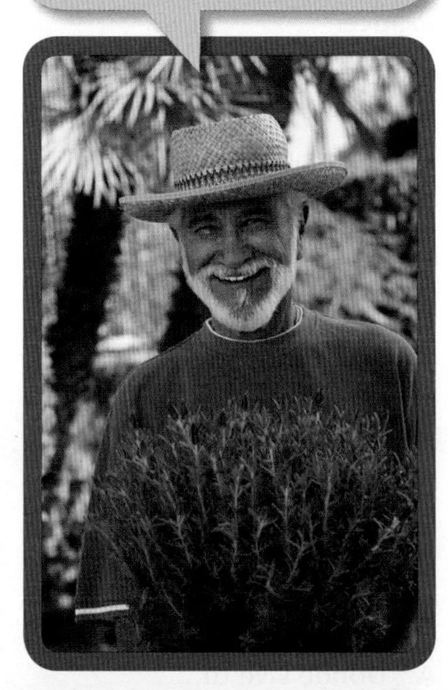

Gramática en contexto

El orden de las palabras

- unos pantalones azules

sustantivo + adjetivo

Prefiero llevar unos pantalones azules.

- una camisa blanca

sustantivo + adjetivo

Mi amiga lleva una camisa blanca.

Vocabulario

La ropa

	un jersey
	un sombrero
	un vestido
	una camiseta
	una falda

	unas gafas de sol
	unas zapatillas de deporte
	unos pantalones
	unos calcetines
	unos zapatos

1 Investiga

Elabora una lista de cinco estilos para describir la ropa.

Ejemplo: de moda – El vestido está de moda.

Cuaderno de ejercicios 2/4

2 Lee

Conecta la foto y las dos partes de la descripción.

1 Mi madre
2 Mi prima y mi primo
3 Mi padre
4 Mi abuelo

A llevan una camisa, ella de color blanco y él de color blanco y azul.
B lleva un sombrero y una camiseta roja
C lleva un jersey azul y blanco.
D lleva un jersey azul.

Cuaderno de ejercicios 2/5

Gramática en contexto

Verbo *llevar*

yo	**Llevo** una camisa blanca.
tú	¿**Llevas** unos pantalones rosas?
él/ella/usted	Mi amigo **lleva** un sombrero grande.
nosotros(as)	Normalmente **llevamos** gafas de sol.
vosotros(as)	¿**Lleváis** zapatos cómodos?
ellos(as)/ustedes	**Llevan** zapatillas de deporte negras.

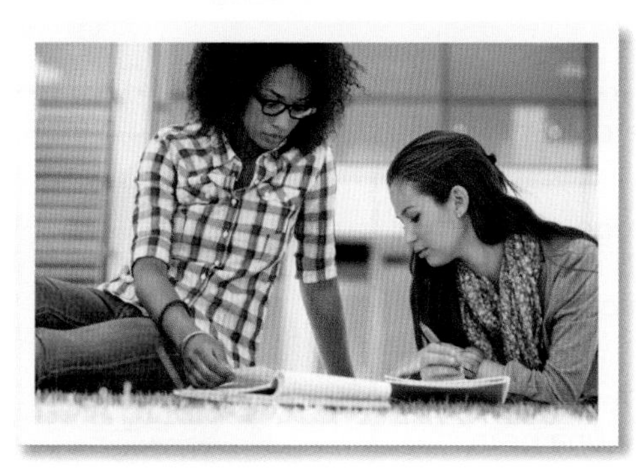

3 Escribe

Escribe una descripción de dos amigas de Javier para un diario, un correo electrónico a un amigo o un mensaje público en Facebook. Según lo que vas a escribir, identifica el propósito del mensaje y piensa en el destinatario: ¿tu descripción va a ser formal o informal?

Ejemplo:

Se llama María, tiene diecinueve años y lleva unos pantalones azules y...

4 Escucha

Escucha las descripciones y completa la tabla.

Utiliza estos adjetivos:

- cómodos
- grande
- pequeñas
- guay
- incómoda

Artículo 1 (con color)	Artículo 2 (con color)	Más/menos... que / tan... como	Opinión
1			
2			
3			
4			
5			

Gramática en contexto

Comparativos

- > Esta camiseta es **más** grande **que** la otra camiseta.
- < Estos pantalones están **menos** de moda **que** los otros pantalones.
- = Esta falda es **tan** bonita **como** la otra falda.

*Este sombrero es **menos** cómodo **que** el otro sombrero.*

*Estas zapatillas de deporte son **más** grandes **que** las otras zapatillas de deporte.*

*Este vestido es **tan** guay **como** la otra falda.*

5 Escribe

1 Escribe estas frases con espacios.

Ejemplo: A Ella no lleva una camisa roja porque la camisa es muy fea.

- A Ellanollevaunacamisarojaporquelacamisaesmuyfea
- B Nollevovestidosporquesoncaros
- C Yonuncallevovaquerosporquenosoncómodos
- D Ellasllevanmuchasfaldasmodernas
- E Llevamosgafasdesolporqueestándemoda

2 Crea una lista con las cinco opiniones mencionadas.

Ejemplo: A fea

3 Escribe una frase diferente con cada opinión.

Ejemplo: A Yo no llevo unos pantalones cortos porque son muy feos.

6 Escribe

Compara la ropa en esta foto. Crea un póster o un artículo para una revista de moda. Identifica las características de cada texto. Escribe al menos tres frases incluyendo *más... que*, *menos... que* y *tan... como*.

Ejemplo: La camiseta azul de la izquierda es más guay que la camiseta naranja de la derecha.

Frases importantes:

- de la izquierda
- del centro
- de la derecha

masc. sing.	fem. sing.	masc. pl.	fem. pl.
rojo	roja	rojos	rojas
verde	verde	verdes	verdes
azul	azul	azules	azules
blanco	blanca	blancos	blancas
negro	negra	negros	negras
rosa	rosa	rosas	rosas
morado	morada	morados	moradas
gris	gris	grises	grises
naranja	naranja	naranjas	naranjas
marrón	marrón	marrones	marrones
amarillo	amarilla	amarillos	amarillas

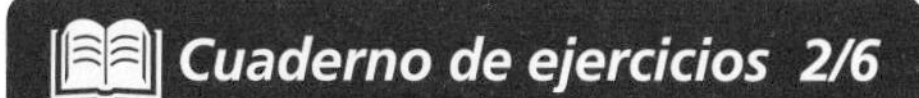
Cuaderno de ejercicios 2/6

E. *Describo a mi familia*

Gramática en contexto

Verbos *estar / tener / ser*

estoy + delgado / gordo

soy + alto / bajo / pelirrojo

tengo + los ojos / el pelo / la piel...

Hola, me llamo Luisa y tengo quince años. ***Estoy*** *bastante delgada y* ***soy*** *muy alta.* ***Tengo*** *el pelo negro y los ojos azules.*

1 Lee y escribe

1 Relaciona el miembro de la familia con la descripción.

A Hola, me llamo __________. Tengo el pelo negro y rapado, y muy corto. Tengo los ojos marrones. Soy de altura media. Estoy delgado.

B Buenos días, soy ___________. Tengo el pelo largo y en esta foto tengo una gran sonrisa. Soy baja y estoy un poco gorda.

C Hola, me llamo ____________. Tengo el pelo gris y soy muy alto, un metro ochenta y tres. Estoy bastante delgado.

2 Escribe la descripción de la persona que falta.

Javier

Quique

Bea

Daniel

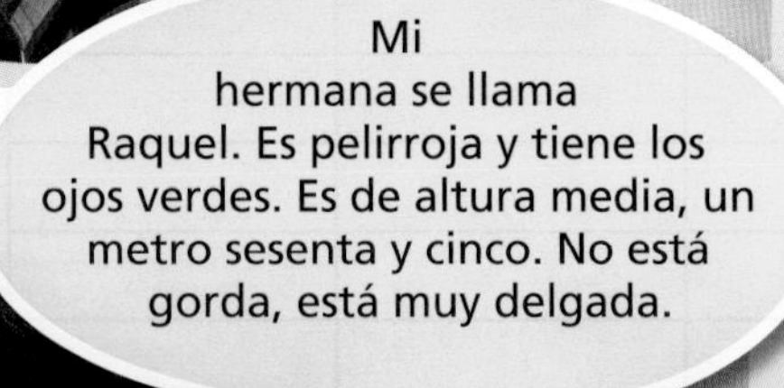

Gramática en contexto

Verbo *estar*

El verbo ***estar*** es irregular y tiene varios usos:

- Describe posición: *Tijuana está en México.*
- Describe características: *María está muy delgada.*
- Describe estado de ánimo: *Estoy contento en este momento.*

 *Cuaderno de ejercicios 2/7, 2/8, 2/9*

2 Lee y escribe

Manolo habla de su familia. ¿Verdadero (V) o falso (F)? Corrige las frases falsas.

Ejemplo: 1 F

Corrección: Manolo se lleva muy bien con su familia.

1 La familia de Manolo no se lleva bien.
2 Su familia es alegre.
3 El padre de Manolo es muy serio.
4 El padre de Manolo habla poco.
5 La madre de Manolo es tan habladora como su padre.
6 No le gusta mucho su madre.
7 La madre de Manolo es bastante alta.
8 Inma tiene quince años.
9 Manolo se lleva bien con su hermana.
10 Manolo escribe un mensaje en un foro.

Querido Javier:

Me llevo muy bien con mi familia, es una familia muy divertida.

Mi padre no es serio, es muy alegre y también es generoso. Mi madre es menos habladora que mi padre, es bastante tímida.

Mi madre es baja y está muy delgada. Ella me gusta mucho, es muy simpática. Tiene el pelo corto y castaño, y los ojos marrones. Mi hermana menor, Inma, también tiene el pelo castaño y los ojos marrones. Es muy similar a mi madre. Inma tiene catorce años y es muy inteligente. Me llevo muy bien con ella porque es interesante.

Saludos,
Manolo

3 Escribe y comprende

1 Completa la tabla con información sobre tu familia.

2 Escribe un mínimo de tres frases para describir a tu familia en un blog o una carta a un amigo.

Ejemplo: Mi madre se llama María, tiene treinta y nueve años, y vive en Miami. Me llevo muy bien con ella porque es simpática.

	¿Cómo se llama?	¿Dónde vive?	¿Cuántos años tiene?	¿Te llevas bien con él / ella? ¿Por qué?
madre				
padre				
hermano / hermana				
abuelo / abuela				

3 ¿Es importante llevarse bien con la familia? ¿Por qué?

4 Imagina y habla

1 Elige entre los personajes de Javier o Margarita. Prepara tus respuestas para describir a tu familia y habla con tu compañero.
   1 ¿Cómo es tu madre? Descríbela.
   2 ¿Te llevas bien con tu hermano?
   3 ¿Quién es la persona más divertida de tu familia?
   4 ¿Quién es la persona más seria de tu familia?

2 Da puntos a tu compañero.
   1 punto – adjetivo descriptivo (*alto, divertido, tímido*)
   1 punto – conjunción (*pero, y*)
   1 punto – adverbio de afirmación (*también, además*)
   2 puntos – adverbio de cantidad (*mucho, muy, poco, bastante*)
   3 puntos – uso del negativo (*no, nunca, nadie*)

3 Sugiere a tu compañero dos maneras de mejorar su descripción.
   Ejemplo: Utiliza más detalle. Utiliza más verbos variados.

F. *Los factores importantes en mi vida*

1 Lee

Ordena las fotos de acuerdo con tus prioridades en la vida.

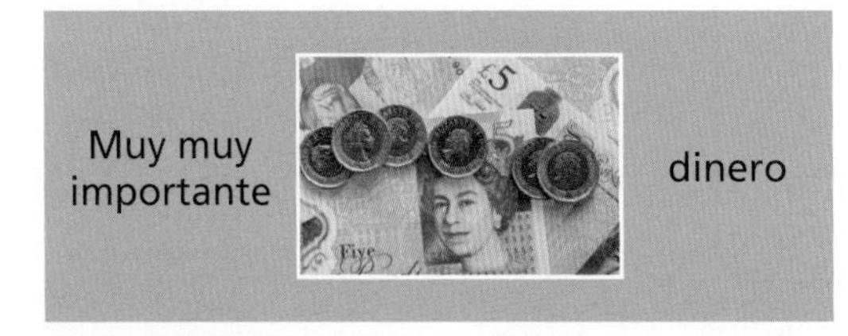

Muy muy importante – dinero

Muy importante – familia

Muy importante – seguridad

Bastante importante – educación

Bastante importante – trabajo

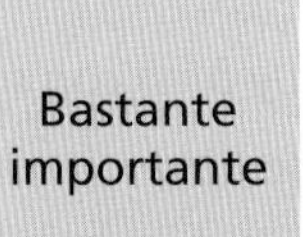
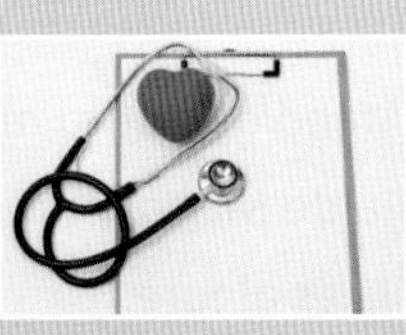

Bastante importante – salud

No muy importante – amigos

No muy importante – amor

No es importante – fama

2 Habla

Habla con un compañero para decidir vuestras prioridades. ¿Cuáles son las características de una conversación entre amigos: formal / informal / tono relajado / tono serio?

Ejemplo:

A: En mi opinión el dinero es más importante para la vida que la seguridad.

B: No estoy de acuerdo. No quiero vivir sin seguridad. En mi opinión el dinero es menos importante que la seguridad.

Estoy de acuerdo	No estoy de acuerdo
Claro Tienes razón	¿En serio? ¡Qué va!

3 Escucha

Escucha a los jóvenes. Completa la tabla.

Nombre	Edad	Factor que es muy importante	Factor que no es importante	Futuro en los Estados Unidos o Latinoamérica
Javier	*19*	*familia*	*fama*	*México*
Luis				
Margarita				
Manolo				
Alejandra				
Daniela				

G. *Mi futuro, ¿en México o en los Estados Unidos?*

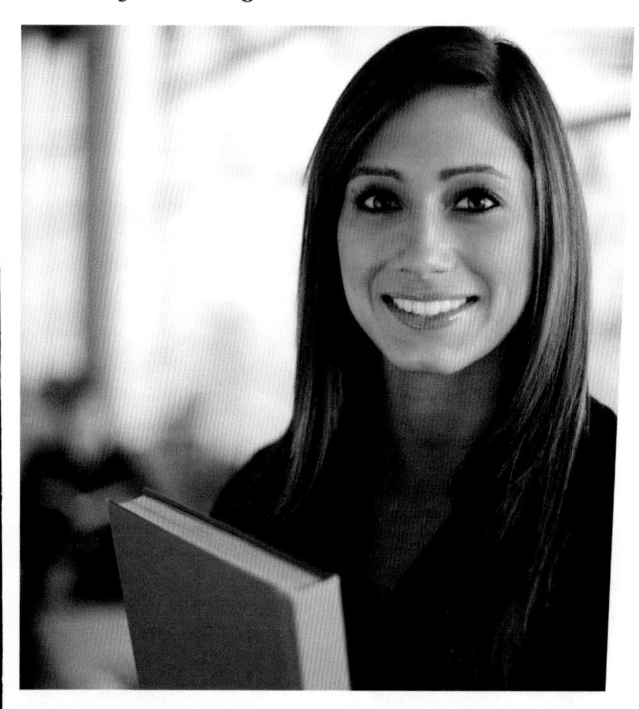

David no está contento. A mi hermano no le gusta vivir en México. Tiene veintidós años y no tiene trabajo, pero quiere un buen futuro profesional. En su opinión, hay más oportunidades de conseguirlo en los Estados Unidos. Es muy inteligente y quiere vivir allí, pero es un poco difícil. Tenemos un tío que vive en los Estados Unidos, el tío Felipe. David se lleva muy bien con él y quiere vivir con la familia de tío Felipe en San Diego. Mi hermano dice que allí hay más seguridad y más trabajo. Quiero ayudarlo, pero no sé cómo hacerlo.

En mi opinión, la vida para nosotros en México tiene aspectos positivos y negativos. A veces no es muy fácil, hay violencia y parece que no hay mucha seguridad, pero, personalmente, quiero mucho a mi familia y no quiero ir a los Estados Unidos. Para mí la familia es esencial. También creo que la vida aquí en México es muy interesante, ¡me encanta! Pero, bueno, yo no soy David.

1 Lee

1 Una amiga de Javier, Claudia, describe las prioridades de su familia. Indica en la tabla verdadero, falso o si no se menciona. Si es falso escribe una frase correcta.

	Verdadero	Falso	No se menciona
1 *A David le encanta la vida en México. (No le gusta vivir en México).*		✔	
2 David tiene 22 años.			
3 Es muy inteligente.			
4 En el futuro quiere vivir en México.			
5 Se lleva muy bien con su tía.			
6 En la opinión de David no hay mucho trabajo en México.			
7 En la opinión de Claudia la vida es muy fácil en México.			
8 Para Claudia la familia no es muy importante.			
9 A Claudia le gusta mucho la vida en México.			
10 Claudia escribe en su diario.			
11 Claudia escribe un texto para adultos con un registro muy formal.			

2 ¿Dónde se encuentra este tipo de texto? ¿Cuáles son sus características?

2 Escribe

Lee la descripción de Claudia. Escribe una lista de factores a favor de vivir en México y factores a favor de vivir en los Estados Unidos.

Ejemplo: A favor de vivir en los Estados Unidos: Hay más trabajo.

Repaso

Mis orígenes: ¡Tú, él y yo!

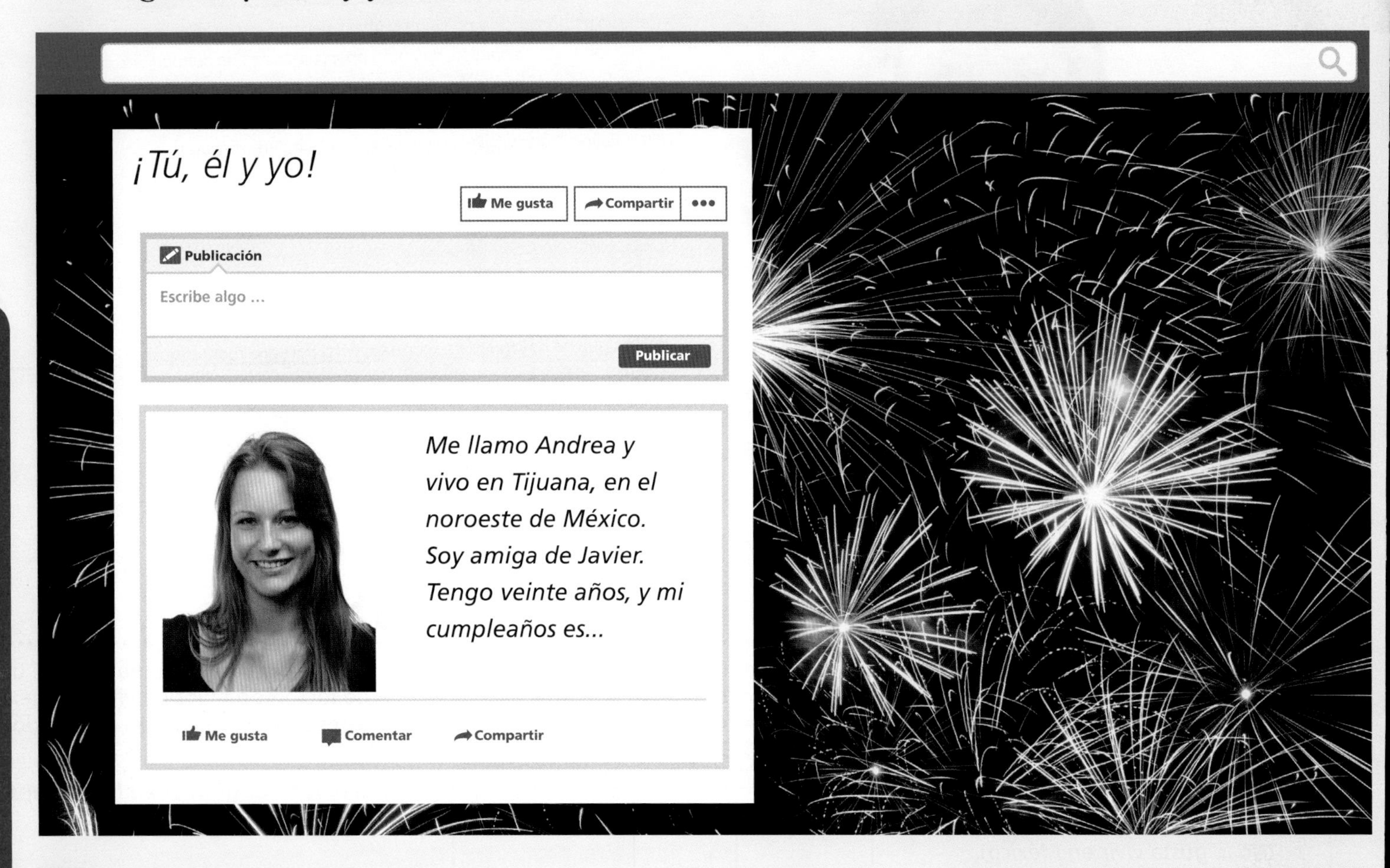

1 Escribe

Escribe una descripción creativa y detallada de Andrea, amiga de Javier, para la campaña *¡Tú, él y yo!* Elige entre un texto para una red social o una entrevista. Utiliza las preguntas siguientes para ayudarte.

- ¿Cómo te llamas?
- ¿Cuántos años tienes?
- Describe a tu familia, incluyendo sus personalidades y sus aspectos físicos.
- ¿Dónde quieres vivir en el futuro, en México o en los Estados Unidos? ¿Por qué?

Ejemplo: Me llamo Andrea y vivo en Tijuana, en el noroeste de México. Soy amiga de Javier. Tengo veinte años y mi cumpleaños es...

PUNTO DE REFLEXIÓN

¿Quién eres?

¿De dónde vienes?

Habla con tus compañeros para comparar vuestras nacionalidades y las nacionalidades de vuestros padres, los idiomas que habláis y los países donde nacisteis.

2 Habla

Compara tu descripción con la de tu compañero.

1 ¿Estás de acuerdo con sus opiniones?
2 Sugiere tres detalles adicionales que debe incluir en su descripción.
3 Escribe los detalles adicionales que el compañero sugiere para tu descripción.

Cuaderno de ejercicios 2/10

Así es mi día

Unidad 3

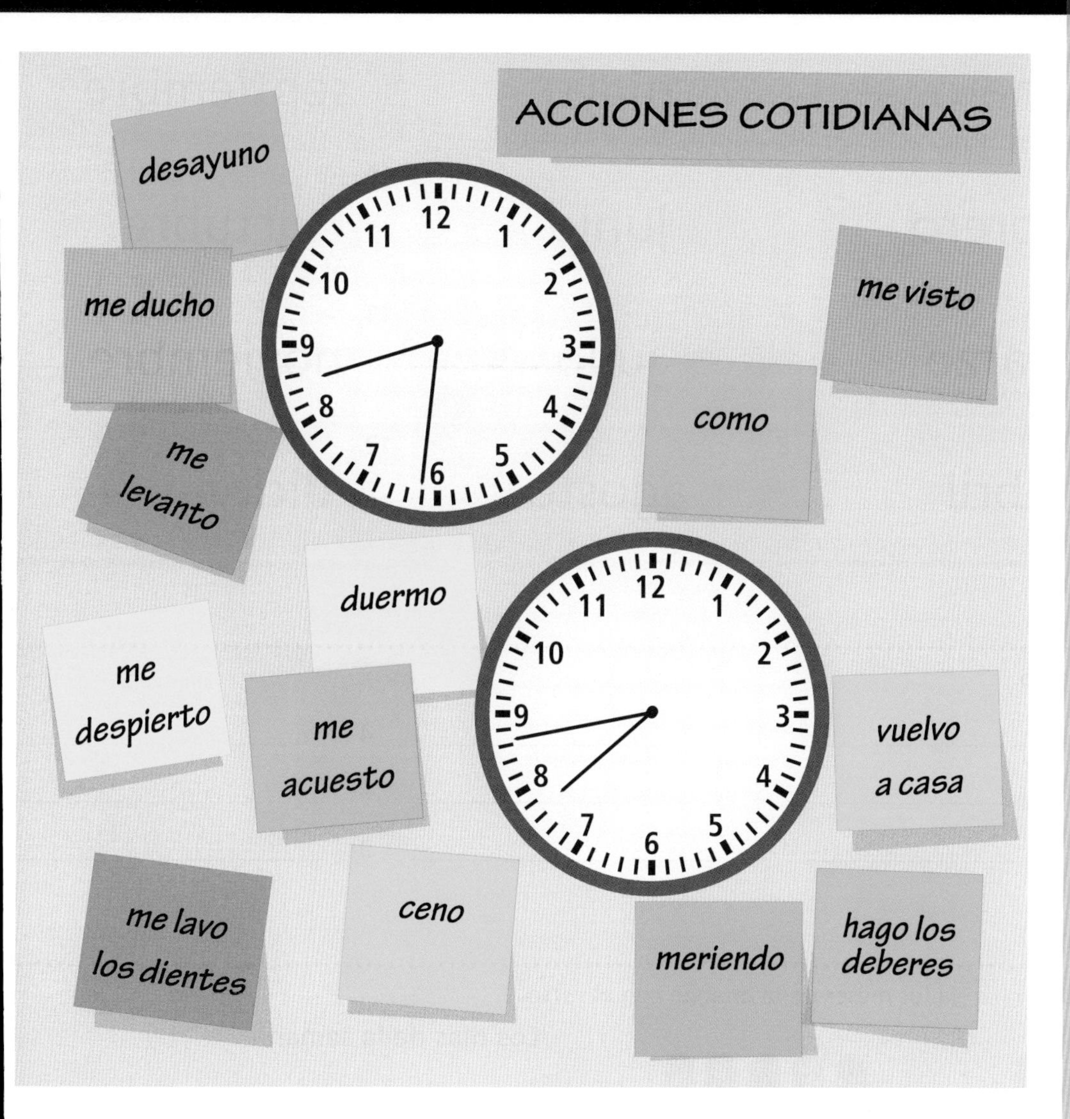

1 Para empezar

Mira la imagen y piensa en tu vida diaria.

1. Durante el curso, ¿qué haces por la mañana, por la tarde y por la noche de lunes a viernes?
2. ¿Haces las mismas cosas en vacaciones por la mañana, por la tarde y por la noche? ¿Qué es diferente?

2 Escribe

1. Escribe tus acciones cotidianas.

   Ejemplo: Por la mañana, me despierto, me levanto...

2. Compara tus acciones cotidianas por la mañana con las de dos compañeros. ¿Hacéis las mismas cosas? ¿En el mismo orden?

Experiencias

- **Rutina diaria**

Teoría del Conocimiento

¿Por qué grupos culturales diferentes o países diferentes dividen y organizan el día de forma distinta?

Creatividad, Actividad y Servicio

Cómo diseñar/elaborar un horario para un grupo de estudiantes extranjeros que viene a visitar tu instituto, teniendo en cuenta sus necesidades y costumbres y los hábitos del país o lugar de acogida.

Gramática

- **Hay**
- **Presente: verbos e > *ie*, e > *i*, o > *ue***
- **Verbos reflexivos regulares e irregulares**
- **Verbos personales *hacer* y *soler***
- **Adverbios de tiempo**

PUNTO DE REFLEXIÓN

¿Cómo varía la rutina diaria según donde vives?

A. *El calendario*

¿En qué mes estamos?
Estamos en enero.
Estamos en septiembre.

Los meses del año		
1 enero	5 mayo	9 septiembre
2 febrero	6 junio	10 octubre
3 marzo	7 julio	11 noviembre
4 abril	8 agosto	12 diciembre

1 Escribe

Escribe el mes que corresponde a cada número.

11 *noviembre* ______ 12 ______ 1 ______ 4 ______
6 ______ 2 ______ 5 ______ 8 ______
3 ______ 10 ______ 7 ______ 9 ______

2 Lee y comprende

1 ¿Cuántos días tienen los meses del año? Empareja los meses de la imagen con el verso.

30 días tiene noviembre
con abril, junio y septiembre,
*de 28 solo uno,**
los demás de 31.

**Cada cuatro años, cuando febrero tiene 29 días, tenemos un año bisiesto.*

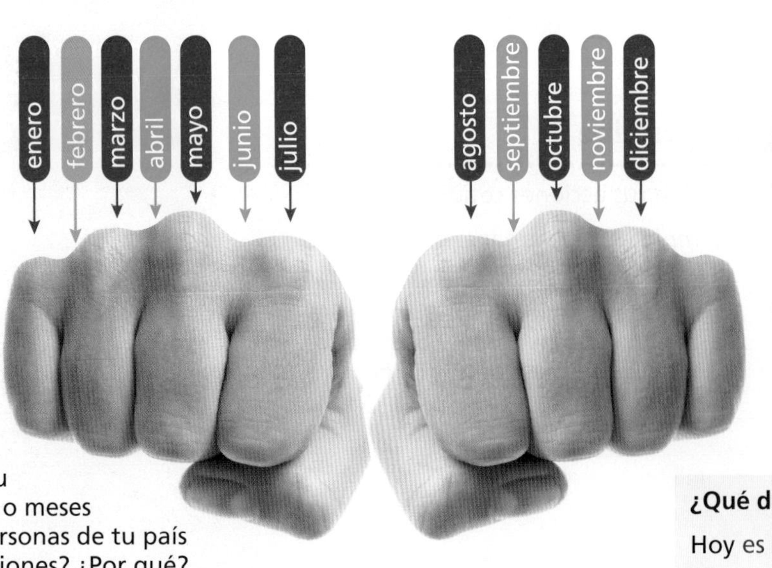

2 ¿En qué meses hay vacaciones en tu país? ¿Qué mes o meses prefieren las personas de tu país para ir de vacaciones? ¿Por qué?

Los días de la semana

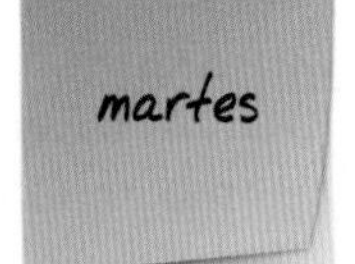

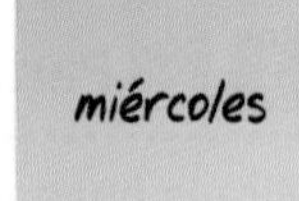

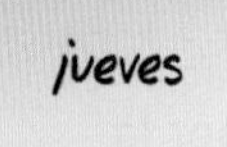

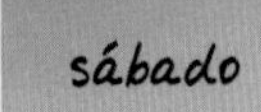

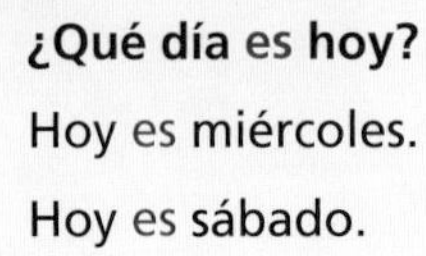
¿Qué día es hoy?
Hoy es miércoles.
Hoy es sábado.

Cuaderno de ejercicios 3/1

3 Escribe

Termina estas frases con el día que corresponde.

1 Hoy es martes, entonces mañana es *miércoles*.
2 Hoy es domingo, entonces mañana es...
3 Hoy es sábado, entonces mañana es...
4 Hoy es jueves, entonces mañana es...
5 Hoy es viernes, entonces mañana es...
6 Hoy es miércoles, entonces mañana es...
7 Hoy es lunes, entonces mañana es...

Cuaderno de ejercicios 3/2

4 Lee

Hoy **es** uno **de** agosto. (1/8)	Hoy **estamos** a uno **de** agosto. (1/8)
Hoy **es** dieciséis **de** agosto. (16/8)	Hoy **estamos** a dieciséis **de** agosto. (16/8)
Hoy **es** veintisiete **de** agosto. (27/8)	Hoy **estamos** a veintisiete **de** agosto. (27/8)

¿Sabías que...?

Formato para las fechas en el mundo

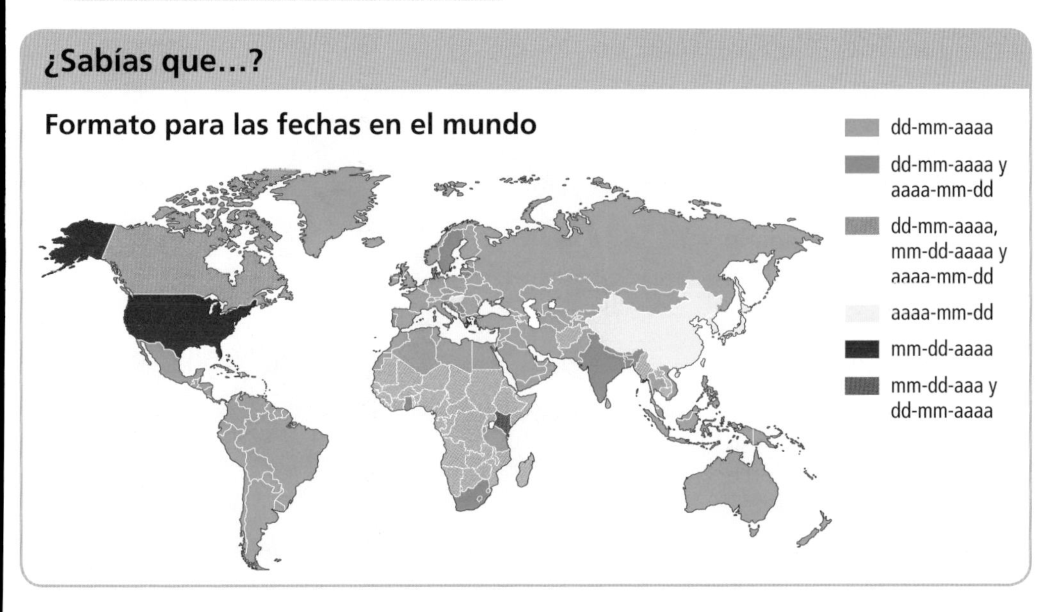

5 Escribe y comprende

1 Escribe las fechas que ves en las imágenes. Utiliza una frase completa.

Ejemplo: 1 Hoy es viernes dos de marzo.

2 ¿Cuándo dices, escribes o preguntas tú la fecha? ¿Dónde se ve la fecha escrita? ¿Qué formato usas?

Cuaderno de ejercicios 3/3, 3/4

B. *Más fechas*

1 Escucha

¿Qué fecha es? Empareja las fechas con las imágenes.

Ejemplo: 1 C

2 Habla y escribe

Haz una lista con los cumpleaños de diez compañeros de tu clase. Ordena tu lista de enero a diciembre y del día 1 al 31. Pregunta a tus compañeros.

Ejemplo:

A: Paul, ¿cuándo es tu cumpleaños?

B: Mi cumpleaños es el dos de abril.

3 Investiga y comprende

1 ¿Qué tradiciones o festivales tienes en tu ciudad o país? ¿Cuándo se celebran? ¿Dónde se celebran? ¿Por qué se celebran?

2 En la tabla tienes algunas celebraciones del mundo hispano. ¿Cuándo y dónde se celebran?

¿Hay celebraciones parecidas en tu país? Añade tu tradición favorita al final de la tabla.

Tradiciones	¿Cuándo **se celebra...?**	¿Dónde **se celebra?**
1 El Día de los Muertos	*El dos de noviembre*	
2 Las Fallas		*En Valencia, España*
3 Inti Raymi		
4 El Desfile de Silleteros		
5 El Día Nacional del Tango		
6		

3 ¿Qué papel juegan las fiestas y las tradiciones en la formación de la identidad cultural?

Cuaderno de ejercicios 3/5, 3/6

¿Sabías que...?

Los calendarios mayas son muy precisos e importantes en la historia. Los dos calendarios mayas más conocidos son el Haab y el Tzolk'in. En el calendario Haab hay 365 días y 18 meses. En el calendario Tzolk'in, el calendario sagrado maya, hay 260 días, pero no hay meses. El calendario Haab y el calendario Tzolk'in están entrelazados en un tercer calendario llamado la Rueda Calendárica.

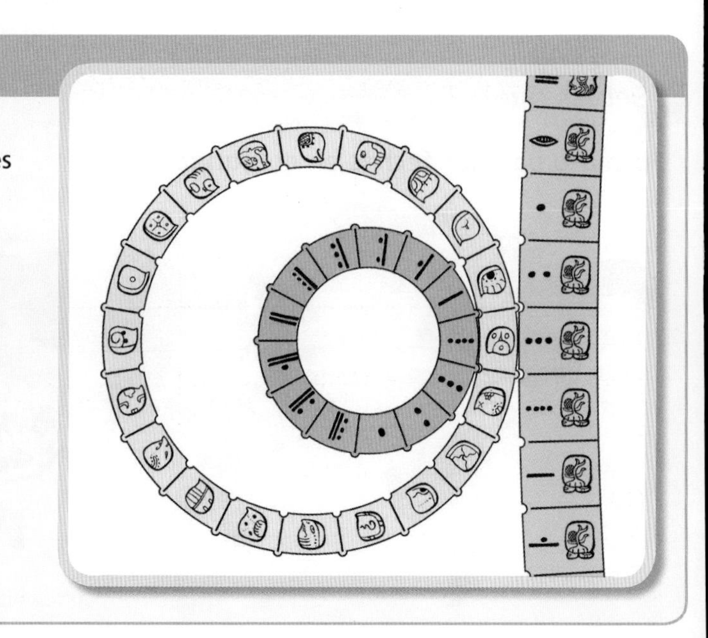

C. *¿Qué hora es?*

1 Lee y escucha

Mira los relojes. Lee y escucha la hora.

1 

2 

3 

4 

5 

6 

7 

8 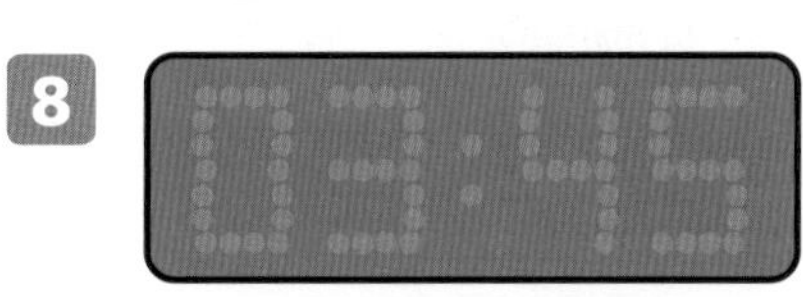

9 

10 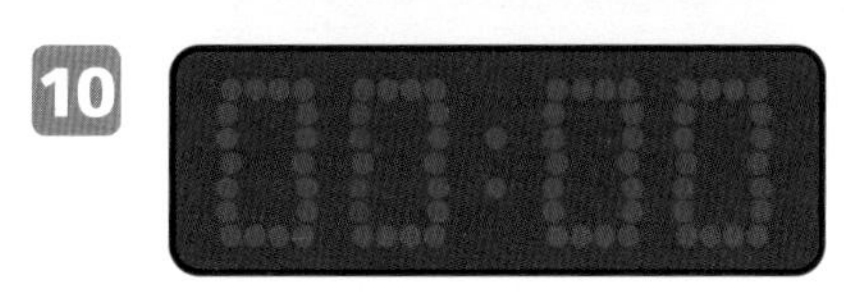

A Son las cinco.

B Son las nueve y cinco.

C Son las cinco y cuarto.

D Son las ocho y veinte.

E Son las diez y media.

F Es la una.

G Es la una menos veinte.

H Son las cuatro menos cuarto.

I Es mediodía.

J Es medianoche.

Gramática en contexto

La hora

Es la una en punto. (13:00) Es la una y media. (13:30) Es la una y cuarto. (13:15)	Es la una **menos** diez. (12:50) Es la una **menos** cuarto. (12:45)
Es mediodía. (12:00 ☼) Es la una de la mañana. (1:00)	Es medianoche. (00:00 ☾) Es la una **de la tarde**. (13:00)
Son las nueve. (9:00) Son las siete y veinte de la tarde. (19:20) Son las once y veinticinco de la noche. (23:25)	Son las diez **menos** veinticinco. (9:35) Son las tres **menos** cuarto **de la tarde**. (14:45)

Vocabulario

Las partes del día

Yo estudio **por** la mañana.

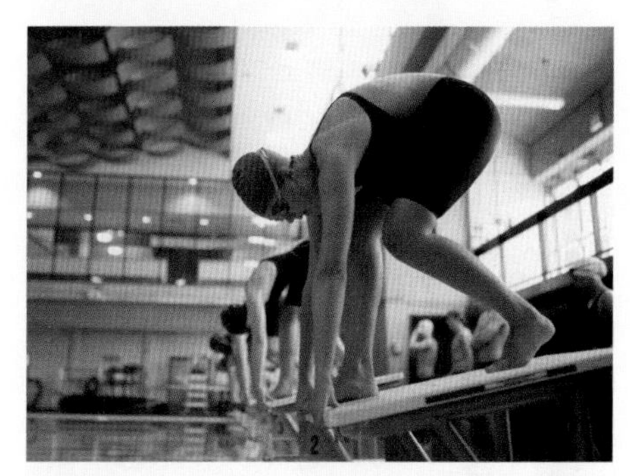

Nosotros nadamos **por** la tarde.

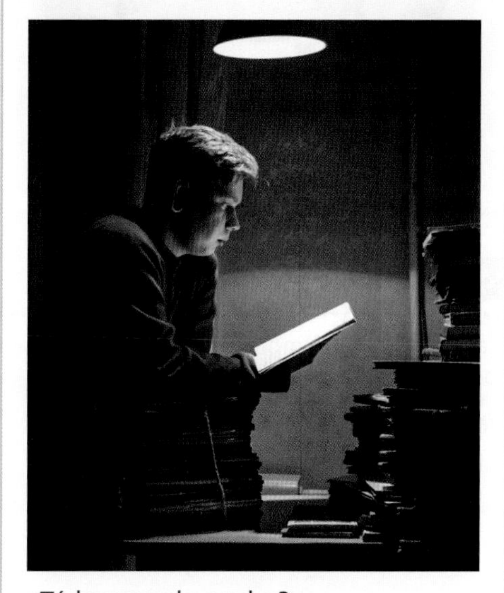

¿Tú lees **por** la noche?

España	**Latinoamérica**
por la mañana	en la mañana
por la tarde	en la tarde
por la noche	en la noche

2 Escucha

1 Marca los contextos en los que puedes escuchar a alguien diciendo las horas. Añade otros.

- ☐ en la estación de trenes (anuncio)
- ☐ en los noticiarios en la radio o televisión (presentadores)
- ☐ en casa (mis padres)
- ☐ en el instituto (mis profesores)
- ☐ otros: ....

2 Ahora escucha y escribe las horas.

Ejemplo: 1 Son las tres y veinte.

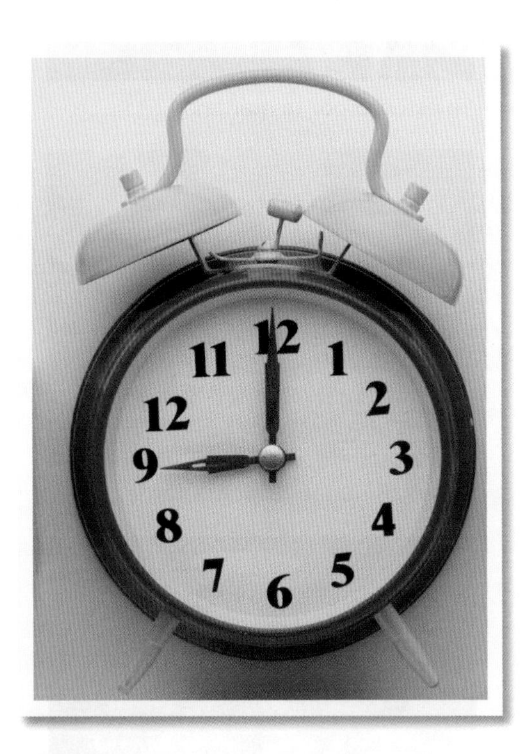

3 Escucha y escribe

Completa las conversaciones con *es, son, de* o *por*.

Conversación 1

Marta: Hola, Felipe, ¿qué hora *es?*

Felipe: [1]______ las cuatro y media [2]______ la tarde.

Marta: ¿Las cuatro y media? Hoy yo tengo clase de español a las cinco.

Felipe: Mi clase de español [3]______ a las once y media [4]______ la mañana.

Marta: Yo no tengo clases [5]______ las mañanas, solo [6]______ las tardes.

Felipe: ¡Qué bien!

Marta: ¡Adiós! Hasta mañana [7]______ la tarde.

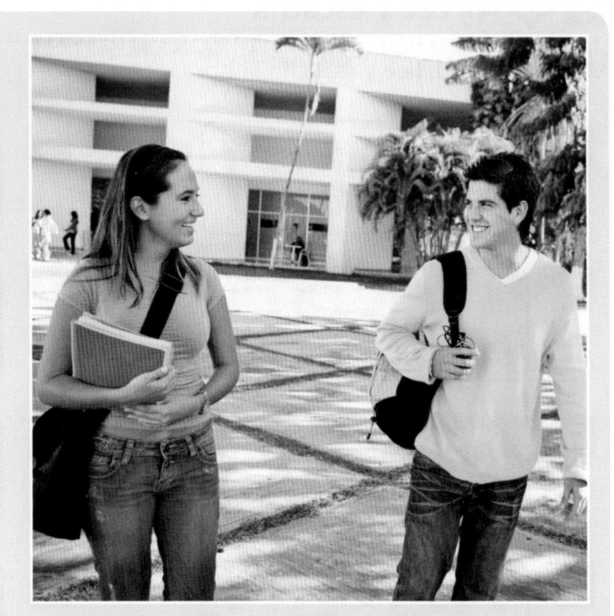

Conversación 2

María: Mi padre trabaja los sábados a las diez [8]_____ la mañana, pero no el sábado [9]_____ la tarde.

Pedro: ¿Sí? ¿Y a qué hora come?

María: Come pronto, a la una o una y media [10]_____ la tarde.

Pedro: Yo también como a la una los sábados.

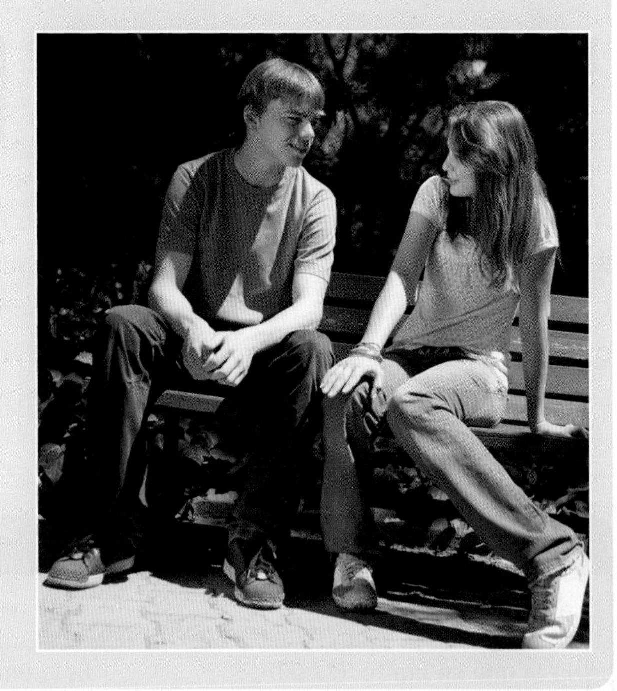

4 Lee y escribe

Trabaja con tu compañero y trata de contestar las preguntas.

Ejemplo: 1 Hay 60 minutos en una hora.

1 ¿Cuántos minutos hay en una hora?

2 ¿Cuántas horas hay en un día?

3 ¿Cuántos segundos hay en un minuto?

4 ¿Cuántos días hay en una semana?

5 ¿Cuántos meses hay en un año?

6 ¿Cuántos días hay en enero?

Gramática en contexto

Hay

¿Cuántos o cuántas **hay**?

¿*Cuántos* estudiantes ***hay*** en clase? ***Hay*** treinta estudiantes.

¿*Cuántas* chicas ***hay*** en el equipo? ***Hay*** diez chicas.

 *Cuaderno de ejercicios 3/7*

D. *Así es mi día*

1 Escucha y lee

Mira estas imágenes sobre un día normal en la vida de Pablo. ¿A quién está dirigido? Hay varias posibilidades. Haz una lista.

Por la mañana

Son las 7:30.
Me despierto. Miro la hora y me levanto.

1

Son las 7:45.
Me lavo la cara.

2

Son las 8:00.
Desayuno.

3

Son las 8:15. Voy al colegio en autobús.

4

A las 8:30 empiezan las clases. Los lunes tengo inglés y matemáticas.

5

Por la tarde

A las 14:30 vuelvo a casa.

6

A las 15:00 como en casa.

7

A las 16:00 veo la tele o uso Internet para hablar con mis amigos.

8

A las 18:30 meriendo.

9

Son las 19:00.
Hago los deberes.

10

Por la noche

A las 21:00 es la hora de cenar. Ceno en casa con mi familia.

11

A las 21:45 leo en la cama.

12

Son las 22:30.
Me acuesto.
¡Buenas noches!

13

2 Escribe

Escribe las preguntas para hacer un cuestionario sobre los horarios y hábitos de los compañeros de clase.

Ejemplo: 1 ¿A qué hora te levantas?

1 ¿A qué hora / levantarse (tú)?
2 ¿A qué hora / desayunar (tú)?
3 ¿A qué hora / ir (tú) al colegio?
4 ¿A qué hora / empezar (tú) / las clases?
5 ¿Qué / hacer (tú) / por la mañana?
6 ¿A qué hora / comer (tú)?
7 ¿A qué hora / hacer (tú) / los deberes?
8 ¿Con quién / cenar (tú) / por la noche?
9 ¿Qué / hacer (tú) / después de cenar?
10 ¿A qué hora / acostarse (tú)?

3 Habla

1 Ahora vas a hacer una encuesta en tu clase para descubrir qué hábitos tienen tus compañeros. Puedes usar las preguntas de la actividad dos.
2 Presenta los resultados de la forma que prefieras. Puedes usar porcentajes o gráficos.

Ejemplo:

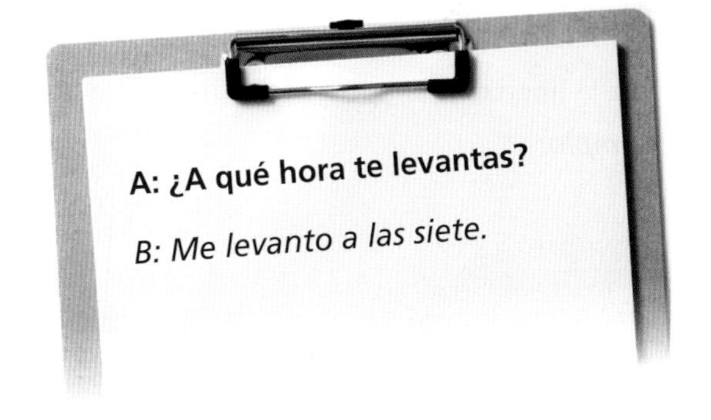

Cuaderno de ejercicios 3/8

Gramática en contexto

Los verbos reflexivos

levantarse

yo	me	levanto	nosotros(as)	nos	levantamos
tú	te	levantas	vosotros(as)	os	levantáis
él/ella/usted	se	levanta	ellos(as)/ustedes	se	levantan

E. *Un día en la vida de Gabriela*

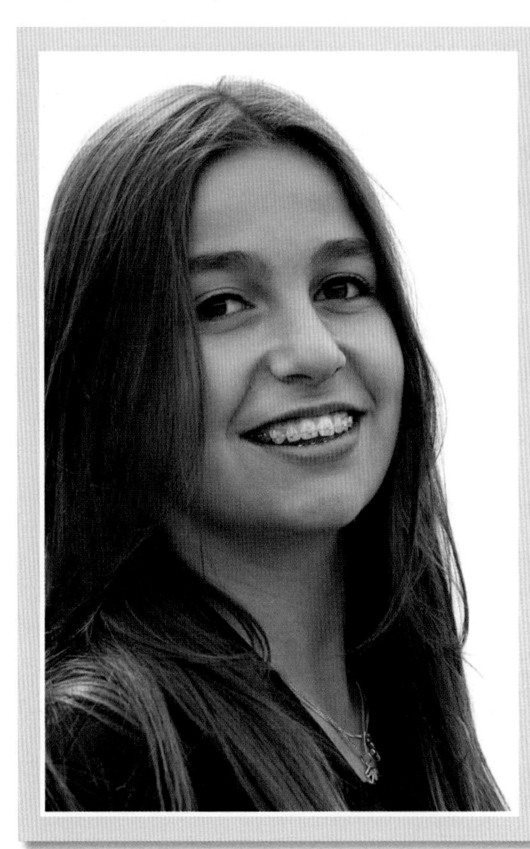

Tengo 15 años. Vivo en Monterrey, una ciudad muy grande e importante de México.

Por la mañana

Me despierto y me levanto a las seis de la mañana todos los días.

Primero, me ducho y me visto. Antes de ir al colegio limpio mi habitación y preparo el desayuno para mis hermanos. Después desayuno, a las seis y media.

A las siete, salgo de casa y voy al colegio con una amiga en autobús. El colegio no está muy cerca de mi casa. Llevamos un uniforme azul y una mochila con los libros.

Las clases en el colegio empiezan a las siete y media y terminan a las doce y media. Es un colegio muy grande y moderno. Mi amiga y yo estamos en la misma clase.

Por la tarde

Antes de comer, hago los deberes. Como en casa con mi familia a las dos y media. Después de comer, ayudo a mi madre y leo o veo la televisión. A las cinco tengo clase de inglés en una academia cerca de mi casa.

Por la noche

Mi familia cena en casa a las ocho. Me lavo los dientes y me cepillo el pelo antes de irme a la cama.

Por último, a las nueve, me acuesto y en seguida me duermo.

1 Lee y escribe

1. Lee el texto sobre la vida de Gabriela y contesta las preguntas. ¿Es un artículo o un formulario? ¿Dónde se encuentran esos tipos de texto? ¿Cuáles son sus objetivos?
2. Haz la línea del tiempo de la rutina diaria de Gabriela.

   Ejemplo:

2 Habla y comprende

1. Comprueba la información en la línea del tiempo con un compañero.

   Ejemplo:

   A: A las seis de la mañana.

   B: Gabriela se despierta y se levanta.

   A: Sí.
2. ¿Y tú? ¿Cómo es tu calendario escolar? ¿Cuándo empiezan y terminan tus clases? ¿Cuándo tienes vacaciones? ¿Qué efecto tiene ese calendario en tu vida y en las personas que te rodean?

¿Sabías que…?

En varios países latinoamericanos el año escolar comienza en marzo y termina en diciembre.

En Argentina el año escolar comienza a finales de febrero y termina en diciembre, con un total de 190 días de clase.

En México el año escolar comienza en agosto y termina en julio, con un total de 200 días de clase.

En Colombia hay dos calendarios escolares. Hay colegios que comienzan el año en enero y terminan en noviembre, y otros colegios comienzan el año en agosto y terminan en junio.

3 Escribe

Contesta las siguientes preguntas sobre la vida de Gabriela.

1. Gabriela se levanta a las seis de la mañana. ¿Qué hace después?
2. Desayuna a las seis y media. ¿A qué hora sale de casa?
3. Gabriela vuelve a casa y come con su familia. ¿Qué hace antes de comer?
4. ¿Qué hace Gabriela a las cinco de la tarde?
5. Por la noche, ¿qué hace Gabriela antes de irse a la cama?

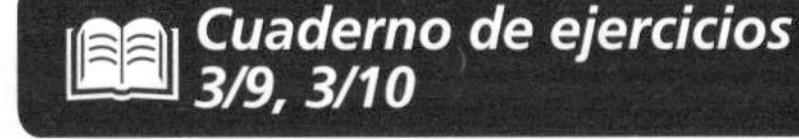
Cuaderno de ejercicios 3/9, 3/10

4 Habla

1. Con un compañero, compara las rutinas de Pablo y Gabriela.

   Ejemplo: Pablo se despierta y se levanta a las siete y media, después se lava la cara y desayuna. Gabriela se…

2. Ahora compara las rutinas de Pablo y Gabriela con tu rutina.

   Ejemplo:

   Pablo se despierta a las siete y media y yo me despierto a las seis y media.

   Gabriela se ducha por la mañana y yo me ducho por la noche.

Vocabulario

Expresiones temporales

primero…

antes (de)…

después (de)…

luego…

en seguida…

por último…

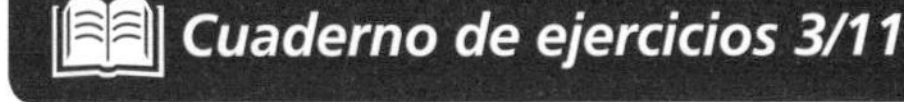
Cuaderno de ejercicios 3/11

Gramática en contexto

Verbos irregulares con cambio en el radical

e > ie **despertarse**	e > i **vestirse**	o > ue **dormir**
me despierto	me visto	duermo
te despiertas	te vistes	duermes
se despierta	se viste	duerme
nos despertamos	nos vestimos	dormimos
os despertáis	os vestís	dormís
se despiertan	se visten	duermen
Gabriela se despierta a las seis.	*Gabriela se viste.*	*Gabriela se acuesta y se duerme a las nueve.*

5 Lee

Lee el blog de Gabriela. ¿Qué características de este tipo de texto puedes encontrar? ¿Quién es el destinatario?

El blog de Gabriela

Tengo una amiga que vive en el norte de España, en Bilbao. Se llama Arantxa y las dos tenemos hábitos muy diferentes. Las dos nos levantamos muy temprano, yo a las seis y ella a las siete, pero las clases en su colegio empiezan a las ocho y media de la mañana. Arantxa duerme la siesta después de comer los sábados y los domingos, y yo nunca duermo la siesta.

Por la tarde, cuando yo estoy en clase de inglés, Arantxa sale con sus amigos o va a la biblioteca a estudiar. Por la noche, ella cena muy tarde, a las nueve o nueve y media. ¡Mi hora de acostarme!

6 Escribe

1. ¿A quién se refieren las siguientes frases, a Gabriela o a su amiga de Bilbao?

   Ejemplo: Se levanta a las seis de la mañana. Gabriela

   A. Duerme la siesta los fines de semana.
   B. No va a clase de inglés por la tarde.
   C. Estudia en la biblioteca por las tardes.
   D. Se acuesta a las nueve.

2. ¿Qué rutina es más parecida a tu rutina?

   Ejemplo: Yo me levanto también temprano, a las seis, como Gabriela.

7 Escribe y habla

Entrevista a un compañero de clase sobre su rutina y compárala con tu rutina. Estructura tu entrevista así:

1. Escribe seis preguntas diferentes relacionadas con la rutina.
2. Entrevista a un compañero de clase y escribe su respuesta a cada pregunta.
3. Luego compara su rutina con la tuya usando las expresiones temporales del recuadro de vocabulario.
4. Conclusión: ¿Cuál es la mayor diferencia entre ambas rutinas?
5. Presenta a los demás compañeros cómo es la rutina del compañero entrevistado.

F. *Pablo y Gabriela han leído este artículo en una revista digital sobre los horarios de comidas en España y en Latinoamérica*

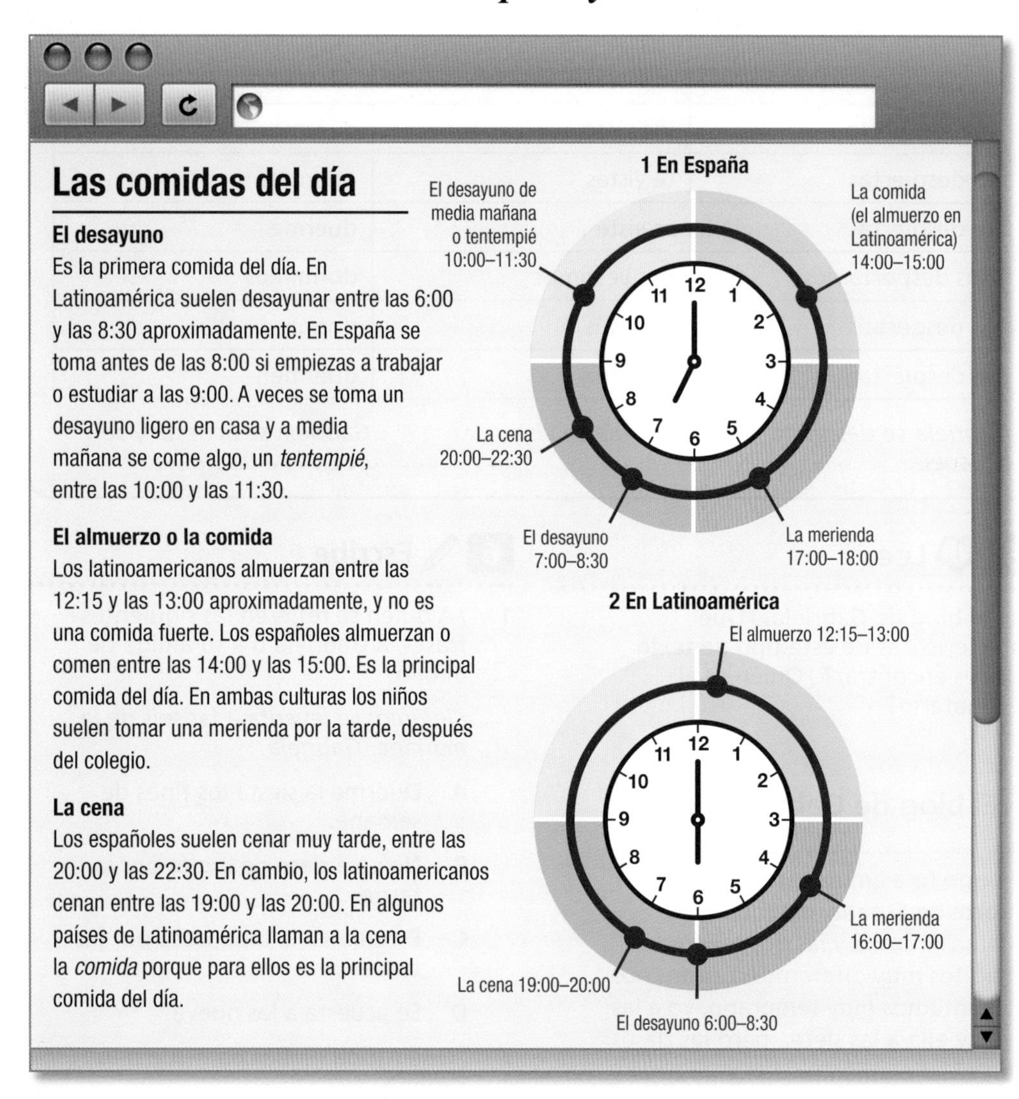

Las comidas del día

El desayuno

Es la primera comida del día. En Latinoamérica suelen desayunar entre las 6:00 y las 8:30 aproximadamente. En España se toma antes de las 8:00 si empiezas a trabajar o estudiar a las 9:00. A veces se toma un desayuno ligero en casa y a media mañana se come algo, un *tentempié*, entre las 10:00 y las 11:30.

El almuerzo o la comida

Los latinoamericanos almuerzan entre las 12:15 y las 13:00 aproximadamente, y no es una comida fuerte. Los españoles almuerzan o comen entre las 14:00 y las 15:00. Es la principal comida del día. En ambas culturas los niños suelen tomar una merienda por la tarde, después del colegio.

La cena

Los españoles suelen cenar muy tarde, entre las 20:00 y las 22:30. En cambio, los latinoamericanos cenan entre las 19:00 y las 20:00. En algunos países de Latinoamérica llaman a la cena la *comida* porque para ellos es la principal comida del día.

Gramática en contexto

Vebo *soler* (o>ue)

pronombres personales	soler
yo	suelo
tú	sueles
él/ella/usted	suele
nosotros(as)	solemos
vosotros(as)	soléis
ellos(as)/ustedes	suelen

*Los españoles **suelen** cenar muy tarde = Los españoles normalmente cenan muy tarde.*

1 Lee y comprende

1 Señala y justifica dónde crees que puede aparecer este artículo: un periódico local / una revista escolar / una publicación digital / un correo electrónico / un blog / un foro.

2 ¿A quién o quiénes va dirigido? / ¿Quiénes van a ser los lectores? Explícalo.

3 Lee el texto sobre las comidas y decide si las frases son falsas (F) o verdaderas (V). Corrige las falsas.

		F	V
1	En España y en América Latina la gente no desayuna a la misma hora.	☐	☑
2	El almuerzo o la comida es la comida más fuerte en Latinoamérica.	☐	☐
3	Los españoles no desayunan en casa.	☐	☐
4	Para los latinoamericanos y los españoles "la comida" es la cena.	☐	☐
5	La comida del mediodía es la menos importante en España.	☐	☐
6	Los niños no comen nada después de la escuela.	☐	☐
7	Las tres comidas se toman más tarde en España que en América Latina y Europa.	☐	☐

2 Escribe y comprende

1 Lee la carta que te envía un chico chileno de tu edad con el que vas a hacer un intercambio. Escríbele una carta o un correo electrónico contestando todas sus preguntas. ¿Vas a usar un estilo formal o informal? ¿Por qué?

¡Hola!

¿Qué tal? Soy Luis, el chico chileno que va a vivir contigo pronto. Aquí en Chile tomamos tres comidas al día. ¿Y en tu país? La primera comida del día es el desayuno. Solemos desayunar en casa con toda la familia. Solemos desayunar muy pronto, de seis y media a siete de la mañana. Los estudiantes empezamos las clases muy temprano y desayunamos temprano. Mi hermana pequeña, que solo tiene tres años, no suele desayunar temprano porque no va al colegio. En el colegio a veces tomo algo ligero a las diez o diez y media. Los estudiantes solemos volver a casa para el almuerzo a las doce y media o a la una, pero a veces solemos comer en el colegio y hay actividades extraescolares. No solemos cenar muy tarde, a las siete y media es lo normal en mi casa, cuando toda la familia está en casa.

¿Y en tu país? ¿Cuál es el horario de comidas allí? ¿Y en tu casa?

Espero tu respuesta,

Luis

2 ¿Por qué hay diferencias en las horas de las comidas entre países?

G. *Jóvenes en Acción en México pide voluntarios para ayudar a personas mayores que viven solas. ¿Estás preparado?*

1 Lee y escribe

Contesta las preguntas del cuestionario y escribe frases para cada una usando las expresiones de frecuencia (*siempre*, *pocas veces* y *nunca*).

Ejemplo: En casa nunca paso la aspiradora.

JÓVENES EN ACCIÓN

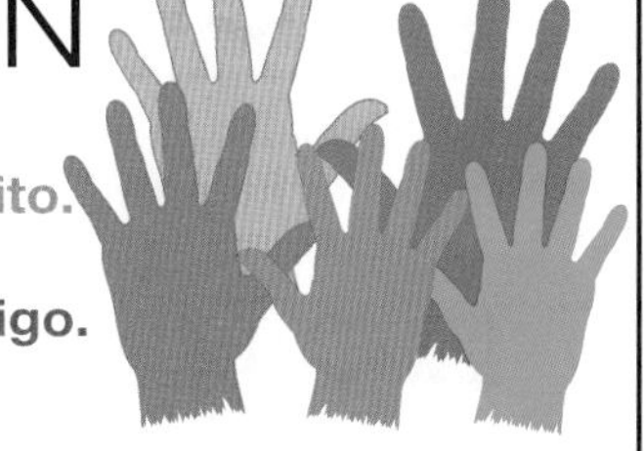

¡Te necesitamos!

Para hacerme la compra. Para pasear a mi perrito.
Para lavar mi ropa. Para hacerme la comida.
Para ayudarme en el jardín. Para... hablar conmigo.

¿Puedes?

2 Habla y comprende

1 Cuenta a tu compañero qué tareas domésticas haces siempre y cuáles no haces nunca.

Ejemplo: Siempre hago la cama y arreglo mi habitación. Nunca plancho.

¿Ayudas en casa? ¿Qué haces?

	siempre	pocas veces	nunca
¿Pasas la aspiradora?			
¿Haces la cama?			
¿Lavas los platos?			
¿Haces la compra?			
¿Planchas?			
¿Arreglas tu habitación?			
¿Lavas la ropa en la lavadora?			
¿Barres el suelo?			
¿Haces la comida o la cena?			
¿Ayudas en el jardín?			
¿Sacas al perro?			
¿Sacas la basura?			

2 ¿En qué tareas de casa puedes ayudar tú como voluntario/a? ¿Qué días y a qué horas puedes ayudar?

3 Lee y escribe

Lee el anuncio de Jóvenes en Acción. ¿Cómo anima el anuncio a los voluntarios? ¿Qué tipo de palabras y expresiones usa? Anota con qué tareas, qué días y a qué horas puedes ayudar tú como voluntario.

Ejemplo:

Yo puedo hacer la comida y la cena los sábados y los domingos.

¿Sabías que...?

En español todas las preguntas deben llevar un símbolo de interrogación ¿ al principio y otro ? al final.

¿Cómo escribes ¿ en tu ordenador?

Gramática en contexto

Verbo *hacer*

pronombres personales	hacer
yo	hago
tú	haces
él/ella/usted	hace
nosotros(as)	hacemos
vosotros(as)	hacéis
ellos(as)/ustedes	hacen

Hago la cama todos los días.

Mi hermana ***hace*** *la comida los sábados.*

 *Cuaderno de ejercicios 3/12*

Repaso

Todos ayudamos…

1 Escucha y lee

Escucha y lee lo que nos cuentan estos cuatro jóvenes sobre lo que ellos hacen en casa para ayudar a sus padres.

2 Lee

Relaciona las personas mayores que necesitan ayuda con los jóvenes.

1 Doña Marta, 86 años, vive sola en Ciudad de México. Tiene un perro que se llama Abel.
2 Don Enrique es viudo y tiene 78 años. Hace la compra, cocina y lava su ropa a mano.
3 Doña María y don José viven en un pueblo y tienen un jardín enorme. Tienen 80 y 82 años.
4 Don Moisés vive solo y come siempre en un bar.

A Laura
B Francisco
C Alicia
D Eduardo

Cuaderno de ejercicios 3/13, 3/14

3 Escribe

Te quieres ofrecer de voluntario a Jóvenes en Acción en México. Escribe un correo electrónico o una carta para presentarte. ¿Tienes que escribir de manera formal o informal? ¿Por qué?

PUNTO DE REFLEXIÓN

¿Cómo varía la rutina diaria según donde vives?

Escribe tres tareas domésticas que sueles hacer. Después, en grupos de tres, pregunta a dos compañeros por sus tareas y crea una lista con todas las tareas del grupo. ¿Cómo cambiarían las tareas si vivieras en casa de tu amigo o en otro país?

LAURA
¡Todos ayudamos en casa! Yo ayudo por la mañana y por la noche. Arreglo mi dormitorio antes de salir para el colegio. Lavo los platos después de la cena tres veces por semana. Mi padre barre el suelo y mi hermano saca la basura. Los domingos ayudo en el jardín.

FRANCISCO
Todos los domingos preparo el desayuno para mi familia y los sábados lavo la ropa en la lavadora, suelo pasar la aspiradora y quitar el polvo.

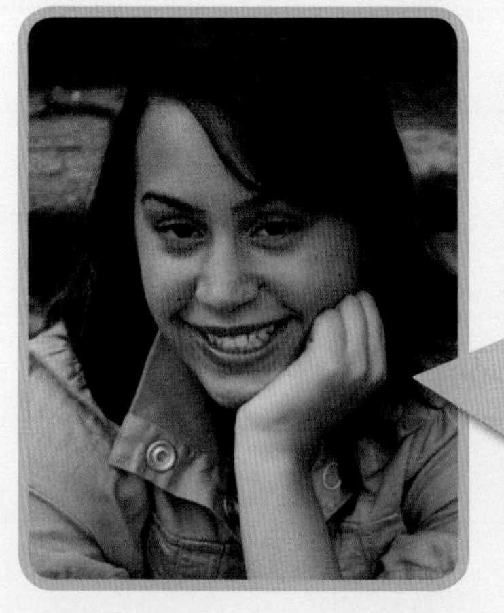

ALICIA
Por la mañana suelo limpiar el baño y antes de salir para el colegio yo saco al perro y mi hermana hace el almuerzo que llevamos al colegio. Mis padres suelen hacer la compra los viernes o los sábados.

EDUARDO
Mi madre y yo preparamos la cena los lunes, miércoles y viernes. Todos hacemos la cama por la mañana. Mi hermana y mi madre hacen la compra. Mi padre y yo hacemos el almuerzo los domingos.

¡Que aproveche!

Unidad 4

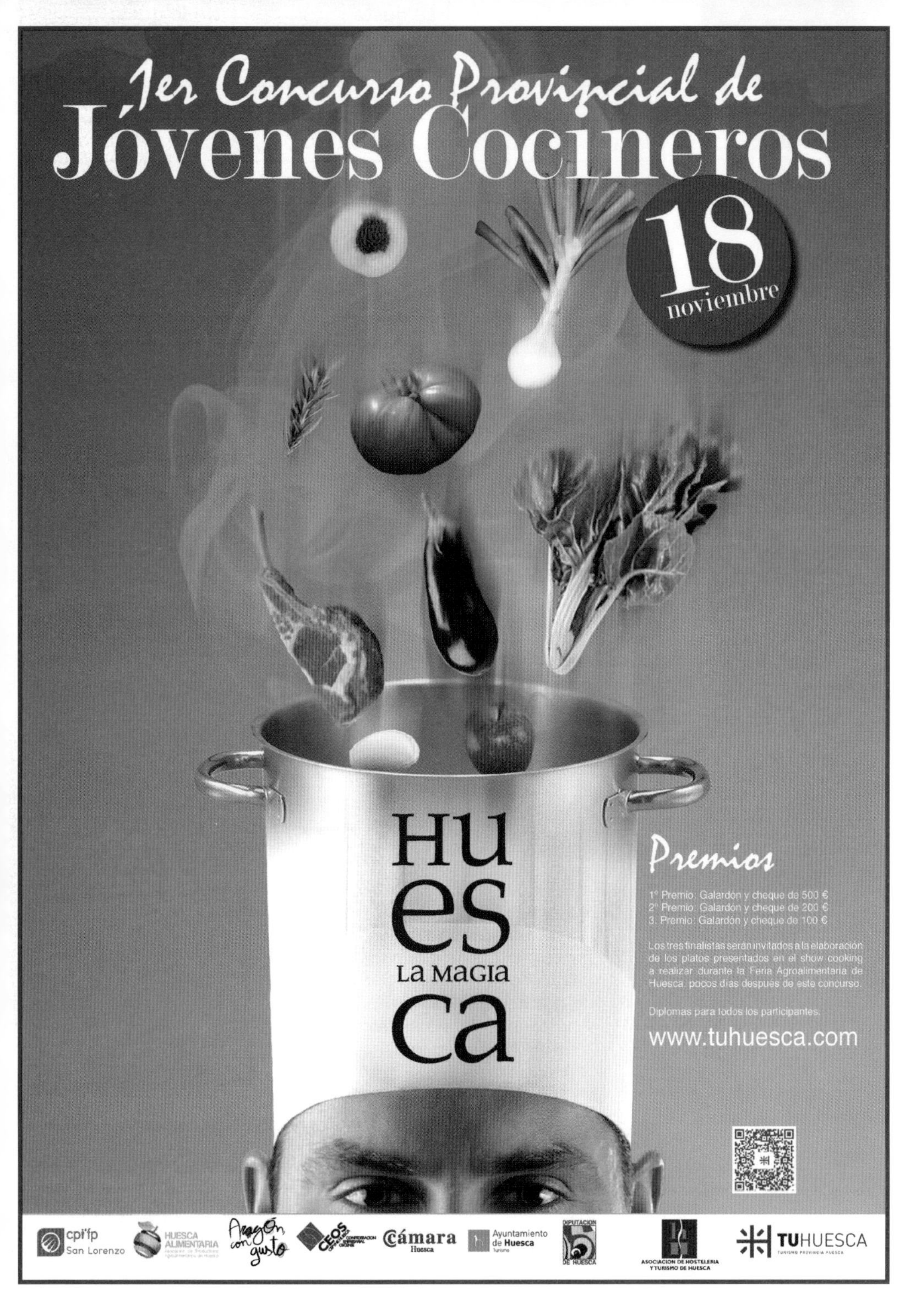

Identidades

- Comidas y bebidas

Teoría del Conocimiento

Comida modificada genéticamente.
¿Deberíamos saber qué hay en nuestra comida?

Creatividad, Actividad y Servicio

Organiza con tu clase una recogida de comida en tu escuela para entregarla al banco de alimentos oficial de tu comunidad. Puedes filmar un documental sobre el evento.

Gramática

- Negativos
- Adverbios de frecuencia
- Adverbios de cantidad
- Pronombres y adjetivos demostrativos

PUNTO DE REFLEXIÓN

¿Qué importancia tienen las comidas en tu familia?

1 Para empezar

Lee el póster. ¿De qué se trata?

2 Investiga

Busca en el diccionario cómo se llaman los alimentos del póster. ¿Los comes con frecuencia?

A. *Los concursantes hablan sobre sus preferencias gastronómicas*

1 Lee

Lee el vocabulario de abajo y empáréjalo con las fotos.

Ejemplo: 1 la comida mediterránea

2 Escucha

Escucha la grabación. Verifica tus respuestas.

Cuaderno de ejercicios 4/1

Vocabulario

la verdura	los dulces
el pescado	los frutos secos
el marisco	la comida mediterránea
la carne	la comida india
los productos lácteos	la comida china
la fruta	la comida rápida

3 Lee

Lee lo que dicen estos jóvenes. Completa la tabla con sus opiniones.

	Le gusta	No le gusta
Miguel	*la comida rápida*	
Luisa		
Lucas		
Leticia		

Miguel
Siempre estoy muy ocupado, así que como en hamburgueserías con mucha frecuencia porque es rápido y me gusta. Por suerte no me gusta la comida dulce.

Luisa
Soy vegana, así que no como nunca carne ni tampoco yogur o leche, pero me encantan la fruta y las verduras, aunque no puedo comer tomates porque **soy alérgica**.

Lucas
Me encantan los sabores fuertes, así que me encanta el *curry* y me gustan mucho la carne y el pescado. No podría **ser vegetariano**. No me gustan ni los dulces ni el marisco.

Leticia
Soy intolerante a la lactosa y por eso no me gustan nada ni la leche ni el queso, pero me gustan mucho la carne y el pescado. Además me atrae la cultura china, incluida su gastronomía.

Gramática en contexto

Siempre / nunca	*También / tampoco*	*Y / no... ni, ni... ni*
Siempre como carne.	Como carne, **también** como pescado.	Como carne **y** pescado.
Nunca como carne.	**No** como carne, **tampoco** como pescado.	**No** como carne **ni** pescado.
No como **nunca** carne.		**No** como **ni** carne **ni** pescado.

4 Lee

Lee otra vez lo que dicen Luisa, Lucas y Leticia. ¿Qué significan las frases resaltadas en rojo?

Vocabulario

 me encanta(n)

 me gusta(n) mucho

me gusta(n)

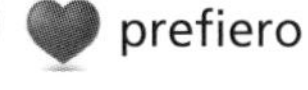 prefiero

 no me gusta(n)

 no me gusta(n) nada

 odio

Gramática en contexto

Opiniones

Me gusta la comida rápida.

Me gusta**n** la**s** hamburguesa**s**.

5 Lee

Lee las siguientes opiniones y complétalas con el adjetivo adecuado. Busca las palabras que no conozcas en el diccionario. ¡Atención a la concordancia!

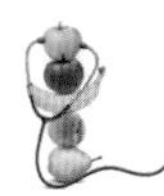 sano

 picante

 salado

 poco saludable

 amargo

 dulce

1 Me gusta mucho el chocolate negro. Es delicioso, pero es un poco *amargo*.
2 Me encantan las galletas pues están muy ricas y son *dulces*, aunque también son __________.
3 Odio las verduras pues, aunque son __________, son muy sosas.
4 Prefiero la comida rápida, pero es grasienta y no es __________.
5 En el cine como palomitas de maíz __________ porque son deliciosas.
6 La comida mexicana es sabrosa, pero no me gusta, pues es bastante __________.

6 Lee

Lee las frases de la actividad anterior otra vez. Busca otros cinco adjetivos para describir comida. ¿Qué significan?

Ejemplo: negro (chocolate negro): el chocolate es más oscuro.

7 Escucha

Escucha a Silvia. ¿Qué tipos de comida menciona? ¿Cuál es su opinión? ¿Por qué?

Ejemplo: Comida india. Le encanta porque es picante.

8 Escribe y habla

Escribe una frase con un elemento de cada columna y pregunta a tu compañero: ¿Y a ti? ¿Qué tipo de comida te gusta? ¿Y qué tipo de comida no te gusta?

Me encanta(n)	la comida rápida	porque	es/son delicioso/a(s)
Me gusta(n) mucho	la comida china	pues	está(n) rico/a(s)
Me gusta(n)	la comida india	ya que	es/son amargo/a(s)
Prefiero	la comida mediterránea	pero	es/son salado/a(s)
No me gusta(n)	la carne	aunque	es/son soso/a(s)
No me gusta(n) nada	el pescado	sin embargo	es/son sano/a(s)
Odio	el marisco		es/son poco saludable(s)
	los productos lácteos		es/son picante(s)
	los dulces		es/son dulce(s)
	la fruta		es/son sabroso/a(s)
	la verdura		

Ejemplos:

A: ¿Y a ti? ¿Qué tipo de comida te gusta?
B: A mí me encanta la comida india porque es deliciosa.

A: ¿Y qué tipo de comida no te gusta?
B: No me gusta la comida rápida porque es poco saludable.

9 Escribe

Tu amiga virtual boliviana te ha escrito a través de tu portal social preguntándote sobre tus preferencias alimenticias. Responde a su mensaje. ¿Vas a escribir una entrada o una lista? ¿Por qué? Escribe unas 70 palabras.

Me gusta más la comida india que la comida rápida porque es más sabrosa, pero no me gustan nada los dulces. Mi comida preferida es la comida mediterránea. Tiene muchos platos deliciosos con verdura, ensaladas, pescado y mucha fruta. ¿Y a ti? ¿Qué tipo de comida te gusta más? ¿Y qué tipo de comida te gusta menos? ¿Por qué?

Cuéntame…

Cuaderno de ejercicios 4/2

B. *Opinión de los jóvenes cocineros sobre la dieta equilibrada*

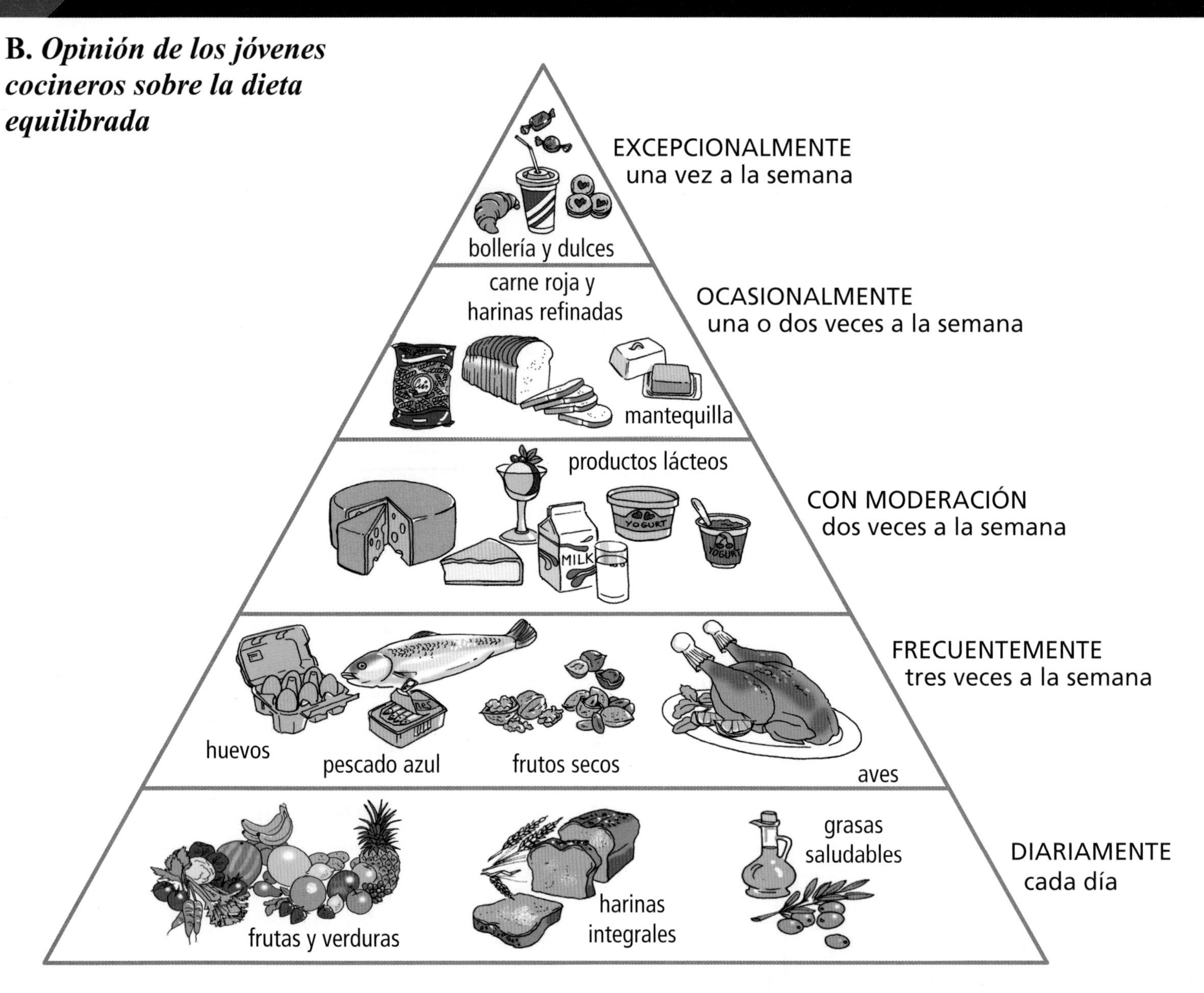

1 Lee y escribe

1 ¿Llevan una dieta sana? ¿Por qué?

Ejemplo: 1 No, no lleva una dieta sana porque no bebe (suficiente) agua.

1. Siempre como mucha fruta y bebo mucho café, porque no me gusta el agua.
2. Normalmente desayuno huevos fritos y tostadas todas las mañanas.
3. Raramente como pan integral, como fruta con moderación y como frutos secos todos los días.
4. Me encantan las galletas y los cruasanes, los como frecuentemente para merendar.
5. Raramente como verdura porque no me gusta mucho, pero como frutos secos a diario.
6. Prefiero el pan blanco que el pan integral, siempre como pan blanco con el almuerzo.

2 ¿Por qué los hábitos alimenticios cambian según el país donde vives?

Gramática en contexto

Adverbios de frecuencia	Adverbios de cantidad
siempre	demasiado/a(s)
normalmente	mucho/a(s)
generalmente	bastante(s)
frecuentemente	suficiente(s)
a menudo	poco/a(s)
a veces	un poco de
de vez en cuando	
ocasionalmente	*Normalmente como mucha fruta.*
raramente	
nunca	
jamás	

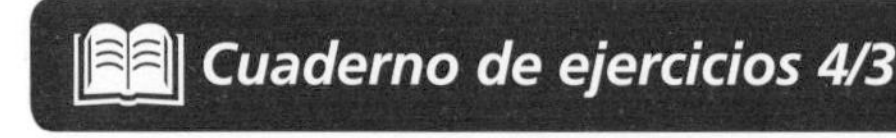
Cuaderno de ejercicios 4/3

2 Lee

Lee lo que dice el joven cocinero y empareja las palabras resaltadas con las fotos. ¿Qué tipo de texto es? ¿Cómo lo sabes?

COCINA EQUILIBRADA

Siempre pienso en la dieta equilibrada cuando cocino, por eso me gusta la dieta mediterránea, porque utiliza grasas saludables, como por ejemplo **el aceite de oliva**, ya que no me gusta cocinar con **mantequilla**. Cocino carne con frecuencia, pero más frecuentemente **pollo** que carne roja. Además, el pescado fresco, como por ejemplo **el atún**, está delicioso cocinado con verduras o con **ensalada**.

También me gustan los productos lácteos, como por ejemplo **la leche semidesnatada**, **el queso** y **los yogures**, con los que se pueden hacer unos postres muy sabrosos.

3 Lee

Basándote en el texto, ¿son las siguientes frases verdaderas (V) o falsas (F)? Corrige las frases falsas.

Ejemplo: 1 V

1 El cocinero piensa que la cocina mediterránea ayuda a mantener una dieta equilibrada.

2 Al cocinero le gusta cocinar con mantequilla.

3 A veces cocina pollo.

4 A menudo cocina carne roja.

5 El cocinero dice que utiliza pescado congelado para cocinar.

6 Es alérgico a los productos lácteos.

7 En su opinión, el atún está muy rico con ensalada o verduras.

8 Cree que se pueden hacer postres deliciosos con leche semidesnatada.

4 Escucha

Escucha lo que dicen los jóvenes. ¿Qué comen? ¿Con qué frecuencia?

Ejemplo: 1 fruta y verduras a diario, mucha agua, dulces una vez a la semana

5 Habla

¿Crees que los jóvenes de la actividad anterior tienen una dieta equilibrada? ¿Por qué? ¿Por qué no? Discute tus ideas con tu compañero.

6 Escribe

Escribe un texto de entre 70 y 150 palabras sobre tus hábitos alimenticios. ¿Qué tipo de texto te parece más adecuado?

- ¿Qué comes y con qué frecuencia?
- Los alimentos que te gustan y no te gustan, y por qué.
- ¿Llevas una dieta equilibrada? ¿Por qué?

C. *Los concursantes hacen sus compras para los platos que van a cocinar*

1 Lee y comprende

1. Empareja la lista de la compra con los productos anteriores.

   Ejemplo: A - una bolsa de patatas fritas

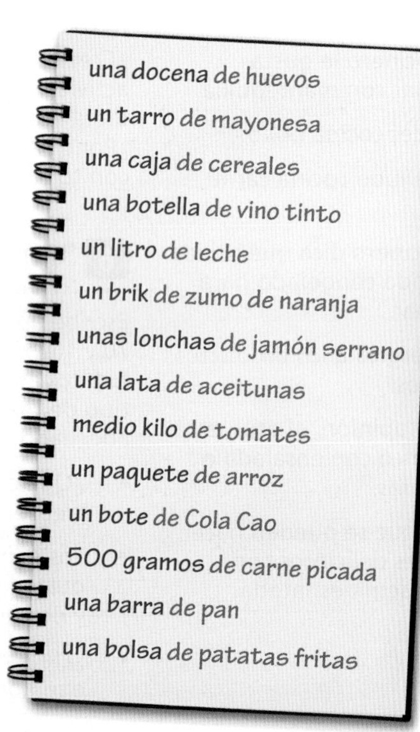
una docena de huevos
un tarro de mayonesa
una caja de cereales
una botella de vino tinto
un litro de leche
un brik de zumo de naranja
unas lonchas de jamón serrano
una lata de aceitunas
medio kilo de tomates
un paquete de arroz
un bote de Cola Cao
500 gramos de carne picada
una barra de pan
una bolsa de patatas fritas

2. ¿Qué opinas de la fruta y de la verdura en envases de plástico? ¿Son buenos o malos para el medioambiente?

2 Escribe

Esta tarde vienen cuatro amigos a tu casa para repasar juntos para un examen y quieres invitarlos a comer y a beber algo. Utiliza el vocabulario resaltado de la actividad 1 para escribir una lista de la compra con lo que necesitas.

3 Habla

Juego de memoria. Con un compañero, toma turnos y completa la frase con otro producto.

Ejemplo:

A: Voy al mercado a comprar.

B: Voy al mercado a comprar un kilo de tomates.

A: Voy al mercado a comprar un kilo de tomates y un litro de leche.

B: Voy al mercado a comprar un kilo de tomates, un litro de leche y una barra de pan.

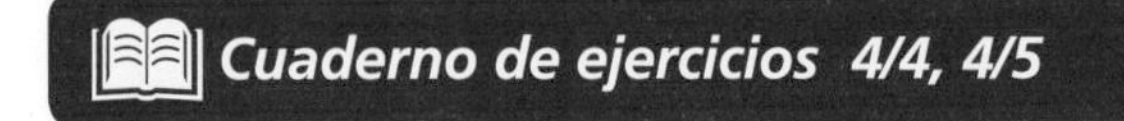

4 Investiga

Investiga en Internet los ingredientes necesarios para hacer una paella española para seis personas. Escribe la lista de los ingredientes. ¿Quieres hacerla en casa?

5 Lee y escribe

Completa las frases siguientes.
¿Qué venden estas tiendas?

1 La frutería vende *fruta*.

2 La pastelería vende ________.

3 La verdulería vende ________.

4 La pescadería vende ________.

5 La carnicería vende ________.

6 La panadería vende ________.

6 Escucha

1 Lee las seis frases. En tu opinión, ¿vas a escuchar una conversación entre amigos? ¿Va a ser formal o informal?

2 Escucha la conversación. ¿Qué compra? Corrige los errores.

Ejemplo: 1 Un kilo de tomates

1 Dos kilos de tomates
2 Una docena de huevos
3 Dos litros de zumo de naranja
4 Una caja de bombones
5 Dos latas de atún
6 Un bote mediano de Cola Cao

1 2 3

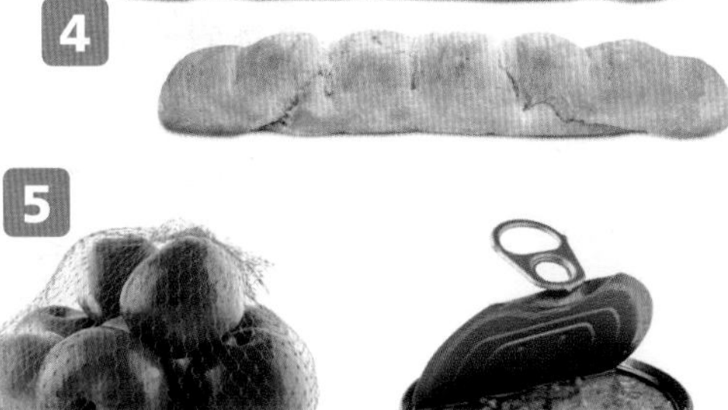

4

5 6

¿Sabías que...?

En España y Latinoamérica es muy popular comprar en tiendas conocidas como *tiendas de barrio*, *ultramarinos* o *tienditas*. Se parecen a un supermercado por su variedad considerable de productos, pero son lugares más bien pequeños, donde es el dependiente quien te sirve.

Gramática en contexto

Demostrativos

Masc. sing.	Fem. sing.	Masc. pl.	Fem. pl.
aquel ese este	aquella esa esta	aquellos esos estos	aquellas esas estas

	aquellos		aquellas
	esos		esas
	estos		estas

*Me gustan est**os** plátan**os**, pero prefiero aquell**as** manzan**as**.*

7 Habla

Con un compañero, lee la conversación y sustituye las fotos de los productos por el vocabulario relevante.

Hola, buenos días. ¿Qué le pongo?

[1] *Un brik de leche* y [2]____.

Aquí tiene: [1]____ y [2]____. ¿Algo más?

¿Tienen [3]____?

Sí, tenemos estas, esas y aquellas. ¿Cuáles prefiere?

Prefiero estas.

¿Cuántas quiere?

Dos, por favor.

¿Algo más?

[4]____ y [5]____.

¿Eso es todo?

¿Tiene [6]____?

No, lo siento. Hoy no tenemos.

Sí, eso es todo. ¿Cuánto es?

Son ocho con treinta.

Aquí tiene, gracias.

Gracias, adiós.

8 Escribe y habla

Con un compañero, escribe tu propia conversación en una tienda de comestibles. Piensa en el tono de la conversación y en qué palabras vas a usar. Luego compártela con el resto de la clase. Debes comprar:

- Dos productos lácteos
- Algo de fruta y algo de verdura
- Un producto en un tarro
- Un producto en una bolsa
- Un producto en lonchas
- Un producto en un brik
- Un producto enlatado

Gramática en contexto

Recuerda que *tú* se usa normalmente entre amigos, compañeros y familiares (informal), y que *usted, en España,* se usa con desconocidos, personas de autoridad y mayores (formal).

D. *Los concursantes hablan sobre los platos típicos de sus países*

Gallo pinto

Gazpacho

Ceviche

¿Sabías que…?

Algunos ingredientes se dicen de forma diferente en España y en América Latina.

España		América Latina
pimiento	→	ají/chile
judías/alubias	→	frijoles
mazorca de maíz	→	choclo

Receta 1

Lavar los tomates, el pepino y el pimiento, y trocearlos.

Pelar el diente de ajo y la cebolla, y trocearlos.

Meter todos los ingredientes en la batidora y batir hasta que quede suave.

Añadir miga de pan y un poco de agua.

Añadir sal, aceite y vinagre al gusto, y volver a batir.

Se sirve muy frío.

Receta 2

Cortar el pescado en cuadrados uniformes de dos centímetros.

Aderezarlo con sal, pimienta y culantro, y revolver.

Añadir el ají sin semillas y cortado en rodajas.

Dejar reposar tres o cuatro minutos para que se impregne de los sabores.

Añadir el zumo de limón y la cebolla cortada fina, y remover.

Dejarlo reposar para que el pescado crudo coja más o menos los sabores del limón y la cebolla.

Se sirve con hojas de lechuga, choclo cocido, rodajas de camote frito o incluso plátano verde frito.

Receta 3

Calentar la margarina, añadir el ajo, el chile y la cebolla bien picados, y sofreír.

Añadir el caldo de frijol y el comino, y dejar que hierva.

Añadir los frijoles y de nuevo dejar hervir bien.

Añadir el arroz y revolver bien durante al menos tres minutos.

Añadir un rollito de culantro picado y retirar del fuego.

Habitualmente se sirve con huevos pateados y/o plátano frito.

1 Lee

1 Lee los tres textos. ¿Qué tipo de textos son? ¿Cuáles son sus características?

2 Empareja cada texto con la foto a la que se refiere.

2 Lee y escribe

Elige una de las recetas, léela con más detalle y escribe la lista de los ingredientes.

3 Investiga

Investiga el origen de tu plato elegido y escribe unas líneas para compartir con tus compañeros.

4 Escucha

Escucha a la concursante. ¿Es un programa de radio o de televisión? ¿Qué crees? ¿De quién habla: de ella o de su madre?

Ejemplo: 1 ella

1 En agosto hace gazpacho frecuentemente.
2 Hace comida que pica mucho.
3 Hace la mayoría de las comidas.
4 Es vegetariana.
5 No hace nunca pescado.

5 Lee

¿De qué especialidad hablan? Empareja las descripciones con los platos.

Los restaurantes cocinan insectos para los turistas, pero la gente raramente los hace en casa. A mi modo de ver, no son comida y a mí me atrae más una buena hamburguesa que un plato de insectos.

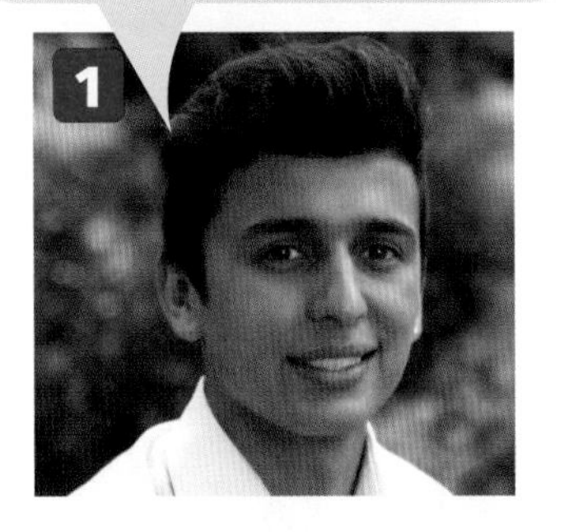

Sí, me gustan mucho los caracoles, particularmente cuando los hace mi madre en casa porque los hace un poco picantes. Me disgusta cuando la gente de otros países dice que le dan asco cuando ni siquiera los han probado.

Me atrae particularmente la gastronomía de Latinoamérica porque se hacen muchos platos poco usuales. En mi país también comemos bichos raros, mamíferos, reptiles, insectos... Opino que todo está bueno con un buen cocinero.

Vocabulario

Opiniones

Creo que...	Estoy de acuerdo...	No estoy de acuerdo...
Pienso que...	Me atrae(n)...	Me da(n) asco...
A mi modo de ver...	Me interesa(n)...	Me disgusta(n)...
Opino que...	Me agrada(n)...	Me desagrada(n)...
Me parece que...	Me sorprende(n)...	Me escandaliza(n)...

6 Lee

Lee otra vez lo que dicen los jóvenes. ¿Qué opinan de las especialidades? ¿Por qué?

7 Habla

Mira las especialidades culinarias. ¿Te gustaría probarlas?¿Por qué? Discute con tus compañeros.

Ejemplo: (No) Me gustaría probar el/la/los/las...

8 Escribe

Uno de los cocineros concursantes te ha mandado un correo electrónico pidiéndote que le hables de tu plato favorito y le des la receta incluyendo la lista de ingredientes. ¿Vas a usar un estilo formal o informal? ¿Por qué? Con tu compañero, haz una lista de las características de un correo formal e informal. Incluye en tu respuesta:

- ¿Cuál es tu plato favorito? ¿Por qué?
- La lista de ingredientes
- Una receta sencilla

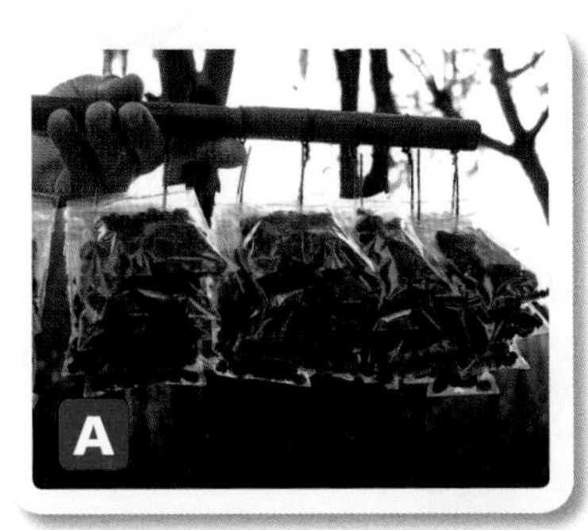

Hormigas culonas, Colombia

Cobaya asada, Perú

Tapa de caracoles, España

Caldo de iguana, México

E. *Los concursantes hacen una comida de despedida en un restaurante local*

1 Lee

Mira el menú. ¿Qué vocabulario reconoces?

2 Lee y escribe

Lee las frases y completa la tabla. Elige un primer plato, un segundo plato y un postre para cada una de las personas.

	Primer plato	Segundo plato	Postre
1	*Ensalada mixta*		
2			

1 No como carne roja ni pescado, soy intolerante a la lactosa y no me gustan demasiado los huevos.
2 Me encantan el marisco y el pescado, y me gustan mucho los dulces.
3 Me gusta mucho la carne roja y odio las verduras de todo tipo, pero me encanta la fruta.
4 Llevo una dieta muy sana y siempre como lo más sano del menú.
5 Prefiero la pasta, pero la carne picada me da asco y prefiero las aves que la carne roja. No me gusta nada la leche y tampoco las cosas muy frías.
6 Soy alérgica a la pasta y al huevo, y generalmente no como muy sano. Me gustan el arroz y las verduras.

Cuaderno de ejercicios 4/6, 4/7

Vocabulario

+	–
con leche	sin leche
con azúcar	sin azúcar
con hielo	sin hielo
con gas	sin gas

cola

agua mineral

té

zumo de fruta

cerveza

vino tinto

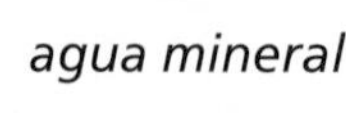

3 Lee

Clasifica las bebidas.

1 Bebidas calientes
2 Bebidas alcohólicas
3 Refrescos

café

vino blanco

sangría

chocolate caliente

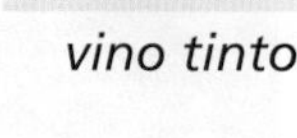

4 Escucha

Escucha a los tres jóvenes. ¿Qué van a tomar?

- Primero:
- Segundo:
- Postre:
- Bebida:

5 Lee y escribe

Empareja las bandejas con el menú de cada cliente. Escribe las frases para la bandeja que sobra.

1 De primero quiero ensalada y después la pasta. Me apetece un zumo de naranja y de postre un helado de chocolate.

2 De primer plato quiero el gazpacho, de segundo la pasta y de postre una manzana. Para beber, agua mineral y también un café.

3 Primero quiero la sopa de tomate y después las salchichas con patatas fritas. Para beber, cerveza, y de postre quiero pastel de chocolate.

4 *De primero quiero...*

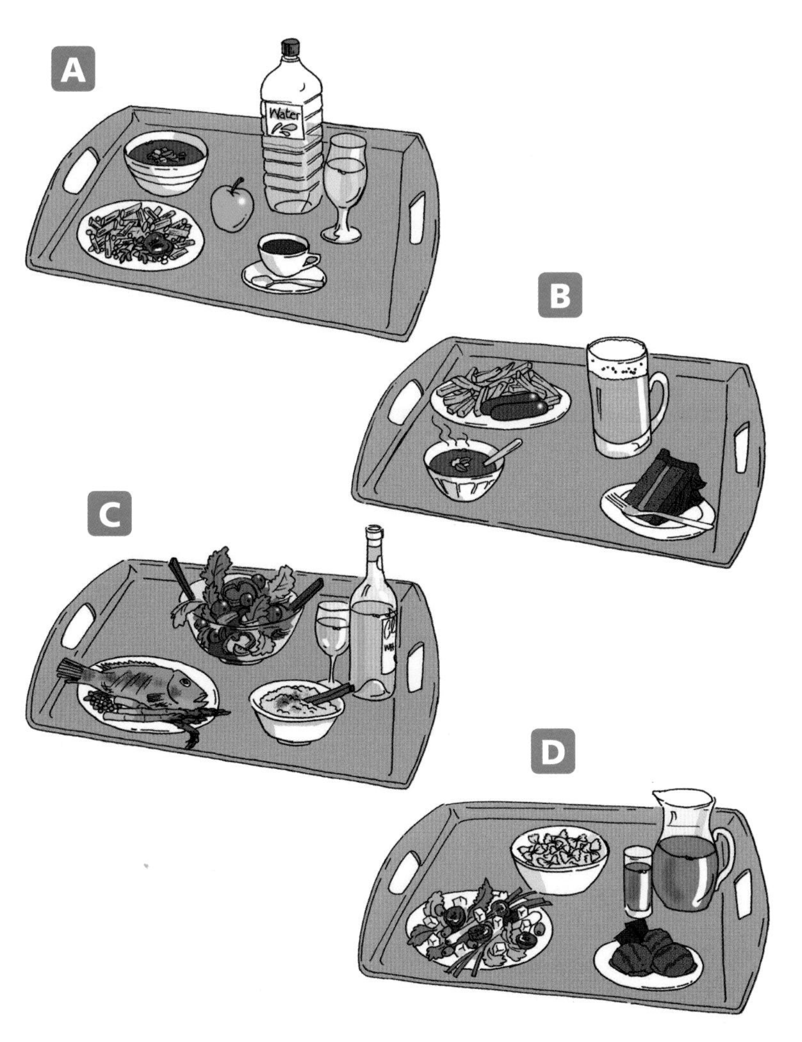

6 Lee

¿Qué van a tomar? Completa la tabla.

	Primer plato	Segundo plato	Postre	Bebida
Señora (A)	*Lasaña*			
Caballero (B)				

B:	¡Perdón! ¡Camarero!
Camarero:	Hola, ¿qué quieren tomar?
B:	Para mí de primero la ensalada y de segundo las chuletillas de cordero.
A:	Para mí de primero la lasaña.
Camarero:	¿Y de segundo, señora, qué le pongo?
A:	De segundo voy a tomar el entrecot.
Camarero:	¿Cómo lo quiere, señora?
A:	Poco hecho, al punto. Gracias.
Camarero:	¿Y para beber?
B:	Para beber una cerveza para mí y un zumo de manzana para ella.
Camarero:	Muy bien, una cerveza y un zumo de manzana. ¿Quiere hielo en el zumo?
A:	Sí, gracias.
Camarero:	¿Van a tomar postre?
A:	Sí, por supuesto. Un arroz con leche para mí.
Camarero:	¿Y para usted, caballero?
B:	Para mí el sorbete de mandarina.
Camarero:	¿Es todo?
B:	Sí, es todo, gracias.

7 Habla

Juego de rol. Con un compañero prepara una conversación similar a la de la actividad anterior. Puedes utilizar platos de tu elección.

8 Escribe

Elige dos de las personas del ejercicio 2. Escribe su conversación con el camarero en el restaurante cuando piden comida.

Ejemplo: Para mí de primero la ensalada...

Repaso

Dieta equilibrada y hábitos alimenticios

1 Habla

¿De qué trata la foto? Prepara una presentación de 1 a 2 minutos.

Después prepárate para contestar preguntas sobre estos temas:

- La dieta equilibrada
- Los hábitos alimenticios en tu cultura
- Tus preferencias sobre comida y bebida
- La dieta de los jóvenes de hoy en día

PUNTO DE REFLEXIÓN

¿Somos lo que comemos? ¿Cómo son los hábitos alimenticios de tu familia? Compara con tus compañeros de clase tus horarios de comida y los platos más tradicionales de tu cultura.

¿Dónde vives?

Unidad 5

Organización social
- El barrio

Ingenio humano
- Transporte público

Teoría del Conocimiento
¿Cómo influye el lugar en el que vives sobre los hábitos y costumbres de las personas y sobre lo que puedes hacer en contextos rurales y urbanos?

Creatividad, Actividad y Servicio
Considera los lugares donde viven los estudiantes de intercambio para diseñar un póster (físico o digital) para presentar a los padres y a los profesores de tu instituto.

Gramática
- Preposiciones de lugar
- Adjetivos descriptivos de lugar
- Verbos irregulares + preposición de lugar: *estar* + *en*, *ir* + *a* + lugar, *ir* + *en* + medio de transporte

1 Para empezar

Con un compañero compara los lugares que muestran las fotos. ¿Dónde están? ¿Cuál prefieres tú? ¿Qué hay? ¿Qué tienen?

Ejemplo:

A: Yo (prefiero) el campo: es más tranquilo…

B: Yo (prefiero) la ciudad: es más divertida…

2 Escribe

Escribe cinco palabras relacionadas con cada foto.

Ejemplo: 1 el campo – el árbol, la montaña…

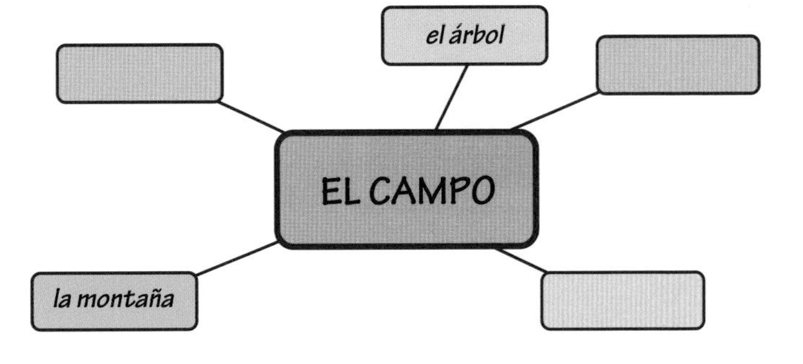

PUNTO DE REFLEXIÓN

¿Qué hay que tener en cuenta al elegir el lugar para tu intercambio?

A. *Preparando un intercambio con estudiantes de un país hispanohablante*

1 Escucha

Escucha a seis jóvenes que responden a la pregunta *¿Dónde vives?*

Rafael

Arantxa

Fernando

Laura

Marleny

Carlos

2 Escucha

Decide si las siguientes frases son verdaderas (V) o falsas (F).

Ejemplo: 1 F

1 Rafael no vive en Cuba.
2 Bilbao está en el sur de España.
3 Barichara es un pueblo de Venezuela.
4 Laura vive en las montañas en Colombia con su familia.
5 La isla Santa Cruz es una de las islas Galápagos.
6 Carlos vive en la costa, en Puerto Escondido.

3 Escribe

Escribe el nombre de tus tres lugares favoritos y escribe una frase con cada uno.

Ejemplo: Mojácar está en el sur de España, en la costa de Almería.

¿Sabías que...?

Ciudades con el mismo nombre a ambas orillas del Atlántico

Muchos lugares en América tienen nombres que los españoles dieron según su lugar de origen, o para recordar algún sitio en España, por eso hay ciudades con el mismo nombre. Ejemplo: Santiago (España, Chile y Cuba).

Santiago de Chile

4 Lee

Lee los mensajes. ¿Dónde se pueden encontrar estos textos? ¿Quién/es puede/n ser el/los destinatario/s?

Foro de intercambio

Arantxa

Enviado el 5 de junio, 08:30

Vivo en Bilbao, una ciudad en el norte de España. Es una ciudad grande e industrial con muchos habitantes. Es una ciudad muy cultural y marchosa. Normalmente los habitantes viven en bloques de pisos, aunque en las afueras hay casas y chalés tradicionales. Es una ciudad muy lluviosa y verde.

Rafael

Enviado el 5 de junio, 14:47

Vivo en Cuba, en una granja en medio del campo. Es un lugar muy tranquilo y bonito, pero aislado. No hay muchas casas, pero vivo muy cerca del mar.

Fernando

Enviado el 15 de julio, 10:15

Vivo en Barichara, un pueblo bastante tranquilo y agrícola de Colombia. Es muy pintoresco porque sus casas son iguales, pequeñas y blancas. Hay mucha vegetación. ¡Me gusta mi pueblo!

Marleny

Enviado el 25 de agosto, 09:22

Vivo en Ecuador, en una isla preciosa con mucha naturaleza. Tiene muchos árboles frutales. Es una reserva natural con muchas especies de animales y plantas.

Laura

Enviado el 2 de noviembre, 17:20

Vivo en Colombia, en las montañas, en una villa cerca de un lago y rodeada de árboles. Es un lugar idílico, tranquilo y bello. Es un lugar con mucho color y calor en verano.

Carlos

Enviado el 12 de diciembre, 07:00

Yo vivo en un pueblo costero de México, se llama Puerto Escondido, y vivo muy cerca de la playa. Es un pueblo en la costa del Pacífico. Las playas son estupendas y el mar es muy azul.

5 Lee y escribe

Completa la tabla con la información del foro.

	¿Campo o ciudad?	¿Dónde está?	¿Cómo es?
Arantxa	*ciudad*		
Rafael			
Fernando			*tranquilo, agrícola, pintoresco*
Marleny			
Laura			
Carlos		*en la costa del Pacífico, en México*	

Vocabulario

¿Qué es?
- una ciudad grande / pequeña
- un pueblo
- una isla

¿Dónde está?
- en el campo
- en las montañas
- en la costa
- cerca del mar / de un lago

¿Cómo es?
- tranquilo/a
- pintoresco/a
- bonito/a
- bello/a
- aburrido/a
- aislado/a
- marchoso/a
- cultural

6 Habla

Basándote en los textos de la actividad 4, en parejas pregunta a un compañero dónde vive, dónde está el lugar donde vive y cómo es.

Ejemplo:

A: ¿Dónde vives?

B: Vivo en la Ciudad de México.

A: ¿Dónde está la Ciudad de México?

B: Está en el centro del país, en México.

A: ¿Cómo es la Ciudad de México?

B: Es enorme, con muchos habitantes y muchos edificios altos.

7 Escribe y habla

Escribe un texto sobre el lugar donde vives. Está dirigido a jóvenes que van a leer tu descripción para elegir el destino de su intercambio. ¿Qué tipo de texto puedes escribir? ¿Cuáles serán sus características? Presenta tu texto al resto de la clase.

B. *¿Cómo es tu vivienda?*

1 Lee

Empareja los tipos de vivienda con los textos.

1. Marta y José viven en una granja muy pequeña en el campo.
2. Javier vive con su familia en un piso moderno en las afueras de una gran ciudad.
3. La familia Gutiérrez vive en una casa grande en un barrio ruidoso de la capital.
4. Ignacio y su familia viven en un chalé bonito en las montañas.
5. Los hermanos de Teresa pasan el verano en una caravana nueva para cuatro personas.

2 Escribe y comprende

1. Clasifica las palabras del recuadro en dos mapas conceptuales:
   - Tipos de vivienda
   - Describir una vivienda
2. ¿Por qué son las viviendas diferentes? ¿Cómo afecta el tipo de vivienda en la vida de una persona? ¿Qué tipo de vivienda prefieres tú? ¿Por qué?

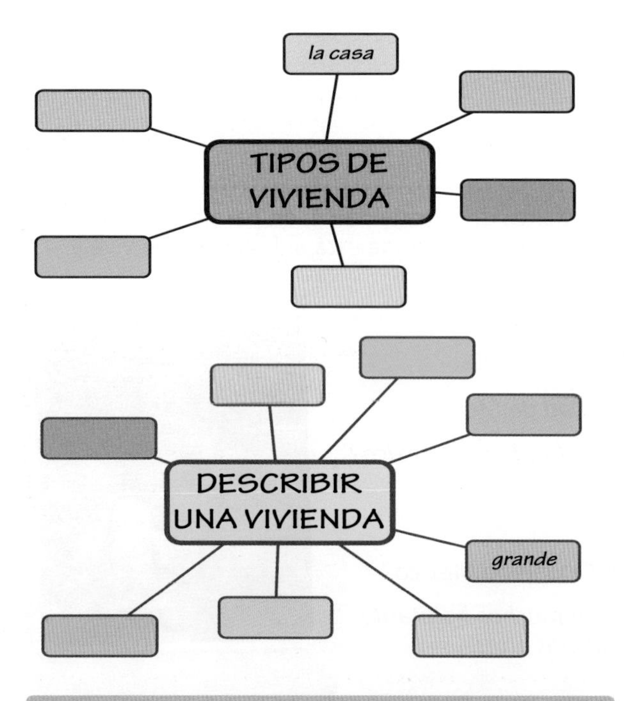

alegre • bonito/a • el chalé • el piso
grande • la caravana • la casa • la chabola
la granja • nuevo/a • pequeño/a
ruidoso/a • silencioso/a • viejo/a

3 Habla

En parejas, piensa en una de las viviendas del ejercicio 1. Tu compañero tiene que adivinar quién eres, haciéndote preguntas sobre tu vivienda, tu vida o tu familia.

Cuaderno de ejercicios 5/1

Ejemplo:

A: ¿Vives con tu familia?
B: Sí.

A: ¿Vives en el campo?
B: No.

A: ¿Vives en una casa grande?
B: Sí.

A: ¿Eres de la familia Gutiérrez?
B: Sí.

Gramática en contexto

Concordancia

Masc. sing.	Masc. pl.	Fem. sing.	Fem. pl.
un piso nuevo un chalé alegre	unos pisos modernos unos chalés alegres	una caravana nueva una casa grande	unas caravanas nuevas unas casas grandes

4 Escribe

Escoge una palabra del recuadro y escribe la concordancia correcta.

acogedor • agradable
bonito • lujoso
nuevo • oscuro
pequeño • sencillo

Ejemplo: 1 sencilla

1. La casa de Julián es __________.
2. Muchos apartamentos en el centro de la ciudad son __________.
3. El chalé de los Ramírez es __________ y __________.
4. Nosotros tenemos una caravana __________.
5. Las casas en los barrios marginados son muy __________.
6. Las viviendas en el barrio Polanco en la Ciudad de México son __________.

C. *¿Qué hay en tu barrio?*

1 un cine

2 una farmacia

3 un mercado

4 un polideportivo

5 un colegio

6 un parque

7 una biblioteca

8 un cibercafé

9 una discoteca

10 un restaurante

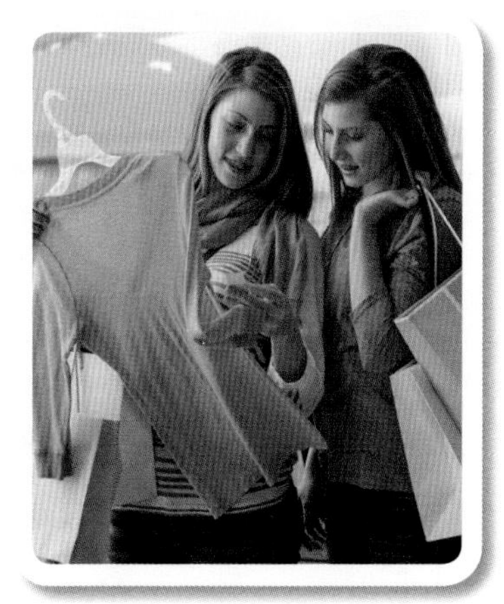

11 una tienda de ropa

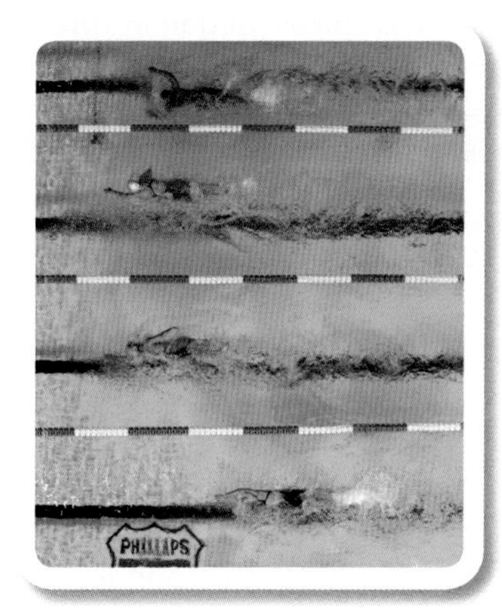

12 una piscina

1 Escribe, escucha y comprende

1 Juega al bingo:

1. Escribe el nombre de seis lugares (un cine, una piscina, etc.).
2. Escucha y tacha los nombres de tu lista.
3. Vuelve a jugar con otros seis nombres de lugares.

2 ¿Qué lugares son esenciales para los jóvenes en un barrio? ¿Dónde van los jóvenes en un barrio?

D. *¿Cómo es tu barrio?*

El barrio del Albaicín de Granada

El Albaicín es un barrio del este de Granada en el que las estrechas calles de piedra nos llevan a la España musulmana. Hoy, encontramos miradores, pequeños bares y restaurantes, iglesias, conventos y cármenes, coloridos balcones llenos de flores y franjas de buganvillas que cubren las paredes. Todo esto llega a ser más auténtico aún mientras se escuchan los acordes de una guitarra española tocada por músicos callejeros alrededor de los restaurantes y terrazas. Declarado Patrimonio de la Humanidad por la Unesco en 1994.

El barrio La Boca

Este barrio está en el sur de la ciudad de Buenos Aires, la capital de Argentina. Sus casas son rojas, verdes, blancas, azules, amarillas, negras, moradas, grises, naranjas y rosas. El estadio del Boca Juniors, un club de fútbol muy importante, está en La Boca. Hay muchas tiendas pequeñas, restaurantes y un mercado de artesanías. Es un barrio muy alegre, con bailarines de tango, un baile original de Argentina.

1 Lee

Lee las siguientes frases. ¿Hablan del barrio del Albaicín, barrio La Boca, o ambos?

Ejemplo: 1 El barrio del Albaicín

1 Es un barrio muy auténtico.
2 Es un barrio con color.
3 Es un barrio antiguo que conserva las calles de piedra.
4 Su belleza e historia tienen reconocimiento internacional.
5 Hay música en la calle.
6 Las flores adornan fachadas y balcones.
7 Los chicos juegan al fútbol.

2 Habla y escribe

1 Entrevista a tres compañeros sobre sus barrios. Toma nota de sus respuestas.

¿Cómo es tu barrio?

¿Qué hay en tu barrio?

¿Hay... en tu barrio?

2 Después compara las respuestas y responde:

¿Cómo son sus barrios? ¿Son parecidos a tu barrio?

Ejemplo: El barrio de... es muy nuevo. Hay un centro comercial grande, como en mi barrio.

3 Lee y escribe

Lee otra vez el texto del barrio La Boca y escribe cuatro frases describiendo las casas.

Ejemplo: Hay una casa verde con ventanas rojas.

4 Escribe

Haz una descripción de tu barrio para presentarla a un concurso de institutos de la región que estudian español. ¿Va a ser una descripción formal o informal? ¿Qué tipo de texto vas a escribir? Explícalo.

Presenta esta información:

1 Nombre del barrio y dónde está.
2 ¿Cómo es? ¿Grande, antiguo, ruidoso...?
3 ¿Qué servicios hay? ¿Piscina, cine...?
4 ¿Qué tipo de viviendas hay? ¿Casas, bloques de pisos...?
5 ¿Qué tiene de especial? ¿Tiene historia, vida, música, color...?

Gramática en contexto

Concordancia

Masculino		Femenino	
Singular	**Plural**	**Singular**	**Plural**
el mercado rosa	los mercados rosas	la casa rosa	las casas rosas
el piso violeta	los pisos violeta	la casa violeta	las casas violeta
el banco naranja	los bancos naranja	la granja naranja	las granjas naranja
el piso amarillo	los pisos amarillos	la casa amarilla	las casas amarillas

Cuaderno de ejercicios 5/4, 5/5

E. *Perdona, ¿sabes dónde está?*

1 Escucha

Escucha la primera parte del diálogo y elige el plano del barrio correcto.

2 Escucha

Escucha la conversación y contesta verdadero (V) o falso (F).

Ejemplo: 1 F

1 No hay muchas tiendas en el barrio de Lucía.
2 Hay una cafetería enfrente de su casa.
3 Hay tres tiendas de ropa.
4 El cine está al lado de la farmacia.
5 La farmacia está en la calle Cervantes.
6 El parque Las Lomas está detrás del instituto.

Gramática en contexto

Verbo *estar* + *en* + lugar

Estar en…

Estoy en *el colegio.*

Nosotros ***estamos en*** *casa.*

La biblioteca ***está en*** *la calle Escritores.*

3 Habla

En parejas, memoriza el plano de Los Balsos durante dos minutos y descríbeselo de memoria a un compañero. Tu compañero lo dibuja. Luego, compáralo con el del libro.

Ejemplo: Enfrente del cine, hay un polideportivo.

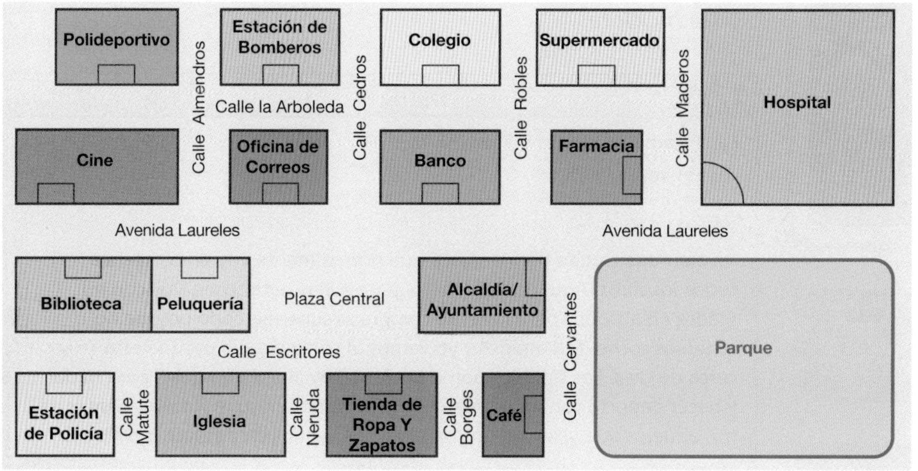

4 Escribe

¿Qué hay en tu barrio? Haz un esquema de tu barrio para enviárselo a tu intercambio. Identifica los lugares principales. Acompaña tu esquema con una descripción precisa de dónde está cada lugar.

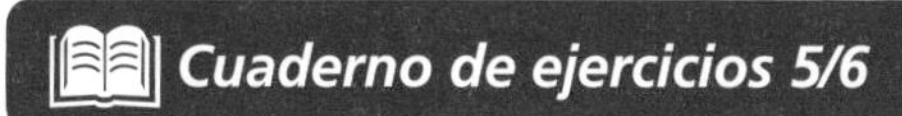

A

Avenida Laureles

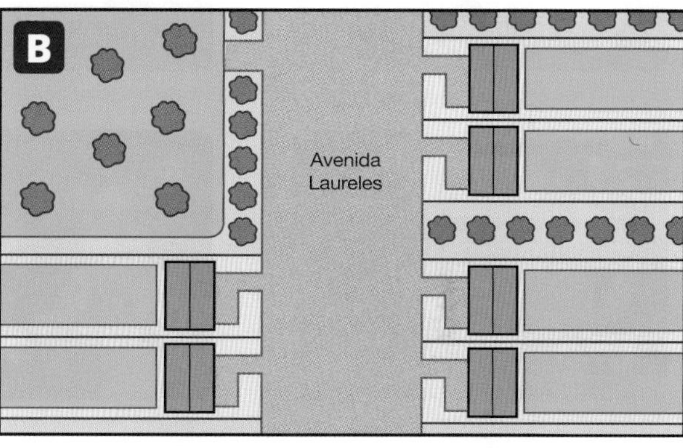

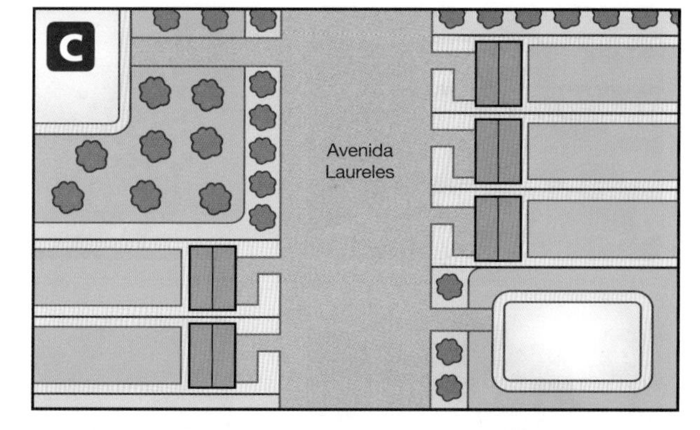

Gramática en contexto

Preposiciones de lugar

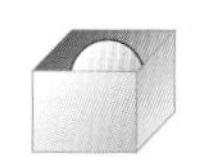
El colegio está **en** la calle Cedros.

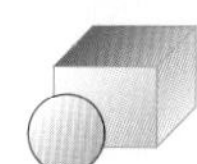
Está **delante de** la estación de bomberos.

Está **detrás del** banco.

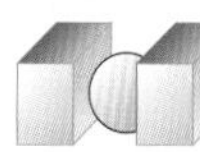
Está **entre** el colegio y el supermercado.

Está **al lado del** supermercado.

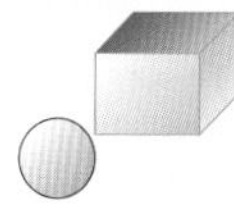
Está **enfrente de** la estación de bomberos.

F. *¿Cómo vas al colegio?*

1 Lee

Mira las palabras del recuadro y emparéjalas con las fotos.

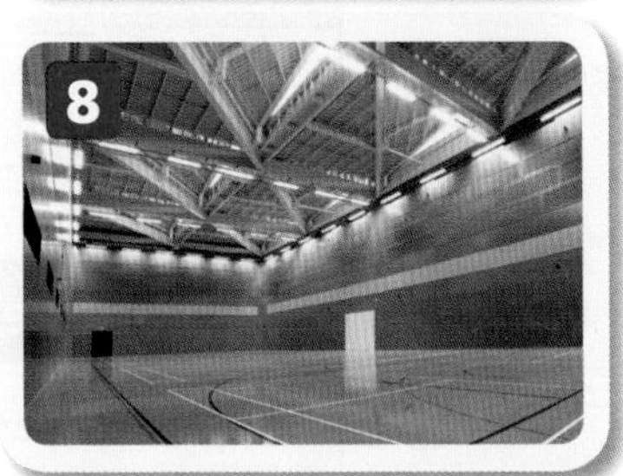

el cine • el instituto • el polideportivo • el supermercado
la biblioteca • la farmacia • la oficina de correos
la tienda de ropa

Vocabulario

Transporte

¿Cómo vas al colegio?

en autobús	**en** taxi	**en** barco / **en** ferry
en metro	**en** bici(cleta)	**a** pie / andando
en tranvía	**en** moto(cicleta)	**a** caballo
en tren	**en** avión	

2 Escribe

Empareja los lugares con las actividades y escribe una frase con cada pareja. Puedes utilizar *voy* en todas las frases.

*Ejemplo: **Voy** al polideportivo **para** nadar y practicar deportes.*

Lugares			Actividades
*1 **el polideportivo***	*E*	*E*	***nadar y practicar deportes***
2 el cine	☐	A	estudiar
3 el colegio	☐	B	comprar medicamentos
4 el supermercado	☐	C	comprar la comida de la semana
5 la biblioteca	☐	D	consultar libros y mapas
6 la oficina de correos	☐	F	comprar camisetas y pantalones
7 la tienda de ropa	☐	G	ver una película
8 la farmacia	☐	H	comprar sellos y enviar paquetes

3 Lee y escribe

1 Lee el correo de Juan en el que habla del transporte que él usa. ¿Cuál es el objetivo de este texto? ¿A quién está dirigido?

2 Contesta las preguntas.

Ejemplo: 1 El medio de transporte que Juan usa más es la bicicleta.

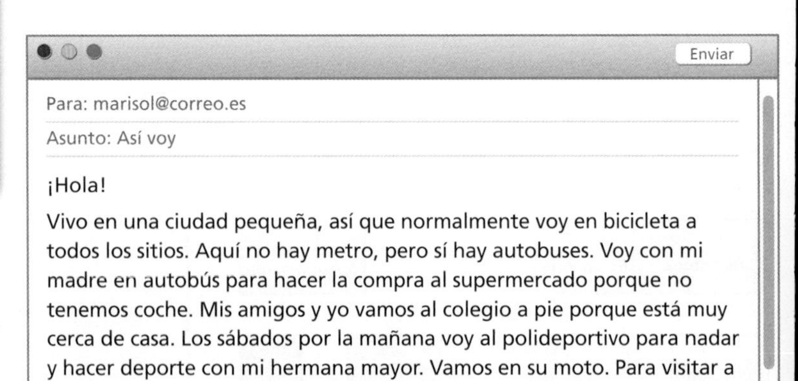

Enviar

Para: marisol@correo.es

Asunto: Así voy

¡Hola!

Vivo en una ciudad pequeña, así que normalmente voy en bicicleta a todos los sitios. Aquí no hay metro, pero sí hay autobuses. Voy con mi madre en autobús para hacer la compra al supermercado porque no tenemos coche. Mis amigos y yo vamos al colegio a pie porque está muy cerca de casa. Los sábados por la mañana voy al polideportivo para nadar y hacer deporte con mi hermana mayor. Vamos en su moto. Para visitar a mis abuelos que viven en un pueblo cerca, vamos en autobús o en tren.

¿Y tú? ¿Cómo te mueves por la ciudad?

Juan

1 ¿Cuál es el medio de transporte que más usa Juan?
2 ¿Por qué no utiliza el metro?
3 ¿Cuándo va Juan en autobús?
4 ¿Cómo va al colegio?
5 ¿Para qué va Juan al polideportivo?
6 ¿Va Juan en tren a algún sitio? ¿Adónde?

Gramática en contexto

Verbo *ir* + preposición + lugar

pronombres personales	ir
yo	voy
tú	vas
él/ella/usted	va
nosotros(as)	vamos
vosotros(as)	vais
ellos(as)/ustedes	van

ir a

Elena **va a** la oficina de correos.

El autobús 32 **va al** hospital.

ir en

Vamos al instituto **en** bicicleta.

Vamos al mercado **en** coche.

a + el = al   de + el = del

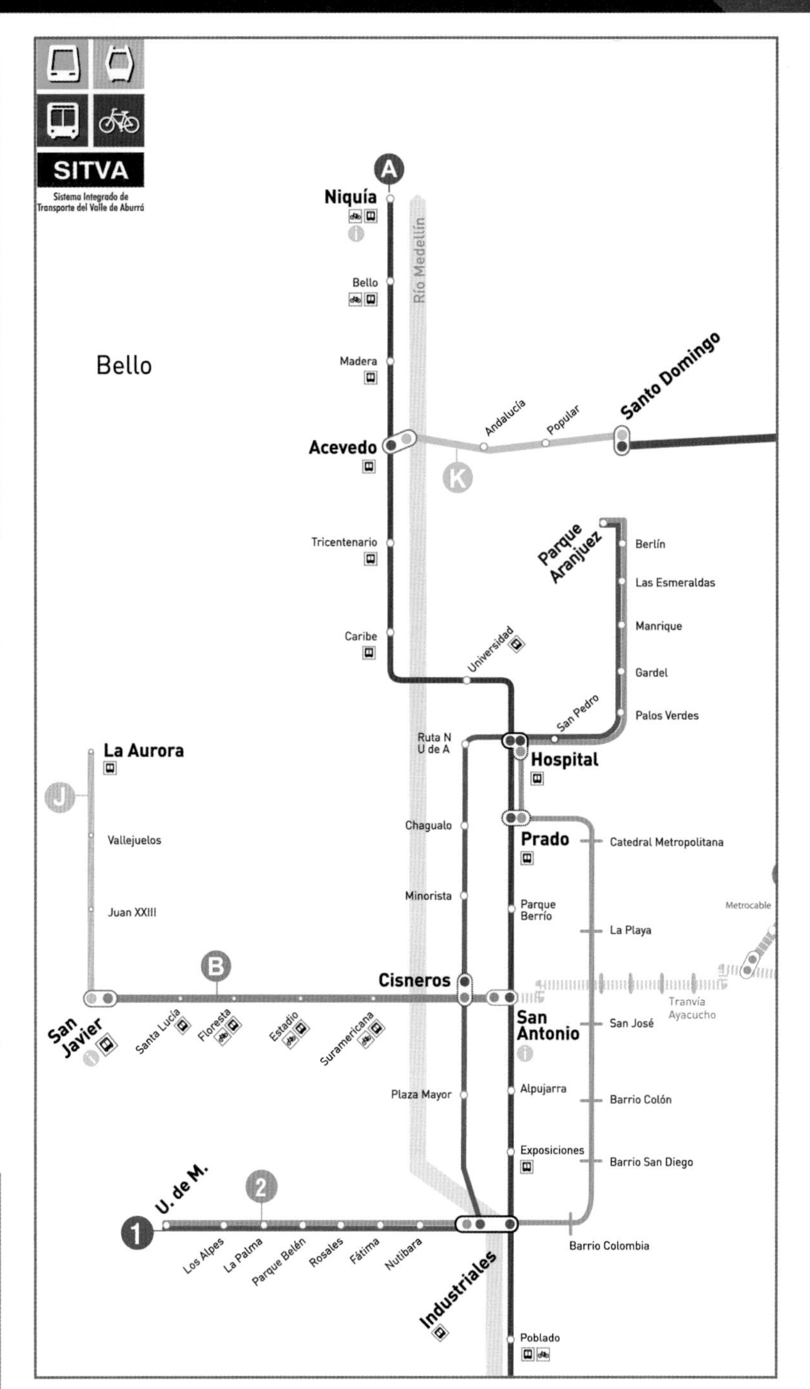

4 Escribe

Un compañero está haciendo un estudio sobre los hábitos de los jóvenes. Ha mandado dos preguntas al foro del colegio: ¿qué medios de transporte usas para ir a distintos lugares? y ¿para qué vas a esos lugares? Escribe tu respuesta. ¿Vas a utilizar un estilo formal o informal?

Ejemplo:

Mi pueblo es muy grande. Yo voy en tranvía a…

Mis amigos y yo vamos a… para…, y normalmente vamos en…

5 Lee

Lee este mensaje que Lucía envía a un amigo. ¿Cuáles son las características de este mensaje? Busca en el plano del metro de Medellín el recorrido para ir desde el hospital al estadio.

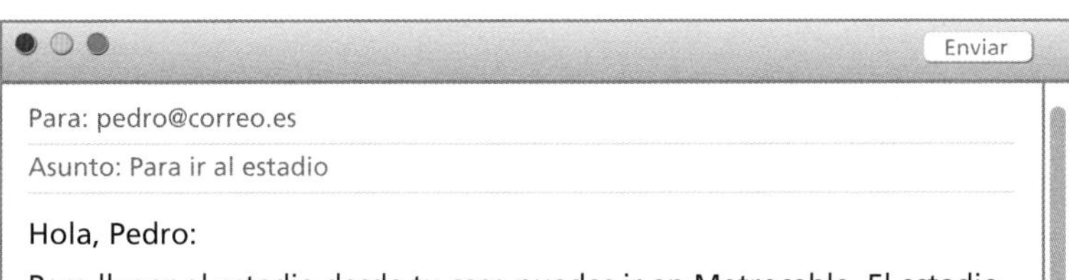
Enviar

Para: pedro@correo.es

Asunto: Para ir al estadio

Hola, Pedro:

Para llegar al estadio desde tu casa puedes ir en Metrocable. El estadio está en la estación de Metrocable Estadio, en la línea J, la naranja; y el hospital está en la estación de Metro Hospital, en la línea A, la azul. Primero, tienes que tomar la línea A en la estación de Metro Hospital hasta la estación de Metro San Antonio. Son tres paradas. Luego debes hacer transbordo a la línea J del Metrocable y vas hasta la estación de Metrocable Estadio. Otras tres paradas.

¡Allí nos vemos!

Lucía

Vocabulario

Conectores para ordenar ideas

primero…

luego… / después…

al final…

6 Escribe

Estás en Medellín. Escribe el recorrido que tienes que hacer para visitar estos lugares utilizando los conectores para ordenarlo. Después, compara tu recorrido con el de un compañero. ¿Cómo sabemos cuál es la mejor ruta?

1 Desde San Antonio a Santo Domingo

2 Desde Prado a La Aurora

7 Investiga

Busca en Internet qué lugares de interés turístico puedes encontrar en Medellín, y si puedes ir en metro a visitarlos. Haz una lista con la información que encuentres. Comparte tu lista con la clase.

G. *¡Bienvenido a Los Balsos!*

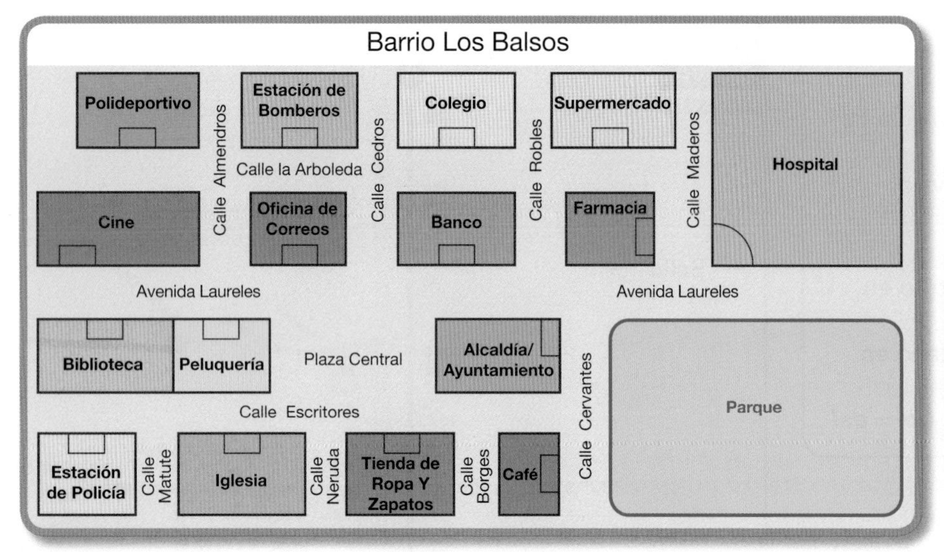

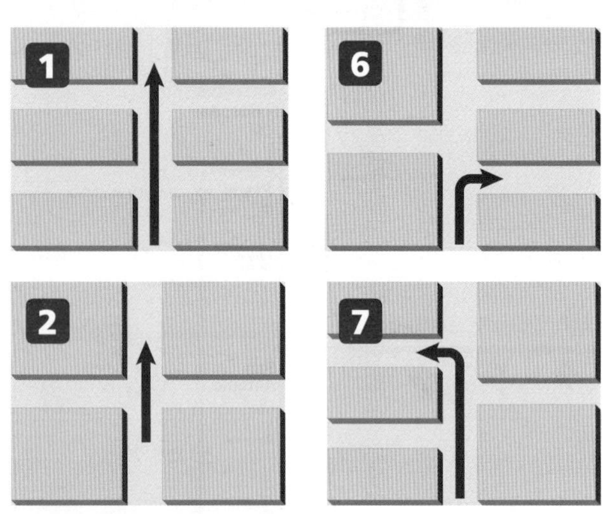

1 Lee y escucha

Lucía cuenta a su intercambio cómo se mueve a pie por el barrio de Los Balsos.

1 Para ir desde mi colegio al parque giro a la izquierda en la calle la Arboleda, paso la calle Robles y luego giro a la derecha en la calle Maderos. Cruzo la avenida Laureles y ahí está el parque.

2 Para ir a la biblioteca desde el parque, cruzo la calle Cervantes, tomo la calle Escritores, sigo todo recto, cruzo la calle Borges y atravieso la plaza Central. Giro a la izquierda en la avenida Laureles, paso la peluquería y llego a la biblioteca.

2 Escribe

Mira las flechas en las imágenes de la izquierda y relaciónalas con las expresiones que aparecen en el recuadro del vocabulario "Dando direcciones". Usa el diccionario si es necesario.

3 Habla

Con un compañero, utiliza el plano del barrio de Los Balsos para preguntar por las tres rutas a continuación.

Ejemplo:

A: ¿Cómo vas del cine al café?

B: Para ir del cine al café giro a la izquierda en la avenida Laureles, sigo todo recto, atravieso la plaza Central, giro a la izquierda en la calle Escritores y luego giro a la derecha en la calle Cervantes. El café está a la derecha, enfrente del parque.

1 ¿Cómo vas del polideportivo a la plaza Central?

2 ¿Cómo vas de la estación de policía a la estación de bomberos?

3 ¿Cómo vas del café a la oficina de correos?

Vocabulario

Dando direcciones

sigo todo recto

giro a la izquierda

giro a la derecha

cruzo / paso la calle

cojo la primera a la derecha

tomo la segunda a la izquierda

atravieso dos cruces

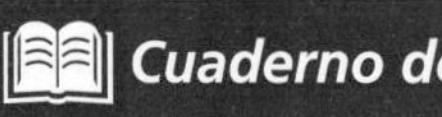

Cuaderno de ejercicios 5/7, 5/8, 5/9

H. *Medellín, la ciudad de la eterna primavera*

Su clima, su paisaje, su naturaleza, su historia y su arte hacen de Medellín un lugar único y privilegiado.

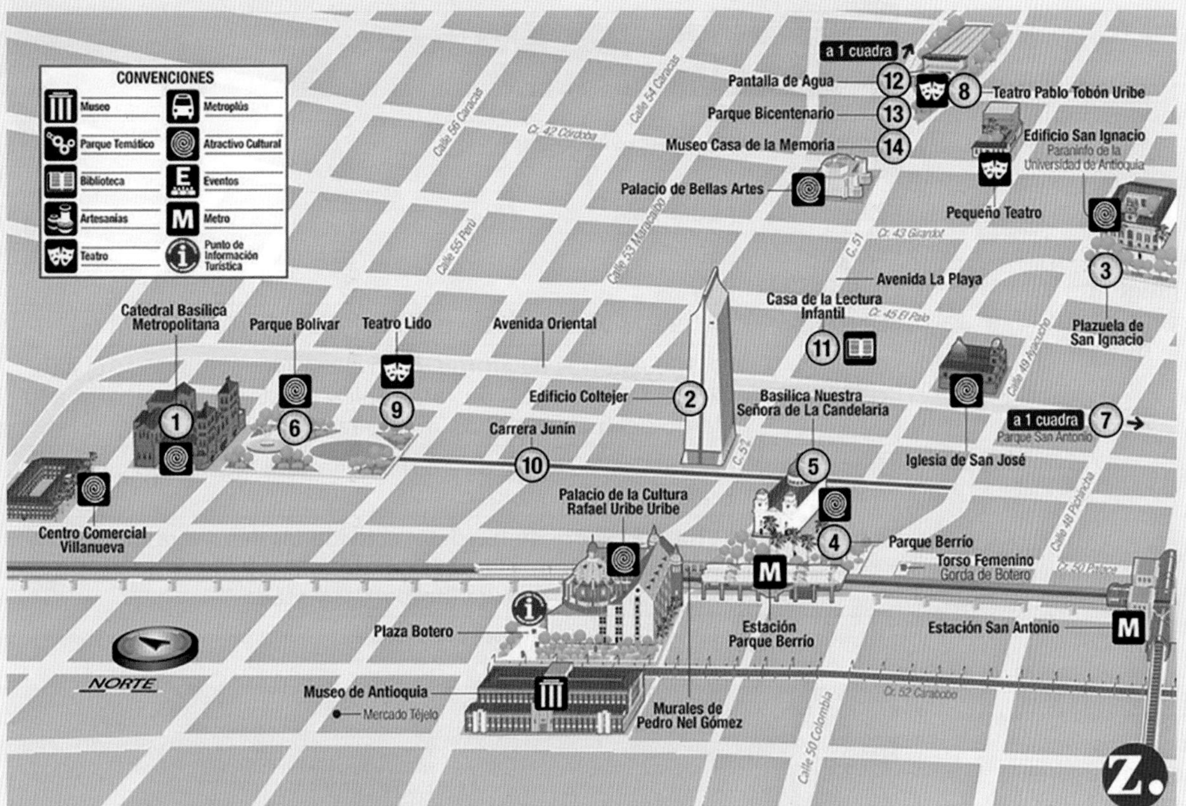

¿Sabías que...?

Juniniar

Caminar, charlar, comprar y compartir en las tiendas de la calle peatonal carrera Junín en Medellín ha creado la invención de un verbo nuevo en la ciudad: *juniniar*.

Carrera Junín

1 Escucha

1. Escucha la audioguía del centro histórico de Medellín y sigue las tres rutas en el plano.
2. ¿Adónde vamos? Elige las tres fotografías que corresponden al destino de las rutas.

2 Habla

1. Indica una ruta a tu compañero en el centro histórico de Medellín.
2. Escucha la ruta de tu compañero.
   ¿Cuál es el destino?

   Ejemplo: Estás en el parque Bicentenario, tomas la avenida de la Playa todo recto hacia…

3 Escribe y habla

1. Diseña un plano de tu ciudad o de un barrio.
2. Escribe un itinerario para enseñar tu ciudad o barrio a tu intercambio.
3. Presenta tu itinerario a la clase.
4. ¿Cómo juzgamos cuál es el mejor plano de una ciudad? ¿Qué hay que marcar? ¿Qué plano es el mejor de la clase? ¿Por qué?

Casa Barrientos, Casa de Lectura Infantil

Pantalla de Agua

Torso Femenino (La Gorda), de Fernando Botero

Edificio Coltejer

Repaso

¿Cuál es tu destino?

1 Lee

Lee estas dos fichas de los dos destinos para tu intercambio.

2 Habla

Contesta las siguientes preguntas para los dos lugares: Guatapé y Santiago de Chile. Practica con un compañero.

1 ¿Dónde está?
2 ¿Qué tipo de lugar es?
3 ¿Qué medios de transporte se pueden usar?
4 ¿Qué se puede hacer?
5 ¿Qué se puede comer?

3 Escucha

Escucha las opiniones de varios entrevistados sobre estos dos lugares. ¿A cuál se refiere cada uno de ellos? Guatapé = G o Santiago de Chile = S.

Ejemplo: Es muy grande. No me gustan las ciudades grandes. S

4 Investiga y escribe

Prepara una ficha de un lugar de habla hispana al que te gustaría ir. Usa las fichas de Guatapé y Santiago de Chile como modelos.

Cuaderno de ejercicios 5/10

Nombre del lugar:	Guatapé, Medellín
País:	Colombia
Número de habitantes:	5000
Ubicación:	A 79 kilómetros de Medellín (a hora y media en autobús).
Paisaje y clima:	A 2000 metros de altitud y con clima primaveral todo el año. Pueblo tradicional con casas típicas. Restaurantes y bares a lo largo del malecón. Ríos, montañas, campo.
Transporte:	Autobús (colectivo) desde Medellín y en bicicleta, a pie o a caballo en el pueblo.
Atracciones:	Visitar El Peñol en bicicleta; actividades deportivas (escalada, ciclismo de montaña, kayak, montar a caballo, ir de pesca, nadar en ríos); comida (barbacoas y asados).

Nombre del lugar:	Santiago de Chile, la capital
País:	Chile
Número de habitantes:	5 400 000 habitantes
Ubicación:	En el valle de Santiago, al pie de los Andes y a 100 kilómetros de la costa del océano Pacífico. A una altitud de 566 metros.
Paisaje y clima:	Centro urbano moderno con mucha población y con reservas naturales. Clima continental templado.
Transporte:	Avión, autobuses, trenes, tranvías, motocicletas, coches y taxis.
Atracciones:	Museos (de arte precolombino, de historia, interactivo), parques, reservas naturales, zoo y barrios bohemios. Degustación de asados de carne a la parrilla con verduras.

PUNTO DE REFLEXIÓN

¿Qué hay que tener en cuenta al elegir el lugar para tu intercambio?

Con un compañero, haz una lista de lo que te parece importante. Compara con otros grupos de la clase.

Zonas climáticas

Unidad 6

¡GANA EL VIAJE DE TUS SUEÑOS!

DESCRIBE UNAS VACACIONES FENOMENALES Y RECIENTES PARA GANAR OTRAS

la geografía del destino • el tiempo durante tu visita • las actividades

Compartimos el planeta

- Clima
- Geografía física

Teoría del Conocimiento

¿Por qué la gente habla tanto del tiempo? ¿Es igual en todas las partes del mundo y así en cada clima? ¿Por qué?

Creatividad, Actividad y Servicio

Aprecia y celebra que el mundo es muy diverso al crear una descripción de un lugar que has visitado últimamente.

Gramática

- Verbo impersonal *hacer*
- Pretérito indefinido
- Adverbios de tiempo

PUNTO DE REFLEXIÓN

¿Qué quieres cuando vas de vacaciones?

1 Para empezar

Mira las fotos.

1. ¿Qué foto es de la comida?
2. ¿Qué foto es de la geografía del destino?
3. ¿Qué foto es de una actividad?
4. ¿Qué foto es del tiempo?

2 Escribe

Escribe una lista con cinco palabras sobre cada foto.

Ejemplo: C ola, azul, blanco...

A. *La naturaleza latinoamericana*

Bariloche, Argentina

Bariloche es una ciudad bastante grande en el oeste de Argentina. Está cerca de la frontera con Chile, a menos de cien kilómetros.

Bariloche se encuentra en las orillas del lago Nahuel Huapi, un lago enorme y precioso. Hay también otros lagos más pequeños cerca de la ciudad. En otras partes de la orilla se encuentran unas playas pequeñas y pintorescas.

Bariloche es el destino principal para turistas que quieren practicar el esquí. Hay montañas cubiertas de nieve que son muy populares entre grupos escolares.

También hay muchos bosques grandes cerca de la ciudad. En los bosques se encuentran unas cataratas impresionantes.

El desierto de Atacama, Chile

El desierto de Atacama es el desierto más árido del planeta. Se encuentra en el norte de Chile. Al oeste está el océano Pacífico. Al este están las montañas de los Andes.

Hay numerosas dunas, pero también se encuentran varios lagos en el desierto. Los lagos atraen a una multitud de animales, como flamencos y llamas.

Hay muy poca gente en el desierto, y no hay contaminación lumínica. Como resultado, muchos turistas visitan el desierto para observar las estrellas.

chile

1 Habla e investiga

1. Habla con tu compañero. ¿Podéis adivinar el significado de las palabras en el recuadro *Vocabulario*?
2. Utiliza el diccionario para confirmar vuestras ideas.

Vocabulario

¿Dónde está?

en el norte / este / sur / oeste
cerca de
en la frontera con

¿Qué hay?

un bosque
una catarata
un desierto
una duna
una isla
un lago
un mar / un océano
una montaña
una playa
un río
un valle
un volcán

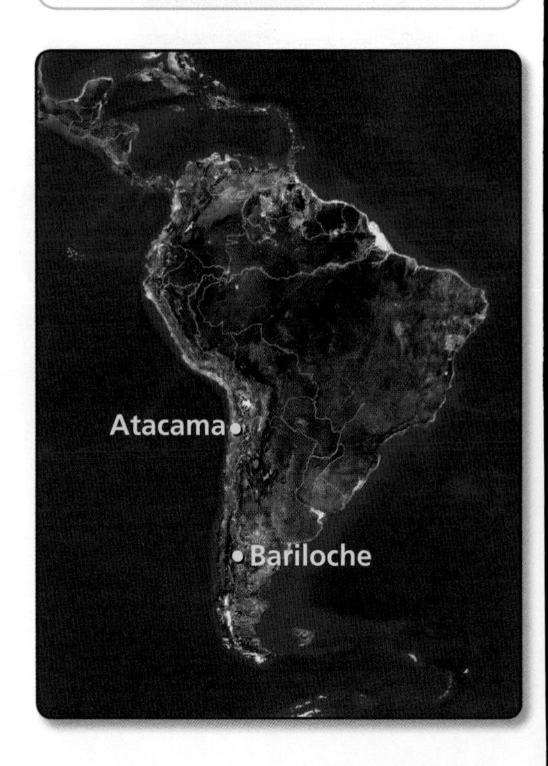

2 Lee y escribe

1 Decide si cada frase es verdadera (V) o falsa (F).
   1 El desierto de Atacama se encuentra sobre una isla.
   2 Bariloche es un destino popular a la orilla del mar.
   3 Hay muchos lagos cerca de Bariloche.
   4 Hay muchas playas en el desierto de Atacama.
   5 No hay lagos en el desierto de Atacama.
2 Corrige las frases falsas.
3 ¿Dónde podemos encontrar este tipo de textos? ¿Cuáles son sus objetivos?

3 Escribe

Escribe una lista de tres adjetivos para cada palabra.

Ejemplo: 1 tranquilo, pintoresco, azul

1 Un lago
2 Un bosque
3 Una montaña
4 Una playa
5 Un valle
6 Un volcán

Gramática en contexto

Hay

Introduce los elementos físicos: *Hay un lago precioso.*

Está

Introduce el lugar geográfico: *Está en el desierto. Está cerca de Buenos Aires.*

Es

Describe algo físicamente: *Es precioso.*

Cuaderno de ejercicios 6/1

4 Escribe

Escribe una descripción básica de la isla de Pascua para una revista turística. Incluye opiniones apropiadas. Elige el mejor texto entre un folleto, una carta y un póster.

Ideas:

- Una isla chilena
- A cinco horas en avión al oeste de Chile
- En el océano Pacífico
- Muchos volcanes
- Unas playas
- Para turistas: estatuas moái

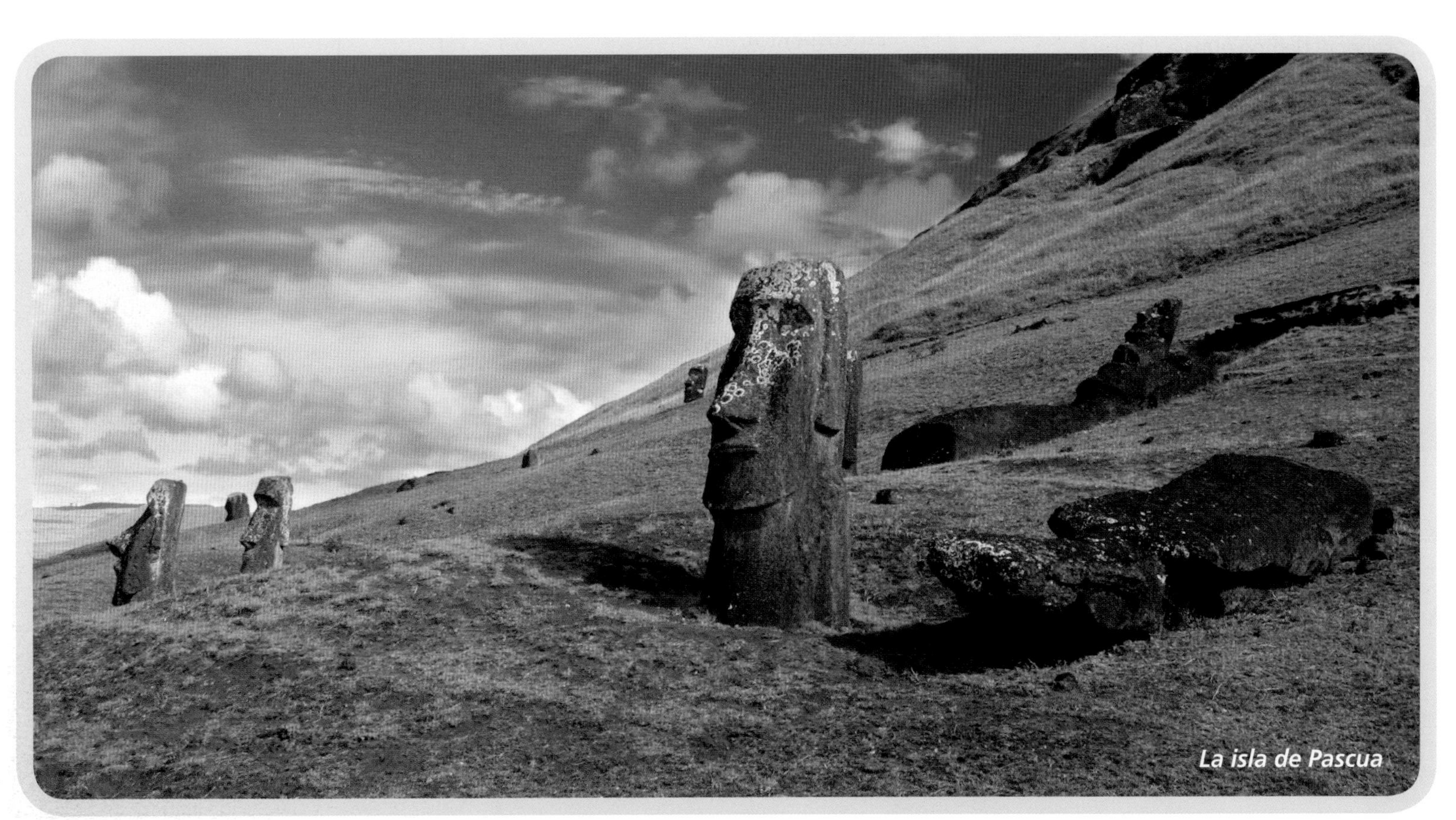

La isla de Pascua

B. *El tiempo y su efecto*

1 Escribe y habla

1 Escribe tres listas.

De vacaciones...

- Me gusta cuando
- Me da igual cuando
- Odio cuando

2 Habla con tu compañero.

Ejemplo:

A: ¿Te gusta cuando hay tormenta?

B: Odio cuando hay tormenta porque es horrible / me da miedo / es aburrido. ¿Y tú?

A: Me gusta cuando hay tormenta porque...

2 Escucha

1 Decide si los pronósticos describen el mapa A, B, C o D.

2 Escribe el pronóstico que falta.

Ejemplo: Hoy hace frío en el este.

3 ¿Te parece importante saber el tiempo que va a hacer durante el día? ¿Por qué? ¿En qué tipo de trabajo es importante saber el tiempo que va a hacer?

Cuaderno de ejercicios 6/2, 6/3

Vocabulario

Siempre – Siempre hace calor durante el día en el desierto.

A veces – A veces llueve durante el verano en Argentina.

Normalmente – Normalmente hace calor aquí, pero a veces está nublado.

3 Escribe

Describe el tiempo ideal de las estaciones a un amigo que te visita. Usa un estilo apropiado.Escribe unas 20 palabras para cada estación, utilizando conectores y opiniones.

Ejemplo: En primavera a veces hace frío, pero normalmente hace sol y hace buen tiempo.

¿Sabías que...?

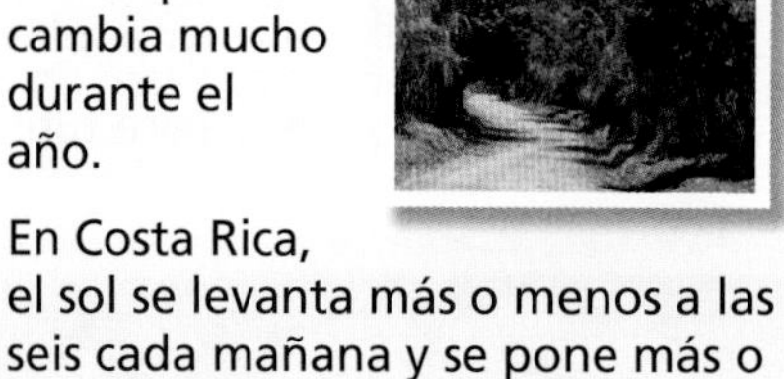

Los países cerca del ecuador solo tienen una estación.

- El tiempo no cambia mucho durante el año.
- En Costa Rica, el sol se levanta más o menos a las seis cada mañana y se pone más o menos a las seis cada noche.

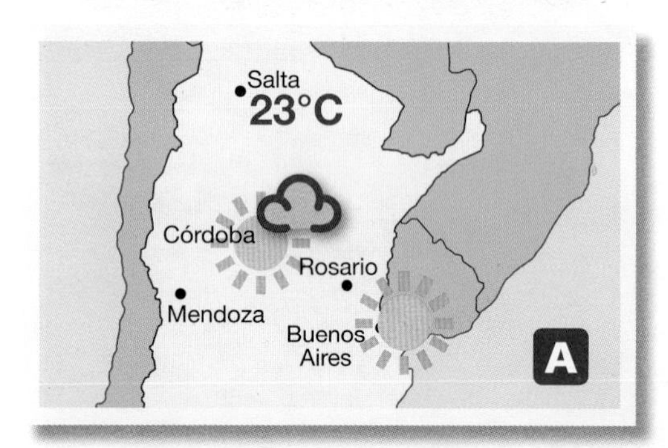

Vocabulario

¿Qué tiempo hace?

	hace frío
	hace calor
	hace sol
	hace viento
	hace buen tiempo
	hace mal tiempo
	hace 25 grados
	hay niebla
	hay tormenta
	está despejado
	está nublado
	está lloviendo / llueve
	está nevando / nieva

Las estaciones

la primavera

el verano

el invierno

el otoño

C. *El tiempo extremo y el cambio climático*

Instituto Uruguayo de Meteorología

Informe Meteorológico Especial

A La Dirección Nacional de Meteorología en Montevideo, Uruguay, publicó ayer un nivel de riesgo meteorológico AMARILLO por probabilidad de lluvias puntualmente abundantes.

B También se pronostican algunas tormentas intensas para los departamentos de Artigas, Salto, Rivera, Tacuarembó, Cerro Largo y Treinta y Tres.

C Validez: entre las 00:00 y las 21:00 de mañana miércoles 19 de marzo.

D Se prevén:
- volúmenes de precipitación puntuales entre 20 y 50 mm en 6 horas / 50 y 100 mm en 24 horas;
- vientos entre 60 y 75 km/h;
- actividad eléctrica y ocasionales granizadas.

Alerta por el calor en España

E Cuatro provincias (Badajoz, Córdoba, Sevilla y Jaén) se encuentran en estado de riesgo NARANJA. Va a haber temperaturas de más de 40 grados otra vez durante los próximos días.

F Otras siete provincias y cuatro islas canarias tienen un nivel de riesgo AMARILLO. El nivel de alerta se debe a las tormentas violentas que se van a producir durante estos días.

G La red meteorológica española, Meteoalerta, insiste en tomar precauciones para proteger a los niños menores de 4 años, a los ancianos y a los enfermos.

H Meteoalerta utiliza un sistema de alerta de cuatro niveles: verde, amarillo, naranja y rojo.

VERDE: no hay riesgo.

AMARILLO: no existe riesgo general, aunque el tiempo puede causar problemas específicos.

NARANJA: riesgo meteorológico grave.

ROJO: riesgos extremos.

1 Lee

¿En qué párrafo del texto se menciona...?

Ejemplo: 1 G

1 La necesidad de proteger grupos específicos

2 El riesgo de vientos fuertes

3 El sistema de describir el nivel de riesgo

4 Temperaturas muy altas

5 Los detalles precisos de la duración de la alerta

2 Lee

1 Relaciona cada principio de frase de la columna de la izquierda con el final adecuado de la columna de la derecha. Escribe la letra en el cuadro. Nota: hay más finales de los necesarios.

1 ***Se publicó en Uruguay*** [C]

2 El sistema de alerta [ ]

3 En cuatro zonas de España [ ]

4 Hay que cuidar a [ ]

A los niños y a las personas mayores.

B hay riesgo de tormentas graves.

C ***una alerta por lluvias fuertes.***

D se pronostican unas temperaturas muy altas.

E incluye cuatro niveles de riesgo.

F solo existe para describir el mal tiempo.

G una declaración de que ya no hay problema.

2 Indica qué párrafo (A–H) describe cada una de las frases del ejerccio 1.

3 Habla y comprende

1 Haces tus prácticas laborales con un canal de televisión especializado en meteorología. Utiliza uno de los textos para preparar un breve reportaje de interés sobre el tiempo extremo. Trabaja con un compañero.

2 Después de escribir tu reportaje, practícalo y luego recítalo en clase o grábalo con un micrófono.

Incluye:

- El tiempo
- El lugar
- Lo que se debe hacer

Puedes utilizar el vocabulario de los textos.

Ejemplo: Hoy en Córdoba hay temperaturas de más de 40 grados. Esta temperatura es peligrosa. Hay que cuidar a los niños, ancianos y enfermos. El nivel de riesgo es NARANJA, que es riesgo meteorológico grave.

3 ¿Es más importante tener un pronóstico preciso ahora que en el pasado? ¿Por qué?

D. *Las zonas climáticas*

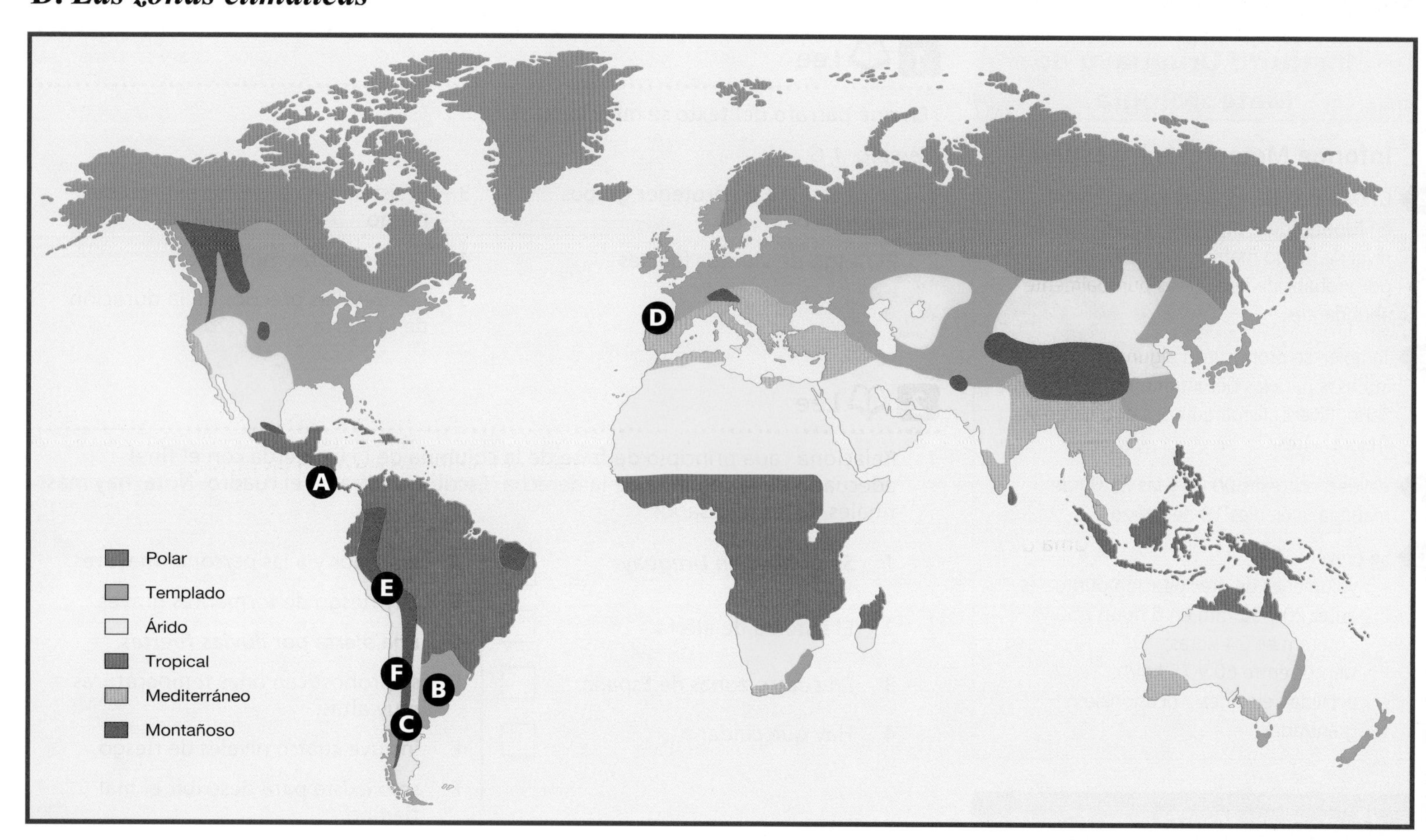

1 Escribe

Mira el mapa de las zonas climáticas de la Tierra. Busca en Internet información sobre el tiempo en las diferentes zonas y completa la tabla.

País	Clima	Número de estaciones	Tiempo en primavera	Tiempo en verano	Tiempo en otoño	Tiempo en invierno
España	*templado*	*4*	*bastante frío* *llueve*	*bastante calor* *llueve*	*bastante frío* *llueve*	*frío* *llueve*
	mediterráneo					
Argentina						
Chile						
Costa Rica						
Estados Unidos						

2 Habla

¿Cuál prefieres tú? Habla con tu compañero.

Ejemplo:

A: ¿Qué país de la tabla quieres visitar en el futuro?

B: En el futuro quiero visitar el sur de ***España*** *durante el otoño porque* ***hace bastante buen tiempo y no llueve****. ¿Y tú?*

A: En el futuro quiero visitar… porque…

3 Lee y habla

Sugiere un destino apropiado para estos turistas, utilizando el mapa. Trabaja con un compañero.

Ejemplo: En mi opinión 1 debe visitar Chile porque hace sol y no llueve mucho. ¡Perfecto!

Me gustan los países donde siempre hace calor, donde hace sol cada día durante el verano y no tengo que llevar chaqueta. Odio cuando llueve mucho, es deprimente.

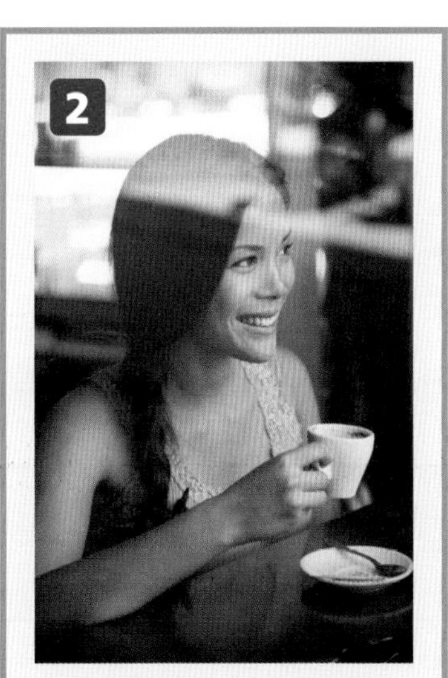

Me encanta la variedad. Un día hace buen tiempo y el día siguiente está nublado. También me gustan las ciudades grandes, son fascinantes.

Prefiero ir de vacaciones en otoño. Me gusta llevar jersey y ver las hojas en el viento. No me gusta el calor, prefiero los días fríos.

4 Lee

A, B y C en el mapa indican tres destinos turísticos populares: Mal País en Costa Rica, Buenos Aires en Argentina y Bariloche en Argentina. Lee estas descripciones y localiza los destinos en el mapa..

1 Mal País está en la costa pacífica, en el oeste.
2 Bariloche está en el oeste de Argentina, cerca de las montañas de los Andes. Hay muchos lagos.
3 Buenos Aires es una ciudad grande en el este de Argentina.

5 Escribe

¿Dónde vas a hacer estas actividades? ¿En Mal País, en Bariloche o en Buenos Aires? ¿Son apropiadas para una estación del año? Escribe una frase por actividad y explica las razones.

Ejemplo: 1 En Bariloche se puede esquiar porque, especialmente en invierno, hace mucho frío y nieva mucho.

1 esquiar
2 hacer esquí acuático
3 hacer alpinismo
4 ir de compras
5 hacer surf
6 descansar en la playa
7 nadar
8 tomar un café en el puerto

6 Escribe

Escribe un texto para los estudiantes de tu instituto para promover viajar a un lugar que tú has visitado. ¿Qué tipo de texto vas a escribir? ¿Cuál es el mejor registro?

7 Investiga y escribe

1 Localiza los otros tres destinos D, E y F en el mapa: Santander (España), Viña del Mar (Chile) y Arequipa (Perú).
2 Elige uno de los tres destinos. Investiga el clima y las actividades posibles en el destino.
3 El director de tu instituto quiere animar a los estudiantes a viajar y explorar más. Escribe una descripción de un mínimo de 70 palabras para la página web de tu instituto sobre el destino. ¿Vas a utilizar un estilo formal o informal? ¿Por qué? Indica:
   - Dónde está
   - El clima
   - Ropa apropiada para el turista
   - Actividades turísticas posibles
   - Por qué se debe visitar

E. *Mi reciente visita a Argentina*

"Quiero visitar Argentina pronto. ¿Qué opinas?"

Recientemente visité Argentina en América del Sur durante tres semanas. ¡Quiero volver! Me gustó mucho. De hecho, ¡me enamoré del país! Compré los billetes tres meses antes de ir y organicé todas las excursiones por adelantado.

Visité muchas partes diferentes. Viajé principalmente en autobús , pero también viajé dos veces en avión, es un país enorme. Nadé en unas cataratas remotas, monté a caballo en la playa, anduve con un grupo sobre un glaciar espectacular y probé mucha comida deliciosa. El bistec es la especialidad del país.

Busqué aventura en Argentina y la encontré. Saqué muchas fotos, hablé con mucha gente y compré muchos recuerdos. Visité montañas, el desierto, varias ciudades y descansé mucho. Quiero volver pronto para explorar más.

Gramática en contexto

El pretérito indefinido

Describe acciones en el pasado:

El año pasado ***visité*** *Santander, en el norte de España, durante tres semanas.*

Describe acciones que ya han terminado completamente:

Me alojé *en un hotel cerca de la playa.*

1 Lee

1 ¿Dónde se puede encontrar este tipo de textos? ¿Son textos formales o informales? ¿Por qué?

2 Busca en el texto los verbos en el pretérito indefinido en la forma *yo* y conecta el pretérito indefinido con el infinitivo.

Ejemplo: tomar – tomé

andar • buscar • comprar • descansar
enamorar • encontrar • hablar
montar a caballo • nadar • organizar
probar • sacar • viajar • visitar

3 Clasifica los verbos en la tabla. Los números entre paréntesis ( ) indican cuántos verbos hay en el texto.

Infinitivo	Verbos regulares *-ar* (10 + ejemplo)	Verbos que cambian a *-qué* (2)	Verbo que cambia a *-cé* (1)	Verbo irregular *-uve* (1)
tomar	*tomé*			

4 Habla con un compañero: ¿cómo se forma la primera persona del singular (*yo*) para los infinitivos terminados en *-ar* en el pretérito indefinido?

Cuaderno de ejercicios 6/4

2 Lee

1 Busca en el correo electrónico diez adverbios de tiempo que se refieren a **cuándo** pasó algo.

Ejemplo: antes

2 Otro estudiante escribió una descripción de Barcelona, pero el director del colegio quiere mejorarla incluyendo más adverbios de tiempo antes de ponerla en la página web del colegio. Rellena los espacios en el texto, utilizando los adverbios de tiempo.

> Hace dos años visité Barcelona, en el noreste de España, y me alojé en un hotel allí ___________ tres semanas. El primer día me levanté muy temprano y ___________ tomé el desayuno. ___________, a las nueve y media, fuimos a la estación de autobuses. ___________ de ir, mi madre compró unos billetes para toda la familia, para llevarnos al parque acuático, ¡qué chulo! Me encantó.

Enviar

Para: Isabel@correo.es

Asunto: Argentina

Mi querida Isabel:

Estoy aquí en Argentina. Llegué hace una semana con mi padre y mi hermana. Mi madre llegó hace tres semanas. Viajé en avión y me encantó. Mi madre es argentina y viajó antes que nosotros para pasar más tiempo con sus padres (mis abuelos). Estuvo con ellos durante tres semanas y ahora vamos a viajar durante tres semanas más.

Ayer estuve en el parque, y me lo pasé muy bien. Mientras, mi hermana pasó la mañana de tiendas con mi madre, y mi padre descansó en el hotel. Estamos en Buenos Aires, que es una ciudad fascinante. Después, por la tarde, monté a caballo con mi mamá y luego visité el Museo de Evita con mi papá y mi hermana. Desafortunadamente no me gustó mucho. Anoche cenamos en el restaurante favorito de mi madre. Yo tomé una hamburguesa, pero mi padre tomó el bistec más grande del mundo, ¡era enorme!

Hoy vamos al cine, ¡tengo muchas ganas de ver la película!

Te escribo pronto,

Lucía

3 Escribe

Busca los verbos de infinitivo en *-ar* en pretérito indefinido en este texto y completa la tabla.

yo	él / ella	infinitivo
llegué	*llegó*	*llegar*

 *Cuaderno de ejercicios 6/5*

4 Escribe

1 Habla con tu compañero. ¿Podéis adivinar cómo formar el pretérito indefinido para los verbos de infinitivo en *-ar* en la primera (*yo*) y tercera persona del singular (*él / ella*)? **Nota**: un verbo sigue un patrón diferente pero regular. ¿Cuál es?

2 Adapta los verbos siguientes y luego compara tus ideas con otro grupo.

Ejemplo: acampar – acampé (yo), acampó (él / ella)

bailar

comprar

encontrar

hablar

 *Cuaderno de ejercicios 6/6*

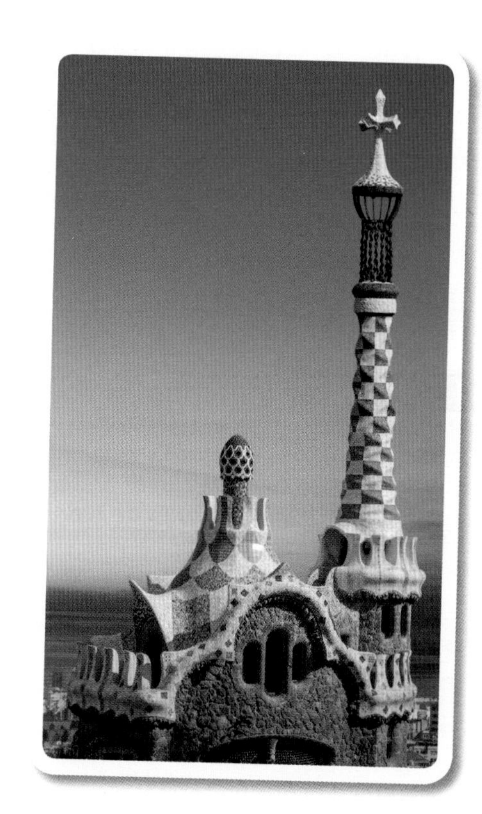

F. *El blog de Juanma*

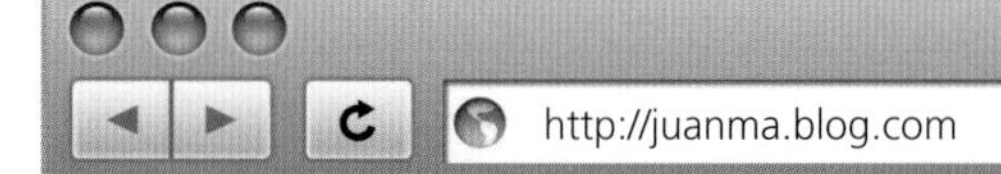

Mi viaje a Costa Rica

Lunes, 3 de abril – viernes, 21 de abril

En el aeropuerto, antes de volar en avión, tomamos un café y compré una revista para leer durante el viaje. Descansé mucho durante el vuelo, escuché mi música favorita y me gustó mucho leer la revista.

Costa Rica se encuentra en América Central, entre Nicaragua y Panamá. Es un país fascinante con una ecología muy variada. Al llegar visitamos a unos amigos en la capital, San José, pero luego, tras pasar cuatro días con ellos, compramos unos billetes de autobús para viajar a la playa.

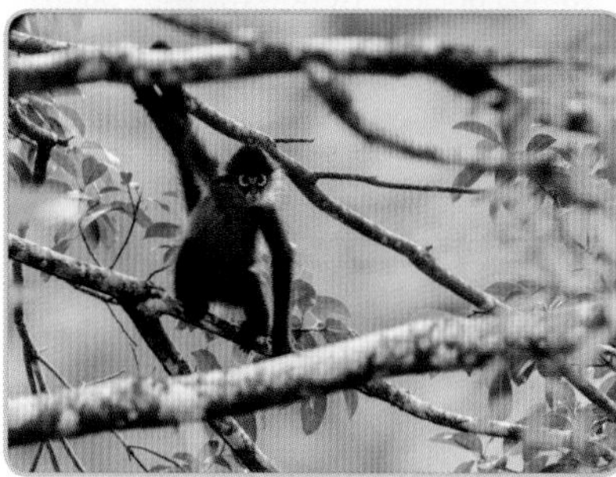

Pasé cuatro días en la costa pacífica en el suroeste del país, en un pueblo pequeño que se llama Mal País. Nadé en el océano cada día y practiqué surf, pero desafortunadamente lo hago fatal (me falta práctica). Normalmente hace muy buen tiempo en Mal País, pero un día hizo muy mal tiempo. Mi madre se quejó mucho y pasamos todo el día en el hotel (no me gustaron mucho sus quejas continuas). Pero cuando hace mucho calor no se puede hacer casi nada, no me gusta.

Después de visitar Mal País viajamos a Monteverde, otro pueblo pequeño que está en el noroeste. Hay una reserva forestal y la revista *National Geographic* declaró hace unos años que es "la joya de la corona de las reservas forestales de nubes". La reserva impresionó mucho a mi padre. Caminó mucho entre los árboles enormes, a pesar de la lluvia.

Mis padres pasaron la primera noche de nuestra visita a La Fortuna en un balneario que se llama Tabacón Hot Springs. Está en el Parque Nacional del Volcán Arenal, uno de los volcanes más activos del mundo. Se bañaron en unas piscinas calientes y escucharon a los animales salvajes, como los monos. Me encantan los monos y mis padres intentaron sacarles fotos, pero sin éxito. Hizo sol todos los días y descansamos mucho.

¡Me encantó Costa Rica, es un país increíble!

1 Lee y escribe

1 Lee el blog de Juanma. Escribe una lista de las actividades en el pretérito indefinido y las opiniones de Juanma.

Ejemplo:

Actividad: compré (una revista)

Opinión: me gustó mucho

2 Decide si a Juanma le gustaron sus vacaciones. Busca frases en el blog para justificar tu respuesta.

3 ¿Es una descripción formal o informal? Explícalo.

2 Lee e investiga

1 Escribe una lista de diez palabras del texto que no entiendes. Intenta incluir como mínimo tres verbos y escribe también el infinitivo. Habla con tu compañero y adivina el significado de las palabras. Justifica tus opiniones.

2 Busca las palabras en el diccionario para confirmar tus ideas.

Gramática en contexto

El pretérito indefinido

visitar

(yo) visité – *Visité a mis amigos en Perú.*

(tú) visitaste – *¿Visitaste las ruinas?*

(él/ella/usted) visitó – *Mi hermano visitó el museo cada día.*

(nosotros/as) visitamos – *Visitamos un balneario por la tarde.*

(vosotros/as) visitasteis – *¿Visitasteis las cataratas de Iguazú?*

(ellos/as/ustedes) visitaron – *Mis primos nos visitaron.*

*La semana pasada **visité** a unos amigos en Barcelona, y luego **visitamos** el estadio Camp Nou.*

perder

(yo) perdí – *Perdí mi billete.*

(tú) perdiste – *¿Perdiste tu billete?*

(él/ella/usted) perdió – *Perdió su pasaporte en Buenos Aires.*

(nosotros/as) perdimos – *Perdimos nuestras llaves del hotel.*

(vosotros/as) perdisteis – *¿Perdisteis vuestras llaves?*

(ellos/as/ustedes) perdieron – *Perdieron sus llaves en la calle.*

*La semana pasada **comí** en un restaurante con mi familia. **Comimos** muy bien y, luego, después de comer, mi padre nos **prometió** a todos un viaje a Italia durante el verano.*

salir

(yo) salí – *Salí a las ocho.*

(tú) saliste – *Saliste muy temprano esta noche.*

(él/ella/usted) salió – *Salió para ir al restaurante.*

(nosotros/as) salimos – *Salimos para comer en el centro.*

(vosotros/as) salisteis – *¿Salisteis todos juntos?*

(ellos/as/ustedes) salieron – *Mis padres salieron a una fiesta anoche.*

*Anoche volví a casa a las seis, **dormí** un poco y luego **salimos** todos a un restaurante donde comimos unos platos deliciosos.*

3 Escribe e investiga

1 Escribe una lista de diez ejemplos del pretérito indefinido en el blog en la primera persona del plural o la tercera persona del plural.

Ejemplo: tomamos

2 Busca sus infinitivos en el diccionario.

Ejemplo: tomamos – tomar

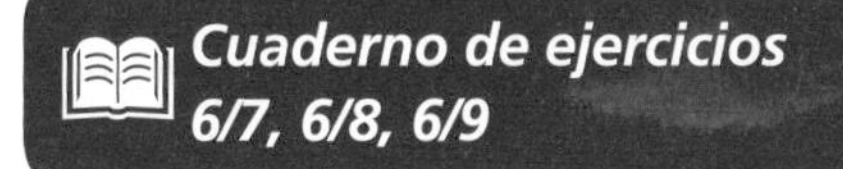

Cuaderno de ejercicios 6/7, 6/8, 6/9

4 Lee

Busca cuatro verbos sustantivados en el texto.

Ejemplo: volar / el vuelo

5 Escribe

1 Lee el texto. Habla con un compañero para decidir los cinco puntos más importantes del texto.

Ejemplo: Visitaron a unos amigos en San José. Sus padres visitaron un balneario.

2 Ahora trabaja por tu propia cuenta y agrega cinco puntos importantes más a tu lista.

3 Escribe los diez puntos como un resumen. Presta atención al añadir más de una idea en una frase.

Ejemplo: Visitaron a unos amigos en San José, ***pero luego*** *viajaron a Mal País en autobús.*

6 Lee y habla

1 Lee el resumen de otro compañero. Recomienda tres cosas para mejorar su descripción.

Ejemplo: Utiliza más detalles. Repasa la formación de los verbos.

2 Tu compañero también va a recomendar cómo mejorar tu descripción. Lee las recomendaciones y luego mejora tu descripción.

7 Escucha

1 Escucha a Juanma describiendo unos detalles adicionales de su visita. Decide si cada elemento es *verdadero*, *falso* o si *no se menciona*.

2 Corrige las frases falsas.

	Verdadero	Falso	No se menciona
1 *Juanma desea volver a San José.*		✔	
2 A Juanma le gusta hacer alpinismo.			
3 El viaje a Mal País fue de cuatro horas en total.			
4 Compró un libro para el viaje.			
5 Le gustó mucho Monteverde.			
6 Sacó más o menos cien fotos.			
7 Esther habla de manera muy formal.			
8 Dos amigos hablan de unas vacaciones recientes.			

8 Habla

Habla con tu compañero. El alumno A imagina que es Juanma. El alumno B va a preguntarle sobre sus viajes. Utiliza las preguntas siguientes:

- ¿Adónde viajaste?
- ¿Cómo viajaste?
- ¿Cómo pasaste el viaje?
- ¿Qué visitaste durante tus viajes?
- ¿Qué te gustó más? ¿Por qué?
- ¿Qué no te gustó mucho?

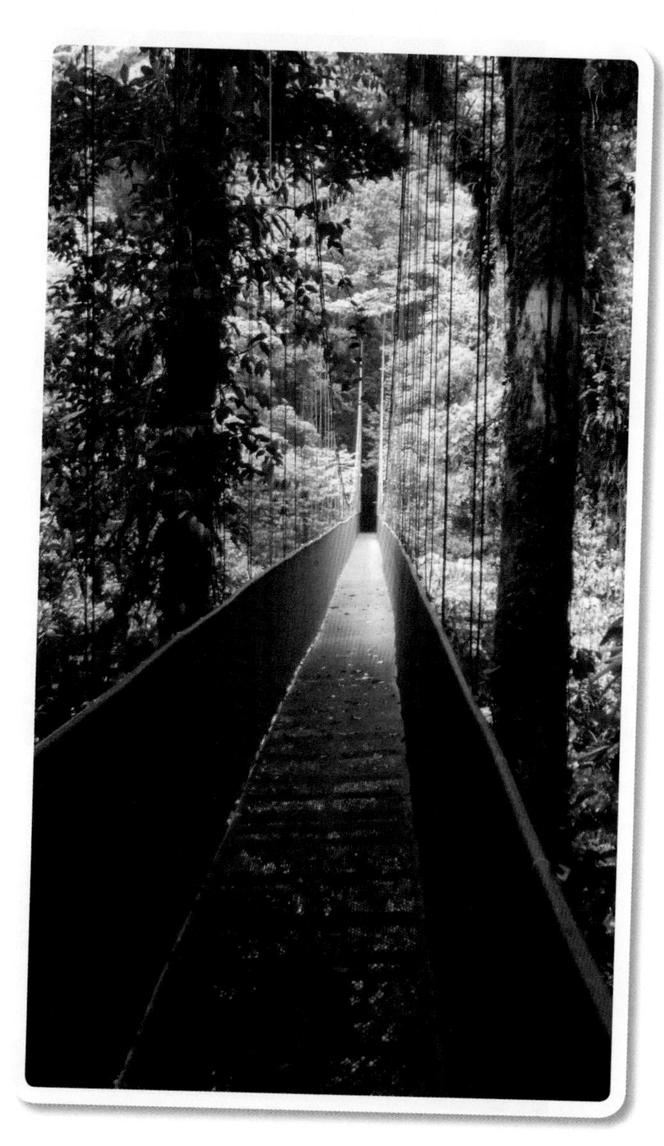

Repaso

Una visita fenomenal

1 Escribe

Describe las fotos: el tiempo y la naturaleza. ¿Cuál te gustaría visitar?

PUNTO DE REFLEXIÓN

¿Qué quieres cuando vas de vacaciones?

¿Te gustaría más ir de vacaciones para descansar, trabajar en otro país o ser voluntario?

Explica las ventajas y desventajas de cada opción.

Buenos Aires, Argentina

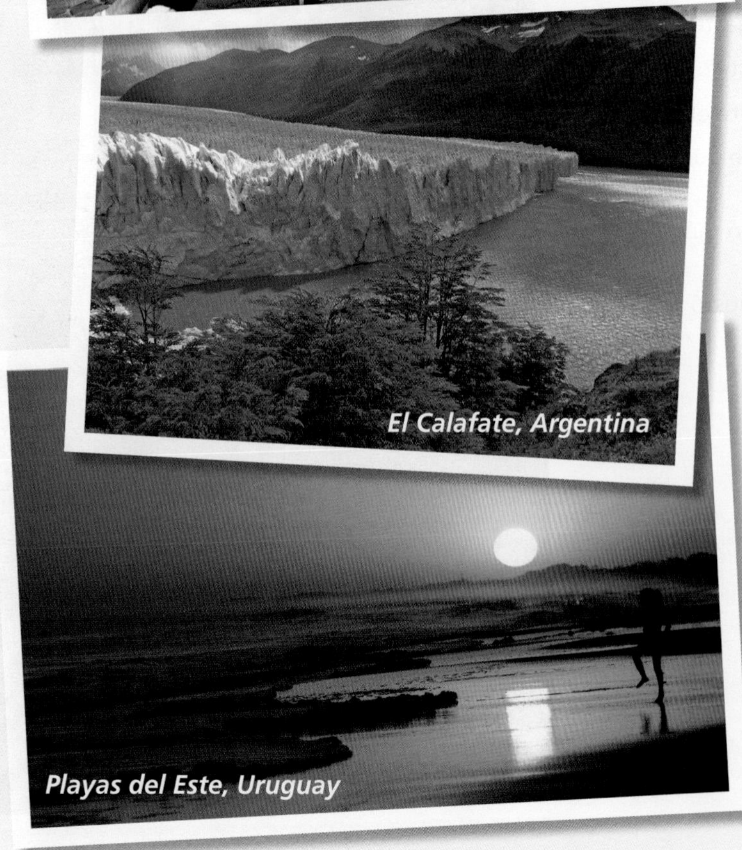

El Calafate, Argentina

Playas del Este, Uruguay

Gramática en contexto

Me gustaría + infinitivo

Me gustaría viajar a la Patagonia.

Me encantaría + infinitivo

Me encantaría volver a Argentina.

Cuaderno de ejercicios 6/10

2 Escribe

Participa en el concurso para ganar otro viaje increíble. Describe unas vacaciones recientes, utilizando los verbos de esta unidad. Usa un estilo y un formato apropiados para inspirar con tu descripción.

Incluye:

- ¿Cuándo y dónde?
- ¿Te quedaste en un lugar o visitaste varios destinos?
- Describe la geografía.
- ¿En qué actividades participaste?
- ¿Normalmente qué tiempo hace allí?
- ¿Te gustaría volver?

Ejemplo:

El año pasado viajé a Perú, en el oeste del continente. Viajamos a muchos lugares pero me gustó mucho visitar el lago Titicaca. Es enorme y precioso. Saqué muchas fotos durante mi visita. Normalmente hace mucho sol, pero también llovió un poco. En el futuro me encantaría volver, porque quiero explorar un poco más.

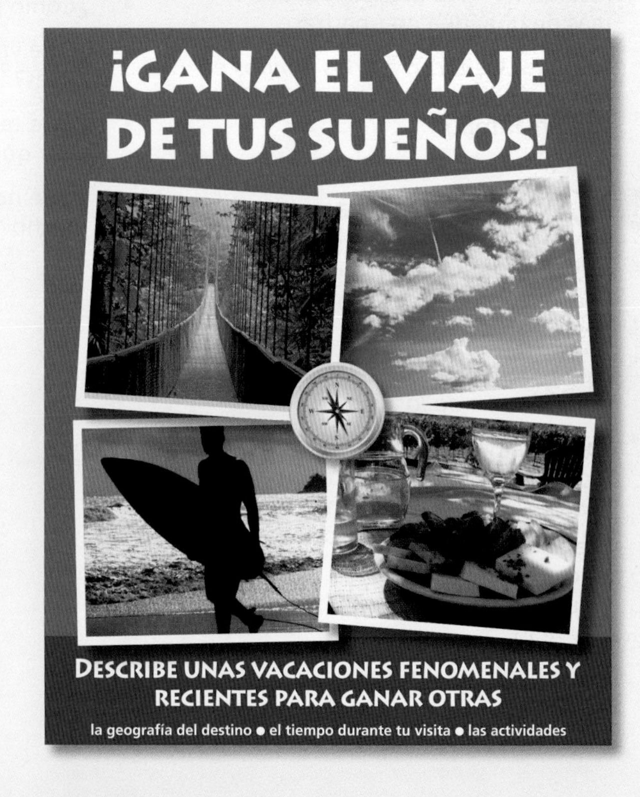

Repaso

De viaje

Unidad 7

Compartimos el planeta

- Medio ambiente

Ingenio humano

- Transporte

Experiencias

- Vacaciones y turismo

Teoría del Conocimiento

¿Cómo puede influir la protección medioambiental de un lugar en los viajes y en las vacaciones?

Creatividad, Actividad y Servicio

Elabora una ruta en bici y a pie durante las vacaciones en un país de habla hispana.

Gramática

- Futuro inmediato: *ir a*
- Conjunciones
- Imperativo
- Pretérito indefinido (verbos irregulares)
- Expresiones temporales

PUNTO DE REFLEXIÓN

¿Qué tipo de viajero eres tú?

1 Para empezar

Mira la foto. ¿Qué tiempo hace? ¿Cómo es la persona que aparece en la foto? ¿De dónde crees que es? ¿Qué edad tiene? ¿Qué lleva? ¿Dónde está? ¿Qué le gusta hacer? ¿Te identificas con esta persona?

2 Habla

Habla con un compañero sobre tu viaje ideal: ¿Dónde te gustaría ir? ¿Cuándo? ¿Cómo? ¿Con quién? ¿Por qué?

A. *Jorge y su amiga Elena hablan sobre sus planes para las vacaciones*

1 Isla del Coco

5 Desierto de Atacama

2 Islas Galápagos

6 Cataratas del Iguazú

3 Selva amazónica

7 Salar de Uyuni

4 Torres del Paine

8 Salto del Ángel

1 Investiga y habla

Observa las fotos de ocho maravillas naturales de Latinoamérica. Investiga dónde están. Habla con un compañero.

1 ¿Qué es?

Ejemplo: La foto 1 ***es*** *la isla del Coco.*

2 ¿Dónde está?

Ejemplo: La isla del Coco ***está*** *en Costa Rica.*

2 Lee y escribe

1 Empareja las fotos con las razones por las que son maravillas naturales.

Ejemplo: 1 A

¿Por qué es una maravilla natural?

- A Tiene el 16 % de la biodiversidad del país.
- B Es el bosque tropical más extenso y diverso del mundo.
- C Su fauna y flora son únicas.
- D Es el salto de agua más alto del mundo.
- E Tiene montañas naturales de granito con hielo glacial.
- F Es el desierto más árido del planeta.
- G Tienen 275 saltos de agua impresionantes.
- H Es el mayor desierto de sal del mundo.

2 Escribe una frase explicando por qué es una maravilla natural.

Ejemplo: La isla del Coco es una maravilla natural ***porque*** *tiene el 16 % de la biodiversidad del país.*

Gramática en contexto

¿Por qué? / Porque

¿Por qué? se utiliza para preguntar.

*¿**Por qué** es una maravilla natural?*

Porque se utiliza para expresar causa.

***Porque** es el bosque más extenso del mundo.*

3 Habla

¿Qué opinas tú? ¿Dónde te gustaría ir de vacaciones? Vota por dos maravillas naturales de Latinoamérica y pregunta a tus compañeros.

Ejemplo:

A: ¿Y tú, por cuáles votas?

B: Yo voto por la selva amazónica porque..., y por las cataratas de Iguazú porque...

el coche

el autobús

la moto

el metro

el tren

el barco

el avión

el taxi

el funicular

la bicicleta

4 Escucha

Marca la casilla correcta ✔ al escuchar el diálogo.

	Jorge	Elena
1 *Va a ir de vacaciones.*	✔	✔
2 Tiene familia en Colombia.		
3 Va a viajar con dos amigas.		
4 No va a ir a las islas Canarias.		
5 Va a viajar en avión.		
6 Va a viajar en barco.		

5 Escribe

1 Mira los símbolos de los medios de transporte. Escribe sus nombres en la categoría correspondiente de la tabla.

Transporte terrestre	Transporte aéreo	Transporte marítimo
el coche		

2 Ahora busca dos o tres adjetivos para hablar de estos medios de transporte.

Ejemplo: El avión – rápido y cómodo, pero caro

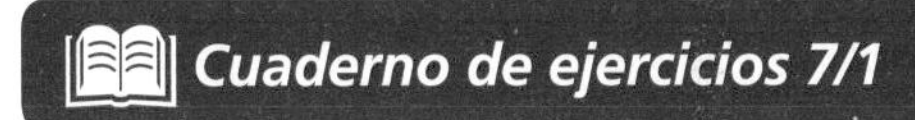
Cuaderno de ejercicios 7/1

Tenerife en bicicleta

Excursión para descubrir las partes más hermosas de Tenerife en bicicleta, ¡y sin pedalear!

El recorrido va desde el Parque Nacional del Teide hasta el borde del mar, atravesando volcán, bosque, pueblo y desierto, con unas vistas maravillosas. Es un viaje muy relajado, a velocidad moderada.

- Transporte desde tu hotel hasta el Teide en autobús.
- Ruta turística en bicicleta.
- Coche de apoyo durante todo el recorrido.
- Comida en un restaurante típico.

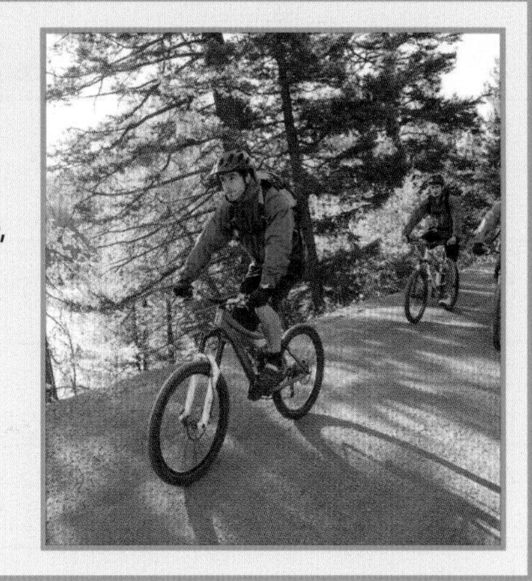

6 Investiga

¿Cómo se dice *autobús* en los siguientes países?

el camión • el bus
la guagua • el colectivo
la micro • el ómnibus

Argentina	*el colectivo*
Chile	
Perú	
Cuba	
México	
Colombia	

7 Lee y escribe

1 Lee el texto *Tenerife en bicicleta* y completa:

- Nombre de la excursión:
- Dónde empieza el recorrido:
- Dónde termina el recorrido:
- Por qué lugares se pasa:
- Qué transporte se usa:
- Dónde se come:

2 Prepara una excursión de tu elección para un folleto turístico. Escribe unas 70 palabras e incluye:

- Una foto
- Título del folleto
- Descripción de la actividad
- Medios de transporte
- Elementos de la excursión

B. *Preparando el viaje a Medellín*

1 Escucha

Escucha a Jorge haciendo preparativos para su viaje a Medellín. Decide si cada elemento es *verdadero*, *falso* o si *no se menciona*.

	Verdadero	Falso	No se menciona
1 *Jorge pone el regalo para su abuela en la maleta.*		✔	
2 Jorge lleva el regalo en su mochila.			
3 Jorge y su madre van a ir al aeropuerto en taxi.			
4 El viaje a Medellín es muy largo.			
5 Jorge va a comprar algo en el aeropuerto para desayunar.			
6 La tía de Jorge va a llevarle en su coche.			

Gramática en contexto

Futuro inmediato: *ir* + *a* + infinitivo

yo	voy	a	infinitivo
tú	vas		
él/ella/usted	va		
nosotros(as)	vamos		
vosotros(as)	vais		
ellos(as)/ustedes	van		

Jorge ***va a viajar*** *en avión a Colombia.*

Luisa y sus amigos ***van a ir*** *a la playa.*

Nosotros ***vamos a levantarnos*** *muy pronto para el viaje.*

Voy a comprar *una revista en el aeropuerto.*

2 Escribe

Jorge va a viajar mañana por la mañana a Medellín y prepara su rutina. Imagina que eres Jorge y escribe en tu diario seis frases de lo que vas a hacer a partir de los elementos dados.

Ejemplo: 1 Me voy a acostar temprano esta noche. / Voy a acostarme temprano esta noche.

Cuaderno de ejercicios 7/2

3 Escribe

Continúa el diario con lo que vas a hacer en Medellín. Utiliza todos los elementos que aparecen.

Ejemplo: 1 Ignacio y yo ***vamos a montar*** *una hora en bicicleta dos veces por semana.*

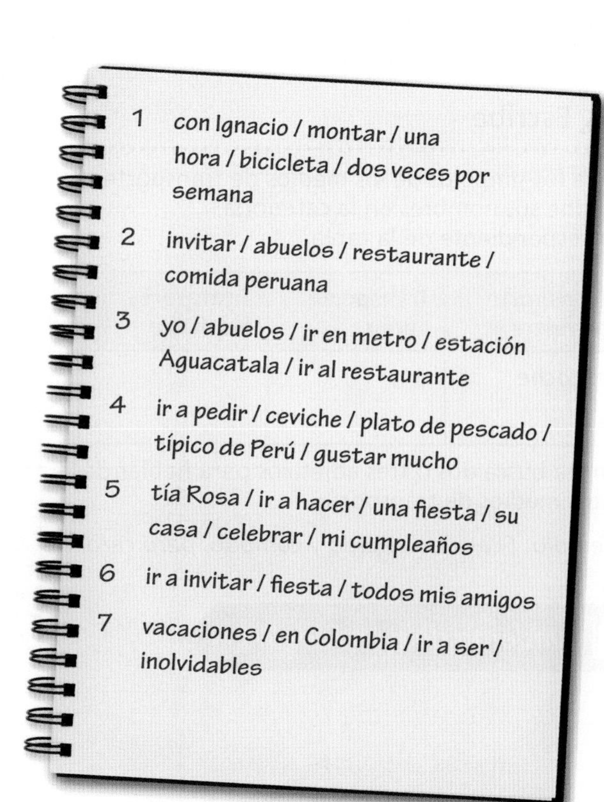

C. *En Medellín, Jorge va a una exposición sobre las balsas de totora de los uros*

Las balsas de totora de los uros

El pueblo uro es un pueblo indígena que habita en islas flotantes en el lago Titicaca. El lago Titicaca está en los Andes, entre Perú y Bolivia. Para moverse por el lago los uros utilizan como medio de transporte unas balsas que ellos mismos fabrican. Las balsas son de totora, una planta acuática que hay en las riberas del lago. Las balsas son 100 % ecológicas y sostenibles. Los uros también fabrican muchas otras cosas con totora: muebles, artículos de artesanía, casas e incluso las islas sobre las que viven. Además, la totora es una planta comestible, medicinal y combustible.

1 Lee y comprende

Lee el texto. ¿Dónde se puede encontrar este tipo de texto? ¿Se podría dar la misma información en otro tipo de texto? Explícalo.

1 Los uros son…
- A unas islas flotantes entre Perú y Bolivia.
- B un pueblo indígena de Perú y Bolivia.
- C unos artículos de artesanía de Perú y Bolivia.

2 Las balsas de totora son…
- A un medio de transporte por el agua.
- B unas islas flotantes.
- C unas plantas acuáticas.

3 La totora es…
- A una planta del lago Titicaca.
- B una isla del lago Titicaca.
- C un medio de transporte en el lago Titicaca.

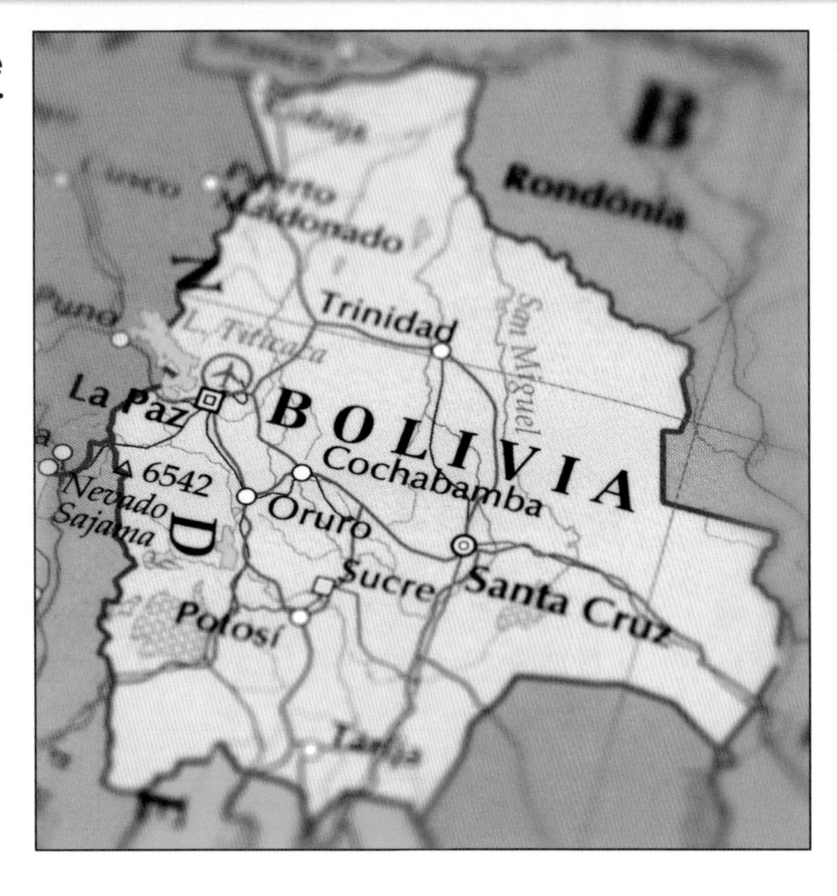

2 Escribe

1 Subraya en el texto las palabras de lo que ves en la foto.

Ejemplo: islas flotantes

2 Escribe cuatro frases para describir la foto.

Ejemplo:

En la foto hay…

La foto muestra…

El paisaje de la foto es…

3 Imagina

Organiza un viaje con tu instituto al lago Tititaca y elabora un póster para anunciarlo.

¿Qué piensas incluir? ¿Por qué?

D. *Jorge pide indicaciones para moverse por Medellín: ¿Cómo llego a…?*

1 Lee

Empareja los símbolos con las palabras.

- [4] A *a la derecha*
- [ ] B a la izquierda
- [ ] C sube
- [ ] D sigue / continúa
- [ ] E cruza
- [ ] F gira / dobla
- [ ] G todo recto / derecho
- [ ] H baja

2 Escucha

Jorge está en la entrada del hotel y va a tomar el metro. Mira el plano y observa la ruta mencionada en la conversación entre Jorge y una chica a quien pregunta cómo llegar a la estación de metro en la calle.

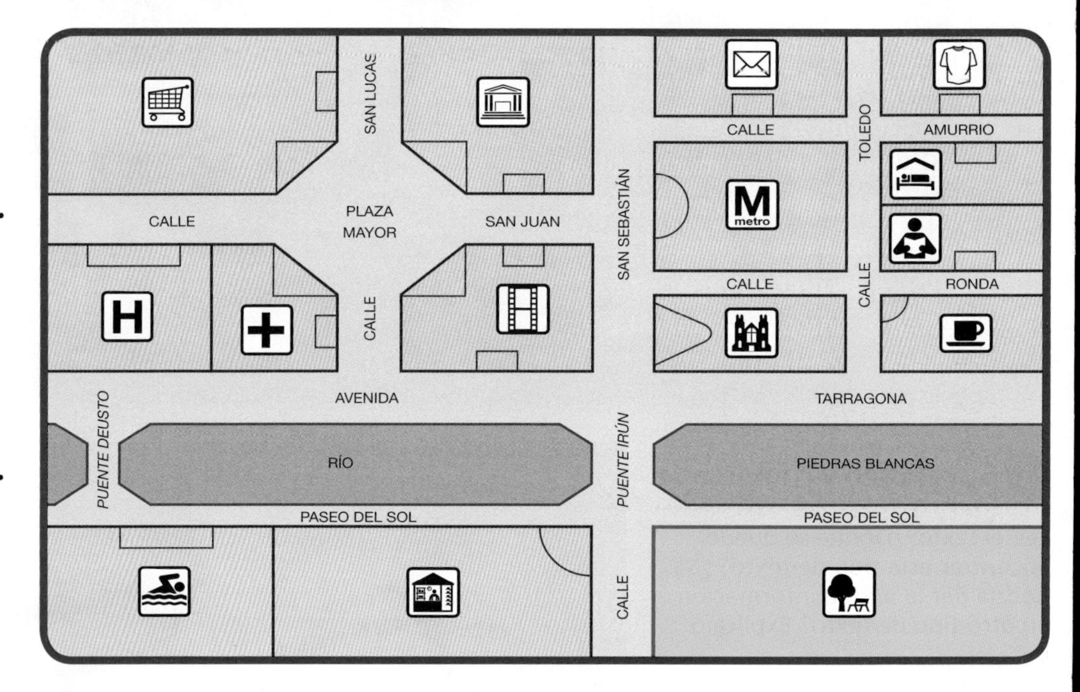

3 Habla y comprensión

1. Ahora, en parejas y utilizando el mapa, indica a tu compañero la ruta para ir a los siguientes sitios desde el punto de partida indicado.
   1. Del hospital al hotel
   2. Del parque al cine
   3. Del centro comercial al supermercado
   4. De la oficina de correos al hospital
2. Cuando llegas a un lugar nuevo, ¿cómo te orientas? ¿Qué recursos puedes usar?¿Prestas atención a las señales? ¿Son normalmente muy diferentes? ¿Por qué?

Cuaderno de ejercicios 7/3, 7/4

4 Escribe

Jorge va a hacer varias cosas en la ciudad y necesita ayuda. ¿Qué ruta debe seguir? Observa el plano y escribe la ruta para ir desde la tienda de ropa a la librería, luego al centro comercial, después a la farmacia y, por último, al supermercado.

Gramática en contexto

Imperativo informal: *tú*

Infinitivo	Forma afirmativa	Forma negativa
subir	sube	no subas
bajar	baja	no bajes
cruzar	cruza	no cruces

Sube por esta calle.

Baja y gira a la derecha.

No cruces la plaza.

Imperativo formal: *usted*

Infinitivo	Forma afirmativa	Forma negativa
subir	suba	no suba
bajar	baje	no baje
cruzar	cruce	no cruce

Suba por esta calle.

Baje y gire a la derecha.

No cruce la plaza.

E. *Jorge busca alojamiento para unos amigos en Medellín*

HOSTALINFO.COM

Alojamientos › Colombia › Antioquia › Hostal en Medellín

Alojamientos en Medellín

78 alojamientos disponibles en Medellín

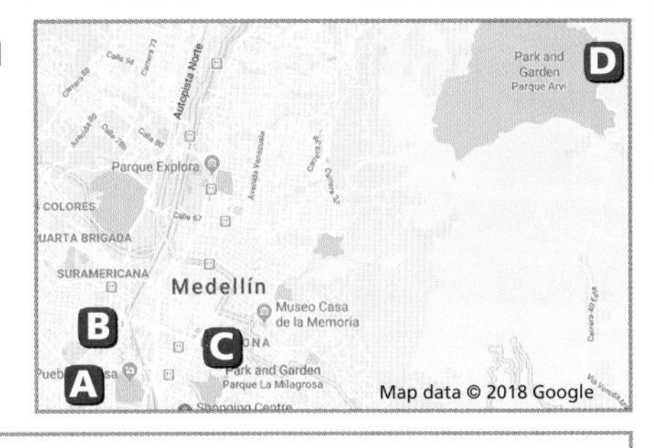

A Hostal Lima — **HOSTALES**

Medellín, Antioquia • Ver mapa

En el centro de la ciudad de Medellín, en el barrio de los Laureles, cerca de la universidad. En la calle 32 F, a 20 minutos del aeropuerto en autobús.

32 000 pesos por persona / por noche

B Estudios Laureles — **ESTUDIOS**

Medellín, Antioquia • Ver mapa

En una zona muy céntrica, a tan solo 100 metros del centro comercial de Medellín, en la calle Circular 5. Todas las habitaciones con conexión wifi.

Desde 44 000 pesos por persona / por noche

C Hotel San Ignacio ★★★ **HOTELES**

Medellín, Antioquia • Ver mapa

Hotel acogedor y cómodo a 50 metros de la plaza de San Ignacio y a 500 metros de la estación de metro de San Antonio.

Desde 88 000 pesos por persona / por noche

D Albergue Juvenil ★★★ **HOSTALES**

Medellín, Antioquia • Ver mapa

En Vía Las Piedras Blancas, a 100 metros del Parque Arví. Bus Circular y 8. A 40 minutos del aeropuerto y a 25 del centro.

Desde 44.000 pesos por persona / por noche

¿Sabías que...?

Hay varios países que llaman a su moneda oficial ***peso*** y utilizan **$** como símbolo de la moneda: Argentina, Chile, Colombia, Cuba, Filipinas, México, República Dominicana y Uruguay.

1 Lee y escribe

Lee la página de alojamiento y contesta las preguntas.

Ejemplo: 1 jardín – B, D

1 ¿Dónde vas para tener...?
- Jardín
- Piscina
- Aire acondicionado
- Bar
- Baño privado
- Televisión
- Internet

2 ¿Cuál está más cerca del centro?

3 ¿Cuál es el más barato?

2 Escucha y escribe

Escucha a Jorge y a sus amigos Joaquín y Juana decidiendo alojamiento en Medellín.

1 Anota el nombre de los tipos de alojamiento del diálogo en el orden en que se mencionan.

2 Anota las ventajas e inconvenientes de cada uno.

3 ¿Cuál eligen y por qué?

3 Habla

En parejas, decidid qué alojamiento es más adecuado para estas personas que van a pasar un fin de semana en Medellín. ¿Por qué?

1 Una pareja con un hijo en silla de ruedas

2 Una familia con dos hijos pequeños

3 Un grupo de jóvenes

F. *Así fueron los primeros días de Jorge en Medellín*

A

B

C

D

E

F

G

Enviar

De: jorge@mail.com

Para: papamama@mail.com

Asunto: primeros días en Medellín

Hola, papá y mamá:

¿Qué tal están? Llegué bien a Medellín el jueves pasado. Tomamos el tren desde el aeropuerto y fue muy rápido, solo veinte minutos. Anteayer los abuelos me invitaron a almorzar y comí un plato típico de aquí, la bandeja paisa, con arroz, frijoles, plátano, aguacate… catorce ingredientes. ¡Riquísimo! Me encantó, pero no pude terminarlo. Después fuimos al Museo de Botero en el funicular. ¡Increíble vista de la ciudad! El primo Ignacio me llamó el martes para llevarme a hacer parapente en las afueras de Medellín, luego, por la tarde, fuimos a ver una exposición muy interesante sobre los uros, los indígenas que viven en las islas flotantes del lago Titicaca, en Perú. Me gustó mucho la exposición y tomé muchas fotografías. Antes de salir, entré en la tienda del museo y compré un póster. Mañana voy a ver al tío Álvaro y vamos a ir a Guatapé, una ciudad muy pintoresca que está muy cerca de Medellín.

Un abrazo,

Jorge

1 Lee y escribe

1 Lee el correo de Jorge a sus padres y pon las fotografías en orden.

Ejemplo: 1 B

2 Vuelve a leer el correo de Jorge a sus padres y contesta las preguntas.

Ejemplo: 1 Jorge llegó a Medellín el jueves pasado.

1 ¿Cuándo llegó Jorge a Medellín?
2 ¿Con quién almorzó Jorge anteayer?
3 ¿Qué hicieron después de almorzar?
4 ¿Qué le pareció la exposición de los uros?
5 ¿Qué hizo Jorge antes de salir del museo?
6 ¿Qué planes tiene para mañana?

3 Busca las expresiones de tiempo en el correo de Jorge y emparéjalas con los verbos a continuación.

Ejemplo: el jueves pasado – llegué

fuimos	me llamó	fuimos
salir, entré... y compré	me invitaron	voy a ver a...

2 Escribe y habla

Con un compañero prepara una conversación con Jorge usando la información del correo de Jorge a sus padres. Después, presentad el diálogo a la clase.

Ejemplo:

A: Hola, Jorge, ¿qué tal? ¿Cuándo llegaste a Medellín?

B: Hola, bien. Llegué a Medellín el jueves pasado.

 *Cuaderno de ejercicios 7/5*

G. *Jorge les cuenta a sus amigos de Medellín lo que hizo en vacaciones el año pasado*

1 Escribe

Jorge está editando un texto que ha escrito sobre sus vacaciones en Perú el año pasado. Tiene problemas con los verbos: ¿puedes ayudarle?

dar • ir
ser • ver

El año pasado [1] *fui* a Perú con mis padres. En Lima [2]______ el Museo Larco. Es muy interesante con objetos del antiguo Perú. Mis padres compraron las entradas y también [3]______ una donación al museo. Después de cuatro días en Lima [4]______ a Cusco y [5]______ un poco la ciudad y la plaza de Armas. Al día siguiente [6]______ en tren a Machu Picchu. [7]___ os Andes desde el tren. ¡Son unas montañas impresionantes! Yo aprendí muchísimo. Machu Picchu [8]______ una ciudad del Imperio inca. El Imperio inca [9]______ muy importante y [10]______ ejemplo de una gran arquitectura.

Gramática en contexto

Pretérito indefinido: verbos irregulares *ser, ir, dar, ver*

pronombres personales	*ser / ir	dar	ver
yo	fui	di	vi
tú	fuiste	diste	viste
él/ella/usted	fue	dio	vio
nosotros(as)	fuimos	dimos	vimos
vosotros(as)	fuisteis	disteis	visteis
ellos(as)/ustedes	fueron	dieron	vieron

***_ser_ e _ir_ tienen la misma conjugación.**

*Jorge **fue** a Perú de vacaciones con su familia.*

***Vieron** las montañas desde el tren.*

2 Escribe

Lee estas frases y elige ***ser*** o ***ir*** escribiendo la forma correcta del verbo en el pretérito indefinido.

Ejemplo: 1 fue – ser

1 Machu Picchu __________ una ciudad muy importante.

2 Jorge __________ muy amable con sus abuelos en las vacaciones.

3 Jorge y sus padres __________ al Chocomuseo en Lima.

4 ¿Tú __________ a la exposición en el Museo de Botero?

5 Jorge aprendió que la civilización inca __________ muy importante.

6 ¿Sabes si Jorge __________ a casa de su tío Álvaro?

3 Escucha y escribe

Laura y Silvia conversan sobre sus vacaciones. Silvia habla de Colombia, donde conoció a Jorge. Escribe las palabras que oyes en los espacios en blanco.

Silvia: Hola, Laura, ¿qué tal las vacaciones? ¿Adónde [1] *fuiste*?

Laura: ¡Hola, Silvia! Mis padres y yo [2]______ a finales de junio pasado al Caribe. ¡Nos gustó mucho! Comimos pescado y tostones, que son plátanos fritos, ¡deliciosos! Además, en todos los hoteles nos [3]______ muchas frutas tropicales todos los días. ¿Y tú, adónde [4]______?

Silvia: Yo [5]______ a Cartagena y a Medellín, en Colombia. ¡Me encantaron las dos ciudades! [6]______ a Cartagena cinco días, y una semana a Medellín con unos amigos. Allí conocí a Jorge, un chico muy amable. Al regreso [7]______ la bahía de Cartagena desde el avión. ¿A qué parte del Caribe [8]______ tú?

Laura: [9]______ a la República Dominicana. Estuvimos allí cinco días y luego [10]______ en barco de Santo Domingo a Mayagüez en Puerto Rico. ¡[11]______ las mejores vacaciones de mi vida!

4 Habla

Ahora cuéntale a un compañero de clase adónde fuiste las últimas vacaciones, cuándo fuiste, qué hiciste y qué transportes utilizaste.

¿Sabías que…?

La ciudad de Cusco fue la capital del Imperio inca. La palabra *Cusco* se puede escribir de diferentes maneras: Cusco, Cuzco, Qosqo or Qusqu. El nombre tiene una historia polémica e interesante. Investiga más si te interesa.

H. *A Jorge le gustó el metro de Medellín porque es limpio y ecológico*

Sábado 20 de octubre

Ayer visité Medellín y me sorprendió mucho. Es una ciudad con muchas subidas y bajadas porque está construida sobre las montañas. Pero lo que más me gustó es que es muy verde. Verde porque tiene grandes parques y árboles entre los edificios, y las montañas también son verdes. Pero lo más curioso es que no hay metro subterráneo como en las grandes ciudades. Es una ciudad con solo dos líneas de metro que llegan a la ciudad sobre las montañas con el Metrocable. El Metrocable no es un simple funicular turístico, es una línea más del transporte público, limpio y cómodo. ¡Una idea genial y muy ecológica! La *cultura metro* invita a los ciudadanos a usar estos servicios, totalmente limpios y cuidados.

Domingo 28 de octubre

Medellín es un gran ecodestino. La semana pasada visité dos de mis lugares preferidos. Primero el Jardín Botánico, con lagunas, árboles y flores. Muchas familias visitan este gran parque porque está en el centro de la ciudad. Y el Parque Arví, un ecosistema natural en la montaña, un gran bosque natural. El Metrocable llega a este parque, fue muy barato, rápido y poco contaminante.

¡Yo pedaleo, tú pedaleas, él pedalea…!

En la ciudad de Madrid, hay un medio de transporte práctico, divertido y muy económico. Se llama *BiciMAD*. Hay numerosas estaciones de bicicletas, y están por toda la ciudad. Puedes alquilar tu bicicleta en un lado y devolverla más tarde en otro lado. Es ideal para muchas personas ya que pueden moverse por la ciudad sin demora en los atascos y de forma saludable, pues hacen ejercicio. El *BiciMAD* es muy popular entre los estudiantes y los turistas. Sin embargo, muchas personas de diferentes edades utilizan este medio de transporte sostenible.

1 Lee

1 Lee los dos textos sobre Medellín. ¿Qué tipo de textos son? ¿Cuáles son sus características? Anota las palabras que describen a Medellín como una ciudad verde.

Ejemplo: montañas, árboles…

2 Empareja las palabras con su definición. Puedes encontrarlas en los textos para ayudarte.

palabra		definición
1 rápido	*E*	A No pagas mucho dinero
2 contaminante		B Confortable
3 barato		C Despacio
4 incómodo		D Verde
5 limpio		*E Opuesto de lento*
6 cómodo		F No contamina
7 costoso/caro		G Ensucia el aire
8 ecológico		H Opuesto de barato
9 lento		I Opuesto de confortable

Cuaderno de ejercicios 7/6

2 Habla

Con un compañero, piensa en cuatro medios de transporte diferentes en el lugar donde vivís. ¿Te gustan? ¿Por qué?

Ejemplo: El metro de mi ciudad: me gusta el metro porque es rápido y barato, pero a veces es incómodo porque hay mucha gente.

3 Lee

Busca en el texto sobre Madrid los siete adjetivos correspondientes a las siguientes definiciones.

Ejemplo: 1 práctico

1 Es útil.
2 Es bueno para la salud.
3 Es sostenible.
4 Produce diversión y alegría.
5 Le gusta a mucha gente.
6 Es perfecto.
7 No pagas mucho dinero.

4 Escribe

Trabaja con un compañero para elaborar un artículo para la revista de tu instituto. Es una edición especial de la revista sobre transporte sostenible. Escribe al menos 70 palabras, dando tu opinión sobre el sistema *BiciMAD* de Madrid. Incluye:

1 ¿Hay un sistema similar al *BiciMAD* en tu ciudad o cerca de tu ciudad?
2 ¿Qué piensas del *BiciMAD*?
3 ¿Crees que el *BiciMAD* es realmente eficiente? Justifica tu respuesta.
4 ¿En tu cultura es común trasportarse en bicicleta?

I. *Jorge escucha el programa de radio* La transformación de un barrio

1 Escucha y lee

Escucha el programa de radio y lee el texto.

El Metrocable nació con la idea de un metro para la ciudad de Medellín. El metro empezó a funcionar en 1995. La idea innovadora de un sistema de transporte masivo por cable aéreo integrado con los trenes del metro vino más tarde.

En 2004, empezó a funcionar el primer Metrocable, en una zona marginada de Medellín, la Comuna Nororiental, una zona sin medios de transporte. El Metrocable hizo una gran obra social. La Comuna cambió y las condiciones de vida mejoraron. El Metrocable trajo beneficios culturales, educativos y para la salud. Además sus habitantes tuvieron la oportunidad de empezar nuevos proyectos, trabajos, viviendas y espacios públicos. Con el Metrocable los habitantes de la Comuna Nororiental pudieron empezar a moverse con un medio de transporte seguro, económico, sostenible y ecológico. ¡El Metrocable fue todo un éxito!

2 Lee y escribe

Responde estas preguntas utilizando frases completas.

Ejemplo: 1 El metro empezó a funcionar en 1995.

1 ¿En qué año empezó a funcionar el metro?
2 ¿Por qué es una idea innovadora?
3 ¿Cuándo y dónde empezó a funcionar el primer Metrocable?
4 Nombra tres beneficios que el Metrocable trajo a la comunidad.
5 Utiliza tres adjetivos para describir el Metrocable como medio de transporte.

3 Escribe

Trabaja de nuevo con tu compañero para elaborar otro artículo para la edición especial de la revista del instituto sobre transporte sostenible. Escribe al menos 70 palabras, dando tu opinión sobre el Metrocable de Medellín. Incluye:

1 ¿Es el Metrocable una idea innovadora como medio de transporte público?
2 ¿Por qué es importante el transporte sostenible?
3 Impacto social del Metrocable
4 ¿Hay otras ciudades que pueden beneficiarse de proyectos similares?

Cuaderno de ejercicios 7/7, 7/8

Gramática en contexto

Pretérito indefinido: verbos con cambio en el radical

e > i seguir				o > u poder			
Presente (e > i)		**Indefinido (e > i)**		**Presente (o > ue)**		**Indefinido (o > u)**	
él sigue	ellos siguen	él siguió	ellos siguieron	ella puede	ellas pueden	ella pudo	ellas pudieron

Repaso

Cartagena de Indias

1 Investiga, imagina y escribe

El mes pasado estuviste en Cartagena de Indias con el instituto y quieres compartir tus experiencias con los nuevos estudiantes. Les quieres contar:

- ¿Qué viste?
- ¿Qué hiciste?
- ¿Adónde fuiste?
- ¿Te gustó?

Piensa en tu audiencia para elegir el tipo de texto más apropiado.

Cuaderno de ejercicios 7/9

PUNTO DE REFLEXIÓN

¿Qué tipo de viajero eres tú?

Con un compañero, contesta las preguntas y haz una tabla: ¿Por qué viajar (descubrir, descansar...)? ¿Con quién? ¿Ejemplo de lugar?

¿Qué prefieres tú?

Intenta convencer a tu compañero (u otro compañero de tu clase) que tu manera de viajar es la mejor.

Mi tiempo libre

Unidad 8

Experiencias

- Ocio

Ingenio humano

- Entretenimiento

Teoría del Conocimiento

¿Qué deportes puedes hacer con poco equipamiento deportivo?
¿Influye la necesidad de equipamiento deportivo en su popularidad?

Creatividad, Actividad y Servicio

Elaborad un *collage* en clase con fotos de todos los compañeros haciendo deporte. ¿Qué deporte o deportes son más populares en tu clase?

Gramática

- **Pretérito indefinido (repaso)**
- ***Gustar* + adverbios de cantidad**
- **Adverbios de negación**
- **Oración negativa**

PUNTO DE REFLEXIÓN

¿Por qué es importante y necesario el tiempo libre?

1 Para empezar

Mira el póster y pregunta a algunos compañeros: "¿Qué actividad física haces tú?".

Después contesta: "¿Qué actividad física es la más frecuente en tu clase? ¿Entre los chicos? ¿Entre las chicas?".

Ejemplo: Yo juego al fútbol. ¿Y tú?

A. *Lo que hacen los jóvenes en su tiempo libre*

A

B

C

D

E

F

1 Lee y habla

En parejas: el estudiante A lee una frase; el estudiante B encuentra la foto para esa frase.

Ejemplo: 1

A: A todos nos gusta el cine.

B: Foto A.

1 A todos nos gusta el cine.
2 A Marta, a Alejandro y a Daniel les gusta mucho el senderismo.
3 ¿A Gabriela y a Laura les gusta poco el ciclismo?
4 A mis mejores amigos les gusta ir de excursión a la playa.
5 A Elena le gusta el voleibol.
6 A mí no me gustan nada los juegos de mesa.

2 Habla y escribe

Clasifica las fotos en la tabla y habla con tu compañero.

Ejemplo:

A: El cine es una actividad de ocio, ¿verdad?

B: Sí, creo que sí. ¿Y la excursión a la playa?

Deportes	Actividades de ocio
	Foto A

3 Investiga

Busca otros cuatro deportes y actividades de ocio. Escríbelos en la tabla de la actividad 2.

 *Cuaderno de ejercicios 8/1*

Gramática en contexto

jugar al/a la
- tenis
- fútbol
- *hockey*
- *ping-pong*
- baloncesto
- pelota vasca
- ...

*Julia **juega** al* hockey *los domingos por la tarde.*

*Todos los lunes **jugamos** a la pelota vasca.*

hacer
- judo
- gimnasia rítmica
- atletismo
- piragüismo
- natación
- senderismo
- ...

*Juan **hace** judo los jueves en el colegio.*

*¿**Hacen** atletismo todos los sábados?*

¿A qué juegan y qué hacen los estudiantes del Instituto de Bachillerato Barrio Latino?

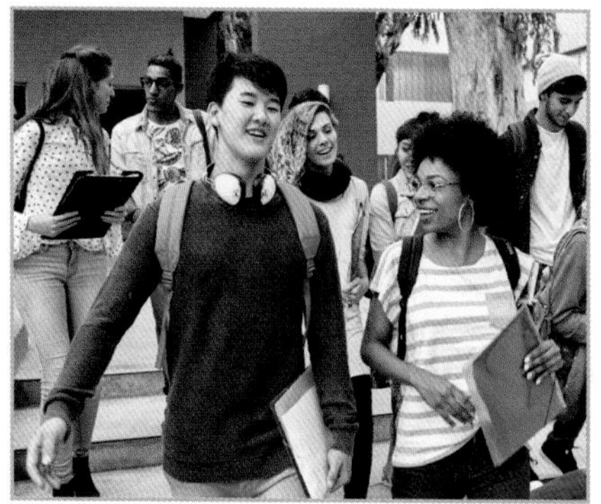

A los estudiantes de entre 16 y 18 años del Instituto de Bachillerato Barrio Latino les gusta el deporte: tenis, fútbol, *ping-pong*, gimnasia rítmica, natación y baloncesto son algunos de los deportes más practicados dentro y fuera del instituto. Más de la mitad de los chicos y chicas practican más de un deporte, y solo una minoría, un 15 %, no hace deporte porque no le gusta.

Entre las actividades de ocio preferidas por las chicas están la danza, la música y los juegos de ordenador. Los chicos, además de escuchar música, también juegan en el ordenador o con sus teléfonos móviles.

Todos, casi sin excepción, navegan por Internet para comunicarse con sus amigos, escuchan música, leen o juegan. Muy pocos tienen tiempo para ver la televisión y prefieren el ordenador.

4 Lee, escribe y comprende

Lee el texto. ¿Qué tipo de texto es? ¿Cómo lo sabes? Ahora contesta las preguntas.

1 Escribe seis deportes que practican los estudiantes del Instituto de Bachillerato Barrio Latino.

Ejemplo: tenis...

2 Marca las frases verdaderas (V) o falsas (F) y justifica tus respuestas.

Ejemplo: 1 F – Practican deportes dentro y fuera del instituto, y un 15 % no hace deporte.

1 Todos los chicos y las chicas del instituto hacen deporte solo en el instituto.
2 La mayoría de las chicas no hacen deporte, prefieren la danza.
3 Las actividades musicales son menos populares entre los chicos que entre las chicas.
4 A todos les gustan los juegos en línea.
5 Los chicos prefieren surfear la red con el móvil.
6 A todos les gusta ver la televisión, pero no tienen tiempo para verla.

¿Sabías que...?

La **educación secundaria** en España es la última etapa de educación obligatoria entre los 12 y los 16 años. Entre los 16 y los 18 años la educación (Bachillerato y Formación Profesional) no es obligatoria y tiene como objetivo capacitar al estudiante para poder iniciar estudios de educación superior. Tras la finalización de la educación secundaria, se puede optar por el mundo laboral, por una formación profesional o por la universidad.

5 Habla y escribe

1 ¿Cuáles crees que son los deportes y las actividades de tiempo libre más practicados en tu clase?

2 Comprueba tu respuesta preguntando a tus compañeros qué deportes y qué actividades de ocio les gustan y practican. Anota las respuestas con el nombre de cada compañero.

Ejemplo:

A: ¿Marta, practicas deporte?

B: Sí, juego al hockey *y me gusta mucho el fútbol, ¿y tú?*

A: No, no me gusta mucho el deporte, pero hago ballet.

3 Haz un histograma con los resultados de las encuestas sobre los deportes y actividades de ocio preferidos en la clase.

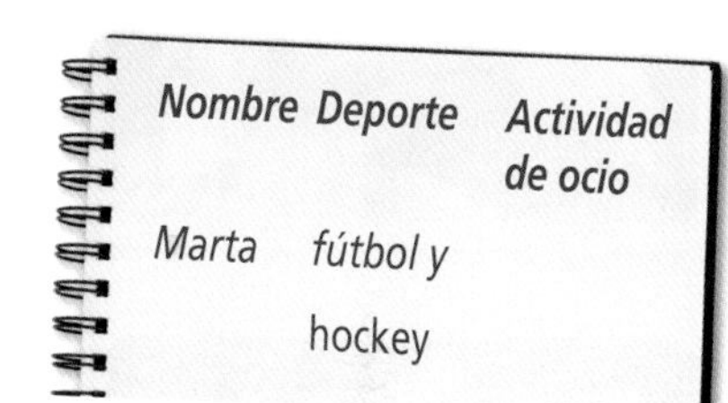

6 Escribe

Completa el siguiente resumen con los datos obtenidos de tu encuesta a la clase.

El deporte favorito de la clase es.... A la clase no le gusta nada....
Las actividades de ocio preferidas son..., pero nadie hace....
Los chicos hacen más... que las chicas, aunque, en general, a todos les gusta.... La mayoría juega a... y hace....
Casi nadie hace... ni juega a....

Vocabulario

pero	*Me gusta el* rugby, ***pero*** *no el tenis.*
aunque	*Juego al fútbol,* ***aunque*** *no muy bien.*
casi	***Casi*** *todos hacen judo.*
la mayoría	***La mayoría*** *practica deporte.*

Cuaderno de ejercicios 8/2

B. *¿Qué deportes les gustan?*

¡ME GUSTAN LOS DEPORTES!

1 Hola, me llamo Lucía y tengo 16 años. Me gusta mucho la gimnasia. También me gusta el tenis. Me gustan mucho los deportes individuales.

2 Hola, soy Álvaro. A mí me gustan todos los deportes, los individuales y los de equipo. Juego al fútbol todos los domingos y soy del Real Madrid.

3 Hola, soy Maribel. No me gustan los deportes individuales porque me gusta trabajar en grupo. Practico muchos deportes de equipo de invierno y verano: baloncesto, *hockey* y voleibol. También me gustan mucho los deportes acuáticos como el waterpolo.

4 Hola, me llamo Rubén y no me gustan nada los deportes de agua. No me gustan los deportes de equipo porque soy muy competitivo, pero juego en el equipo de baloncesto del colegio.

A

B

C

D

1 Lee y comprende

1 Lee los textos: ¿son textos personales, profesionales o de medios de comunicación de masas?

2 Mira las fotos de la izquierda y empáréjalas con cada texto.

2 Escribe

Escribe una frase basándote en las claves y los elementos dados.

**** mucho* *** poco* ** nada*

Ejemplo: 1 A Jorge le gusta poco el ciclismo.

1 Jorge / **/

2 ¿María Clara / *** / ?

3 Las primas de Ana / ** /

4 ¿Álvaro y Paulina / * / ?

5 Yo / *** /

6 Tú / ** /

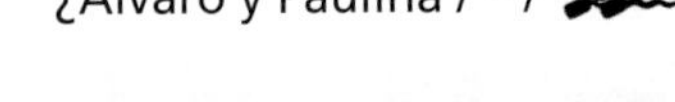

Cuaderno de ejercicios 8/3, 8/4

3 Escucha

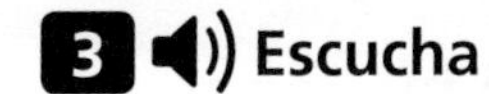

1 Escucha y decide si es una conversación entre amigos o un programa de radio. ¿Es formal o informal?

2 Pon las fotos en el orden en que las escuchas.

A

B

C

D

Gramática en contexto

El verbo *gustar* + *mucho* / *poco* / *nada*

gusta	mucho poco	+ singular / infinitivo	*Me gusta **mucho** el cine.* *A ustedes les gusta **poco** la gimnasia.* ***No** nos gusta **nada** jugar al fútbol.*
gustan	nada	+ plural / varios singulares	*Nos gustan **mucho** los juegos de mesa.* *Os gustan **poco** los deportes y los videojuegos.* *No le gustan **nada** el balonmano ni el* squash.

C. *Necesitamos equipamiento deportivo*

1 Escribe y comprende

1 Escribe el nombre de los objetos que acompañan a las imágenes A–D.

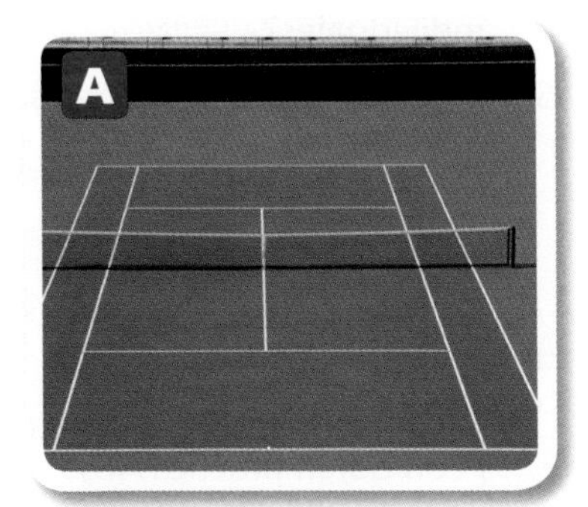

la cancha de tenis

la pista de esquí

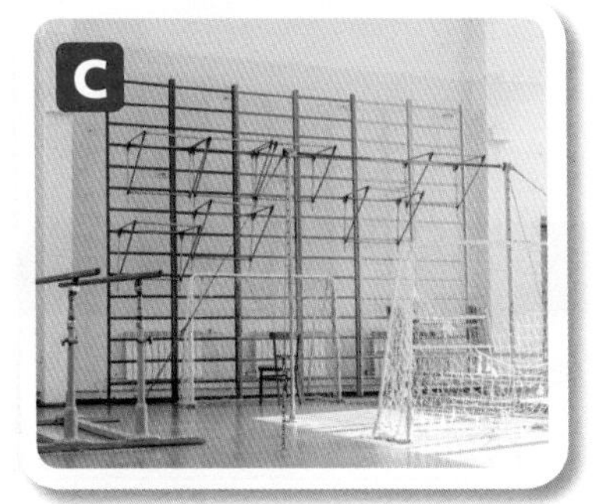

el gimnasio

la cancha de baloncesto

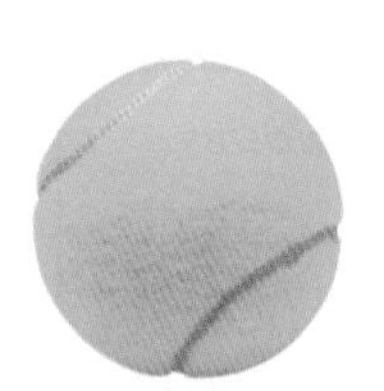
la pelota de tenis

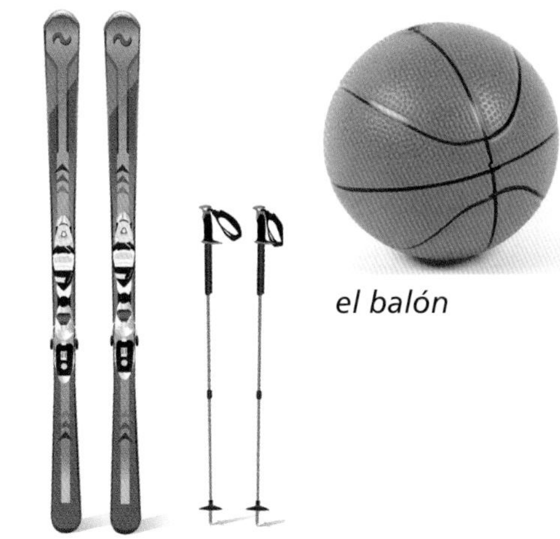
los esquís y los bastones de esquiar

el balón

la canasta

la colchoneta

2 ¿Qué deportes puedes hacer con poco equipamiento deportivo? ¿Influye la necesidad de equipamiento deportivo en su popularidad?

Entrevista 1

Entrevistador: Raúl ganó el curso pasado en el torneo entre colegios. ¿Dónde entrenas normalmente?

Raúl: Bueno, pues normalmente entreno en el colegio porque las pistas son buenas y están libres —y, además, son gratis—. También entreno en el polideportivo de mi barrio, tiene cinco pistas cubiertas para el invierno. Es más fácil ver y controlar pelotas.

Entrevista 2

Entrevistadora: María, ¿cuántos días vienes tú al gimnasio a practicar?

María: Entre cuatro y seis, depende de si tengo exámenes en el colegio.

Entrevistadora: ¿Qué aparato te gusta más?

María: El potro, sí, el potro, es el más divertido, pero también me gusta hacer ejercicios en el suelo y la colchoneta.

Entrevista 3

Entrevistador: ¿Quién te compró tus primeros esquís, Francisco?

Francisco: Mi madre. Ella es una gran esquiadora y para estar con ella en la pista necesitaba llevar esquís y bastones.

Entrevista 4

Entrevistadora: Claudia, ¿en qué cancha te gusta jugar más?

Claudia: En la del polideportivo de mi barrio. Las canchas, canastas y balones son nuevos y no hay mucha gente. Hay espacio para las familias de los cinco jugadores del equipo.

2 Escucha y lee

Escucha y lee cuatro entrevistas realizadas a cuatro jóvenes deportistas amigos de Paulina.

3 Escribe

Contesta las preguntas sobre las entrevistas. Escribe frases completas.

Ejemplo: 1 Raúl juega al tenis en las pistas de tenis de su colegio y en el polideportivo de su barrio.

1 ¿Qué deporte practica Raúl y en qué instalaciones?

2 ¿Qué objetos usa Raúl para practicar su deporte?

3 ¿Qué deporte practica María y en qué instalaciones?

4 ¿Qué deporte hace Francisco y qué objetos usa?

5 ¿Qué deporte practica Claudia y en qué instalaciones?

4 Lee y escribe

Lee el texto y completa los espacios en blanco con una de las palabras del recuadro.

Enviar

A: Señorita Claudia Gómez Ruiz

De: Paulina García Sanz

Asunto: Equipamiento para las actividades deportivas y de ocio

Estimada señorita Gómez Ruiz

Este año tenemos en el colegio varios deportes y algunas actividades extraescolares. Para la actividad extraescolar de [1] *ajedrez* vamos a pedir tres tableros y un reloj. Para jugar al [2]______ necesitamos seis raquetas y doce pelotas amarillas; para jugar más al [3]______ vamos a comprar cuatro bates, cuatro guantes y ocho pelotas. Para el [4]______ necesitamos dos balones blancos y negros. También debemos comprar doce o trece [5]______ de ciencia ficción y de aventura para el club de lectura. Además, tenemos que pedir cuatro balones naranjas y negros para los estudiantes que van a practicar el [6]______.

Atentamente,

Paulina

ajedrez • baloncesto • béisbol • fútbol • libros • tenis

Jóvenes deportistas

¿Deportes de equipo o deportes individuales?

A mí me gusta hacer deporte. Me hace sentir me bien y es bueno para la salud. Muchos de mis compañeros del colegio dedican más horas diarias a actividades de ocio sedentarias. Cuando practico deporte con mis amigos **no** estoy sentada mirando la televisión, **ni** navegando por Internet, **ni** chateando con mis amigos, **ni** jugando en el ordenador **ni** hablando por el móvil.

Nunca practico deportes individuales, me gustan los deportes de equipo porque me siento parte de un grupo. Hay reglas y disciplina, perdemos juntos y ganamos juntos. Con los deportes individuales, **no** hay **nada** que compartir, **no** hay **nadie** con quien compartir, estás tú sola.

Por Susana García, 22 de octubre de 2017.

5 Lee

Lee el texto. ¿Qué tipo de texto es? ¿Cuál es su objetivo? ¿A quién está dirigido?

Contesta las preguntas.

1 ¿Por qué le gusta hacer deporte?
2 ¿Qué no hace mientras hace deporte?
3 ¿Practica deportes individuales?
4 ¿Por qué no hace deportes individuales?
5 ¿Por qué practica deportes de equipo?

6 Habla

¿Te gusta hacer deporte? Cuenta tus preferencias a tus compañeros. Considera los siguientes elementos:

- Deportes que te gustan y no te gustan
- Deportes que practicas y no practicas
- Tipo de deporte (individual o de equipo)
- ¿Con quién practicas los deportes de equipo?
- ¿Cuándo y dónde?

Gramática en contexto

La negación: *no, nada, nadie, nunca, ningún, ninguno/a/os/as*

No juego al fútbol.	¿Quieres jugar al tenis conmigo? ***No, no** juego al tenis.*
1 ***nada, nadie, ningún, ninguno/a/os/as, nunca*** + verbo 2 ***no*** + verbo + ***nada, nadie, ningún, ninguno/a/os/as, nunca***	
1 ***Nunca** hago deporte.* ***Nadie** juega al fútbol.* ***Nada** me gusta.*	2 *No hago deporte nunca.* *No juega al fútbol nadie.* *No me gusta nada.*

7 Escribe

Escribe las frases usando la doble negación.

Ejemplo:

A: ***Nada** / me gusta la natación.*

B: ***No** me gusta **nada** la natación.*

1 De mi clase **nadie** va a ir al torneo de fútbol entre colegios. = De mi clase **no**…
2 **Nunca** juegan más de 12 jugadores en un partido. = **No**…
3 **Nada**/vamos a ganar en el partido del sábado. = **No**…
4 En mi familia **nadie** sabe esquiar. = En mi familia **no**…
5 El equipo de mi barrio **nunca** pierde al *hockey*. = El equipo de mi barrio **no**…

DEPORTISTAS QUE HICIERON HISTORIA

Lionel Messi, "Leo", futbolista argentino y medallista olímpico en 2008. En el año 2007 creó la Fundación Leo Messi para ayudar a niños y adolescentes en situación de riesgo. En los Juegos Olímpicos de Pekín de 2008 consiguió su primer premio internacional, una medalla de oro.

Alberto Contador, ciclista español ganador de dos Tours de Francia, tres Vueltas a España y dos Giros de Italia. En 2007 se convirtió en el ciclista más joven español en ganar el Tour de Francia. Un accidente en el Tour de Francia de 2014 le impidió terminar la carrera.

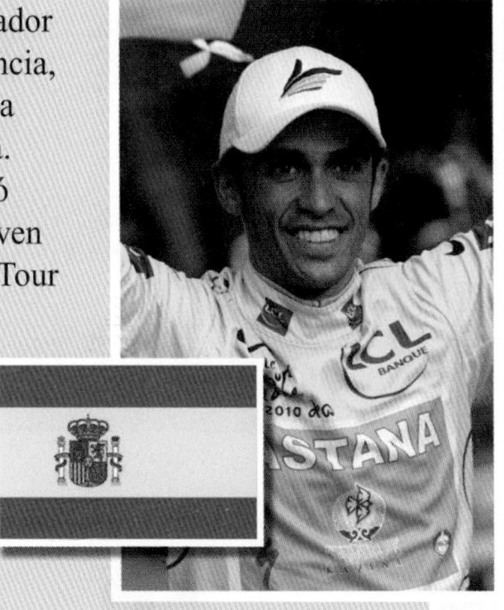

Claudia Poll, nadadora costarricense, ganadora de la primera medalla de oro olímpica para su país en los Juegos Olímpicos de 1996. Además consiguió dos medallas de bronce en los Juegos Olímpicos de Sídney en el año 2000.

Pau Gasol, jugador de baloncesto español. Empezó a jugar en el FB Barcelona. Fue el primer español en participar en All Stars de la NBA en el 2006. Jugó en Los Ángeles Lakers desde el 2008. Medalla de plata en los Juegos Olímpicos de 2013. Contratado por los Chicago Bulls en 2014.

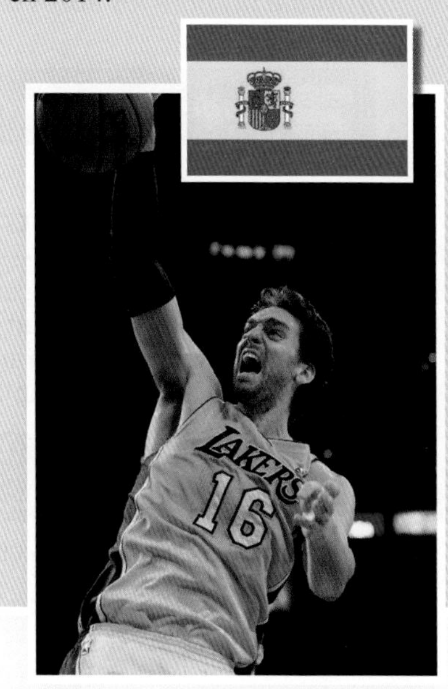

Arantxa Sánchez Vicario, el *ranking* mundial de mujeres tenistas profesionales en 1995. Ganó cuatro títulos del Grand Slam en categoría individual, seis en categoría de dobles y cuatro en dobles mixtos, además de cuatro medallas olímpicas.

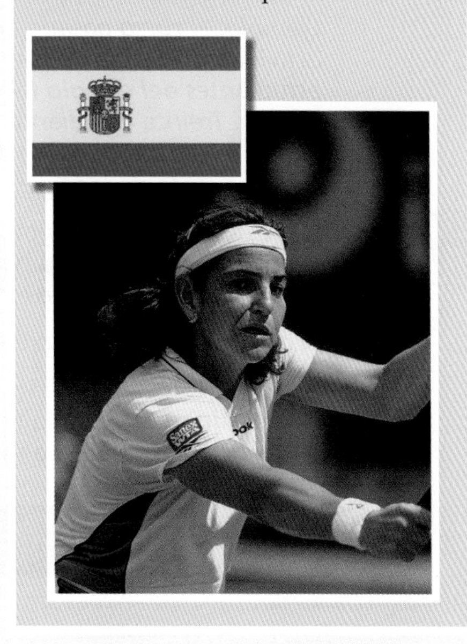

1 Lee y escribe

Lee la información sobre estos cinco deportistas del mundo hispano y completa las frases.

Ejemplo: 1 Pau Gasol fue el primer jugador español ***en All Stars de la NBA****.*

1 Pau Gasol fue el primer jugador español…
2 El deportista que consiguió su primer premio internacional en Pekín es…
3 Leo Messi nació en…
4 Ocupó el primer puesto del mundo en su especialidad en 1995…
5 Participó en los Juegos Olímpicos del 2013 en el deporte de…
6 Claudia Poll ganó la primera medalla de… olímpica para…
7 Contador corrió en el Tour de Francia en el 2014, pero…

2 Escribe

Busca información sobre dos deportistas o dos personajes de tu deporte favorito o actividad de ocio preferida y preséntalos en la revista de español del colegio. Incluye lo siguiente: foto, nombre, deporte, nacionalidad, campeonatos y medallas ganadas, y premios nacionales o internacionales. Escribe unas 70 palabras sobre cada uno. ¿Qué tipo de texto vas a escrbir y por qué?

D. *¿Qué hacemos este fin de semana?*

1 Escucha

Escucha la conversación entre Paulina y su amiga Marta sobre lo que van a hacer el fin de semana. Marca las frases verdaderas (V) o falsas (F). Corrige las frases falsas.

Ejemplo: 1 F – A Susana le gustaría mucho ver a Paulina.

1 A Susana no le gustaría ver a Paulina.
2 Marta quiere ver la televisión con su amiga y su hermana el fin de semana.
3 Paulina está muy interesada en las teleseries.
4 A Susana le gustan bastante los bolos, pero a Paulina no.
5 Ni Susana ni Paulina quieren ir de excusión.
6 A Marta le gusta mucho ver partidos de baloncesto.

Vocabulario

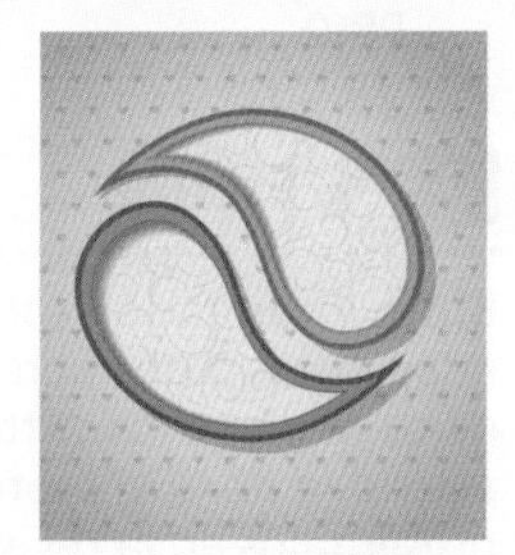

Afirmativas (+)	Negativas (-)
algo	nada
alguien	nadie
algún, alguno/a/os/as	ningún, ninguno/a/os/as
siempre	nunca
también	tampoco
o… o	ni… ni

2 Escribe

Escribe seis frases usando las palabras afirmativas del recuadro *Vocabulario*. Después intercámbialas con un compañero y escribe las suyas con las formas negativas.

Ejemplo:

*A: **Alguien** prefiere los libros de aventuras.*

*B: **Nadie** prefiere los libros de aventuras.*

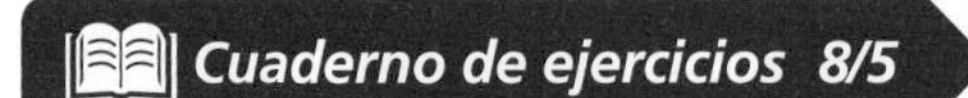

Cuaderno de ejercicios 8/5

3 Escucha

Escucha las preferencias que tienen los adolescentes en cuanto a las actividades culturales y sociales de tiempo libre y completa las frases.

1 Arantxa y sus amigos formaron un grupo de teatro porque…
2 Martín dejó la banda de música porque…
3 Esther pasa gran parte de su tiempo libre bailando porque…
4 Rodrigo lee libros porque…

4 Lee, escribe y comprende

1 Este es el programa de actividades extraescolares del colegio de Paulina del curso pasado. Lee y escribe un texto de un mínimo de 70 palabras con información sobre las actividades y su horario, los participantes y la evaluación dada. ¿Qué tipo de texto vas a escribir? Explica por qué.

Horario de actividades	Número de participantes	Sala
Ajedrez (L/X*/V) de 15:00 a 16:00	20	comedor
Bailes tradicionales (M/V) de 15:00 a 16:00	15	gimnasio
Clases de música (piano, batería, flauta y violín) (L/X/V) de 16:00 a 17:00	15	aula de música
Canto (M/J) de 16:00 a 17:00	10	teatro
Lectura (L/M/X/J/V) de 16:00 a 17:00	30	biblioteca
Informática y videojuegos (M/J) de 16:00 a 17:30	25	aula de informática

*Nota: X = miércoles

*Ejemplo: El curso pasado la actividad preferida de los estudiantes del colegio **fue** la lectura. Treinta estudiantes **hicieron** lectura todos los días de cuatro a cinco de la tarde.*

2 ¿Qué actividades de tiempo libre hacen los jóvenes de tu país, de tu ciudad, de tu pueblo?

¿Cómo ha cambiado en los últimos años?

¿Qué influencia tiene la tecnología en las actividades de tiempo libre?

Cuaderno de ejercicios 8/6

E. *¿Qué otras actividades haces?*

Practicar artes escénicas

Las actividades de artes escénicas son buenas para construir confianza y autoestima en los jóvenes. El canto, por ejemplo, da a un adolescente tímido la posibilidad de conectar con los demás y expresar sus emociones, fortaleciendo así su confianza y autoestima. Aprender a tocar un instrumento musical requiere mucha práctica, pero el esfuerzo y el sentido de logro también aumentan la confianza en sí mismo.

Otras actividades artísticas

Otras actividades artísticas como la cerámica, la escultura, la pintura o la fotografía mejoran la creatividad del joven y la expresión emocional. Aunque es mejor empezar en la etapa preescolar porque están muy abiertos a recibir formas muy diferentes a las de la programación televisiva y los videojuegos, nunca es tarde para adentrarse en el arte.

1 Lee y escribe

Relaciona cada principio de frase de la columna de la izquierda con el final adecuado de la columna de la derecha.

1 Aprender a tocar un instrumento musical [*E*]
2 Otras actividades artísticas como la pintura [ ]
3 En la etapa preescolar se está abierto [ ]
4 Las clases de canto ofrecen la posibilidad [ ]
5 Las actividades de artes escénicas permiten [ ]

A de conectar emocionalmente con otros.
B tienen bastantes beneficios si se practican desde niño.
C cuando se tiene más tiempo.
D a recibir formas muy distintas.
E requiere mucha práctica.
F ofrecen innumerables beneficios.
G para la concentración y el estudio.
H a los jóvenes creativos construir confianza y autoestima.
I contribuyen a la formación de la personalidad.

Cuaderno de ejercicios 8/7

2 Investiga y habla

¿Qué actividades escénicas y artísticas hay donde vives? Crea en tu cuaderno una tabla con todas las actividades, el lugar donde se realizan y el horario (días y horas) y cuéntaselo a la clase.

3 Escribe

Escribe a un amigo explicándole si te gusta o no el arte, por qué y qué actividades artísticas prefieres. Elige el tipo de texto que vas a usar. ¿Cuál no conviene a esa tarea: un folleto, una entrada de blog o una carta? ¿Por qué? Escribe un mínimo de 70 palabras.

Vocabulario

la pintura

el dibujo

la fotografía

la escultura / la cerámica

la escritura

el arte digital

F. *¡Locos por la música!*

Los jóvenes españoles y la música

No todos los jóvenes españoles escuchan la misma música, aunque en líneas generales están relacionados con lo comercial. Se escuchan muchas canciones en inglés, canciones movidas y temas bailables. Miles de jóvenes llenan estadios enteros en conciertos masivos acompañados de la más novedosa tecnología visual.

También triunfan los grupos y solistas nacionales que aparecen con frecuencia en la televisión y que a menudo alcanzan su éxito en los concursos de talentos.

Sin duda las nuevas plataformas digitales dan acceso a horas y horas de su música favorita y les ayuda a conocer nuevas canciones, cantantes y géneros. Así, los vídeos musicales combinan en pocos minutos música, baile, maquillaje, vestuario y puesta en escena. Un buen ejemplo de la creatividad y arte de los jóvenes.

1 Lee

Lee este artículo sobre música e indica si la información a continuación es verdadera (V) o falsa (F). Corrige las frases falsas.

Ejemplo: 1 F – Los jóvenes españoles escuchan música en inglés y también música española.

1 Los jóvenes españoles escuchan solo música de grupos y cantantes ingleses.
2 Todos los jóvenes españoles tienen el mismo gusto musical.
3 A los jóvenes les gusta ir a conciertos musicales en estadios.
4 Los conciertos utilizan avanzada tecnología musical
5 Los concursos de talentos hacen famosos a muchos cantantes y grupos nacionales.
6 Las plataformas digitales son utilizadas por los jóvenes más creativos y artísticos.

2 Lee y habla

Lee y empareja. Después haz las preguntas a tus compañeros para conocer los hábitos musicales de la clase.

1	***¿Cuándo fue***	C
2	¿Cuál es	
3	¿Quién	
4	¿Conoces algún	
5	¿Qué lista musical	

A sigues?
B grupo musical no anglosajón?
C la última vez que fuiste a un concierto?
D el video musical que has visto más veces?
E es tu solista preferido?

3 Lee y habla

Elige una de las palabras de abajo y explícasela a la clase. Tus compañeros tienen que adivinar la palabra.

Ejemplo: Personas que tocan juntas. → grupo

4 Escribe

Escribe una entrada (entre 70 y 150 palabras) a un foro de música con la siguiente información:

- Qué tipo de música te gusta y por qué
- Qué música escuchas cuando quieres relajarte
- Quién es tu cantante preferido/a
- Cuál es tu canción favorita
- Qué instrumento(s) tocas

G. *¿Qué ponen en la tele el fin de semana?*

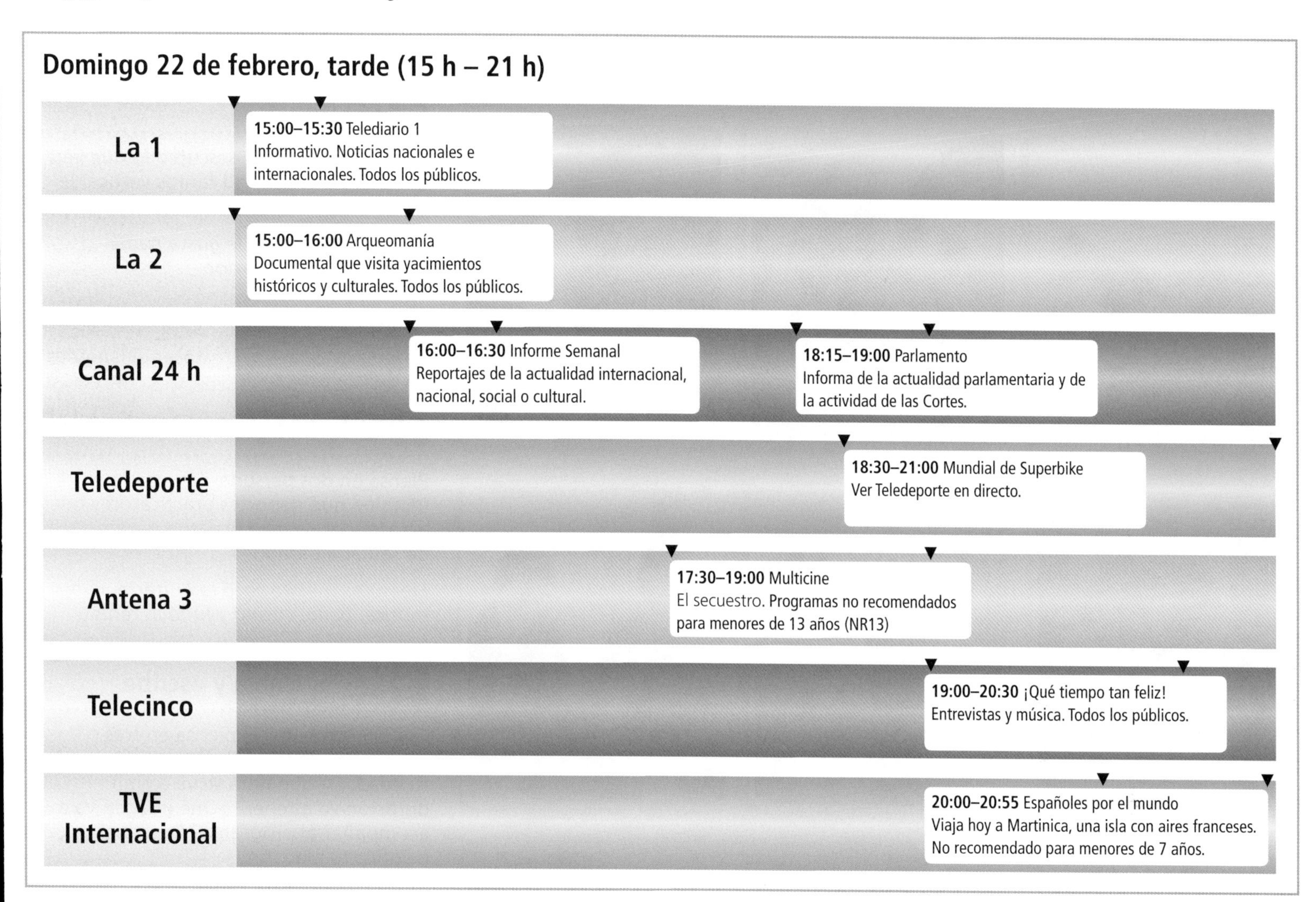

1 Lee

Lee la programación de la televisión. ¿Cuál es su objetivo? ¿Podrías usar otro tipo de texto para expresar las mismas ideas? Encuentra el nombre de las siguientes emisiones.

Ejemplo: 1 Telediario 1

1 Es un programa de noticias emitido el domingo a las tres.

2 Es un documental para todos los públicos sobre yacimientos históricos.

3 Es un reportaje sobre la actualidad política.

4 Es un programa de eventos deportivos en directo.

5 Es un programa con películas.

6 Es un programa con música para todos los públicos.

7 Es un programa no recomendado para menores de siete años.

2 

Escribe, habla y comprende

1 Mira la programación del fin de semana y qué programas quieres ver tú. Anótalos.

2 En parejas, habla con un compañero de los programas que vais a ver.

Ejemplo:

A: ¿Vas a ver Parlamento?

B: No, a mí no me gusta mucho la política. ¿Tú qué vas a ver por la tarde?

3 Debate con tu compañero cómo ver la televisión puede ayudar con los estudios en general y con el español en particular.

3  Escribe

Utiliza la información que tienes sobre la televisión en España y elige un programa para decir por qué te gusta o no te gusta. Escribe 70 palabras. ¿Qué tipo de texto puedes escribir? ¿Va a ser formal o informal?

Repaso

Ponte en forma y diviértete

4

1 Habla

Con un compañero describid lo que veis en cada foto. Utilizad tantos verbos del recuadro como sea posible para cada foto.

Ejemplo: A la chica le gusta nadar. Ella practica la natación.

gustar	jugar al/a la
practicar el/la	tocar el/la/los/las

2 Imagina

Piensa en dos personas famosas e imagina qué deportes practicaron y qué actividades de ocio hicieron durante el fin de semana pasado.

Ejemplo: Shakira tocó la guitarra, oyó música, bailó, cocinó y jugó al tenis.

3 Habla y escribe

Con un compañero, piensa en tres programas de televisión para jóvenes de tu edad. ¿A qué hora se va a emitir? ¿Qué duración va a tener? ¿Qué imagen va a acompañar al programa? Descríbela y justifica tu elección.

Ejemplo:

A: Creo que un programa de música pop es importante para los jóvenes.

B: Sí, estoy de acuerdo. Pienso que debería emitirse por la tarde, a las siete o las ocho de la tarde.

A: Sí, y con una foto de un joven tocando la guitarra eléctrica en un concierto de rock.

B: ¡Vale, de acuerdo!

PUNTO DE REFLEXIÓN

¿Por qué es importante y necesario el tiempo libre?

¿Qué haces tú en tu tiempo libre? ¿Haces deporte?

¿Podrías enseñar a alguien a hacer algún deporte que nunca ha practicado?

La educación

Unidad 9

los exámenes el instituto
los idiomas
los alumnos
las ciencias
el patio
la gramática
el ambiente
el español
los deberes
los profesores
el recreo
el inglés
el colegio
el edificio
el horario
la universidad
la cafetería
el desarrollo sostenible
las matemáticas
la clase
las asignaturas
las aulas la informática

Organización social

- Educación

Teoría del Conocimiento

¿Cómo cambia el estilo de educación en varias partes del mundo y por qué?

Creatividad, Actividad y Servicio

Diseña un colegio futurista para tu pueblo. Piensa en las instalaciones deportivas, artísticas, el diseño de las aulas y el uso de la tecnología.

Gramática

- Pretérito imperfecto
- Adjetivos comparativos
- Adjetivos superlativos
- Condicional

PUNTO DE REFLEXIÓN

¿Qué es importante en la educación?

1 Para empezar

1 Mira la nube de palabras. Escribe una lista del vocabulario que entiendes.

2 Investiga y traduce el vocabulario que no entiendes.

2 Habla

Habla con un compañero para decidir lo que es importante y lo que no es importante para crear un buen colegio. Utiliza la nube de palabras.

Ejemplo:

A: En tu opinión, ¿qué es importante para un buen colegio?

B: Para mí los profesores ***son*** *importante****s****. ¿Y tú qué piensas?*

A: Creo que el edificio ***es*** *importante. En tu opinión, ¿qué no es importante?*

B: En mi opinión la cafetería no ***es*** *muy importante. ¿Y tú qué piensas?*

A: Desde mi punto de vista las aulas no ***son*** *importante****s****.*

A. ¿Qué opinas de tus asignaturas escolares?

1 Investiga

1 Habla con tu compañero. ¿Podéis adivinar el significado de las palabras que aparecen en el recuadro *Vocabulario*?

2 Utiliza el diccionario para confirmar vuestras ideas.

3 ¿Hay otras asignaturas en tu colegio que no aparecen en el recuadro? Búscalas en el diccionario y escríbelas en tu lista.

4 Categoriza las asignaturas según tus propias opiniones.

Me encanta ☺☺	Me gusta ☺	Me da igual 😐	No me gusta ☹	No la estudio ⊗

2 Lee

Lee las frases siguientes y categoriza las opiniones que describen cada asignatura.

1 Me encanta estudiar Química porque creo que *va a ser muy útil* para mi futuro y también es bastante fácil.

2 Odio estudiar las TIC. No me parecen ni interesantes ni divertidas.

3 No me gusta Matemáticas porque es muy difícil y no me va a servir para nada en mi vida.

4 Me gusta estudiar Inglés ya que en el futuro quiero ser un hombre de negocios internacional y el inglés va a ser esencial.

5 Creo que Educación Física es bastante aburrida, y mi profesor es muy severo.

Opinión positiva	Opinión negativa
va a ser muy útil	

Vocabulario

Las asignaturas

Conocimiento del Medio	Física	Religión
Español	Geografía	TIC (Tecnologías de la información y la comunicación)
Inglés	Historia	Ciencias
Biología	Lengua	Matemáticas
Educación Física	Química	

Nota: singular = es (el inglés es divertid**o**, la geografía es divertid**a**)
plural = son (las ciencias son divertid**as**) *Me gusta estudiar Historia*. (El nombre de la clase = CON mayúscula, SIN artículo)

La historia de España es fascinante. (El contenido de la asignatura = SIN mayúscula, CON artículo)

3 Escribe

Utiliza el vocabulario y las frases de la actividad anterior para escribir cinco frases diferentes.

Ejemplo: Creo que estudiar Inglés va a ser muy útil para mi futuro.

Gramática en contexto

Adjetivos comparativos

más [adjetivo] *que* ↑

Historia es **más** interesante **que** Geografía.

menos [adjetivo] *que* ↓

Español es **menos** difícil **que** Inglés.

tan [adjetivo] *como* →

Conocimiento del Medio es **tan** importante **como** Religión.

Cuaderno de ejercicios 9/1

4 Escucha

Escucha a **cinco** personas que se refieren al contenido de unas asignaturas que estudian y completa la tabla.

	Contenidos de asignaturas	Me encanta / me gusta / me da igual / odio	Opinión detallada
1	*las TIC*	*me encantan*	*van a ser esenciales para mi futuro*

5 Habla

¿Qué piensas de las asignaturas que estudias?

Habla con tres compañeros sobre vuestras opiniones de las asignaturas que estudiáis en vuestro colegio.

Ejemplo:

A: ¿Qué piensas de Historia?

B: Me encanta Historia, es mucho más divertida que Geografía.

Gramática en contexto

El pretérito imperfecto

- describe una acción en el pasado que no tiene un final claro
- describe una acción interrumpida en el pasado
- describe acciones habituales en el pasado

Los verbos -ar

yo	estudiaba
tú	estudiabas
él/ella/usted	estudiaba
nosotros(as)	estudiábamos
vosotros(as)	estudiabais
ellos(as)/ustedes	estudiaban

*Mi hermano estudi**aba** y escuch**aba*** música en su dormitorio cuando el teléfono sonó en la cocina.

*Antes me gust**aba** mucho Educación Física porque era muy fácil.*

Los verbos -er e -ir

yo tenía

tú tenías

él/ella/usted tenía

nosotros(as) teníamos

vosotros(as) teníais

ellos(as)/ustedes tenían

Matemáticas siempre me parecía muy difícil y no entendía nada la asignatura.

6 Escucha

Escucha lo que dicen Carlos, Lucía y Tania. ¿Cuál es el contexto: una entrevista en un colegio, una conversación entre amigos o un programa de radio?

Indica con ✔ verdadero, falso o no se menciona.

	Verdadero	Falso	No se menciona
1 *Tania tiene mucho trabajo que hacer.*	✔		
2 Tania quiere ser una mujer de negocios.			
3 Para Lucía las TIC no son fáciles.			
4 Carlos cree que el estudio de la tecnología no es muy importante.			
5 Tania cree que Lucía debe cambiar de profesor.			
6 Antes Tania no entendía bien las TIC.			

7 Escribe

Escribe una descripción de tus asignaturas para un foro educativo. Con un compañero, haz una lista de las características de artículos de foros y elige el registro más adecuado. Incluye:

- Tus opiniones sobre las asignaturas que estudiaste en primaria

Ejemplo: En primaria me gustaba Ciencias porque era divertida, pero odiaba Educación Física porque no me servía para nada.

- Tus opiniones sobre las asignaturas que estudias ahora

Ejemplo: Ahora estudio Geografía, Español, Historia e Inglés. Me encanta estudiar Geografía porque es más interesante que Historia, y también creo que el español me va a servir para mucho en el futuro.

Cuaderno de ejercicios 9/2, 9/3

B. *El horario escolar*

	LUNES	MARTES	MIÉRCOLES	JUEVES	VIERNES
9:30 a 10:25	MATEMÁTICAS (EN INGLÉS)	MATEMÁTICAS (EN INGLÉS)	CIENCIAS NATURALES (EN INGLÉS)	LENGUA CASTELLANA Y LITERATURA	INGLÉS
10:25 a 11:15	LENGUA CASTELLANA Y LITERATURA	CIENCIAS NATURALES (EN INGLÉS)	TUTORÍA	INGLÉS	CIENCIAS SOCIALES, GEOGRAFÍA E HISTORIA
11:15 a 11:45	ESTUDIO				
11:45 a 12:10	RECREO				
12:10 a 13:00	INGLÉS	INGLÉS	INGLÉS	CIENCIAS NATURALES (EN INGLÉS)	MÚSICA
13:00 a 13:50	CIENCIAS SOCIALES, GEOGRAFÍA E HISTORIA	LENGUA CASTELLANA Y LITERATURA	EDUCACIÓN FÍSICA (EN INGLÉS)	PLÁSTICA	LENGUA CASTELLANA Y LITERATURA
13:50 a 14:35	COMEDOR				
14:35 a 15:20	MÚSICA	TIC	MATEMÁTICAS (EN INGLÉS)	TIC	EDUCACIÓN FÍSICA (EN INGLÉS)
15:20 a 16:10	EDUCACIÓN FÍSICA (EN INGLÉS)	FRANCÉS	ÉTICA	CIENCIAS SOCIALES, GEOGRAFÍA E HISTORIA	MATEMÁTICAS (EN INGLÉS)
16:10 a 17:00	RELIGIÓN	CIENCIAS SOCIALES, GEOGRAFÍA E HISTORIA	RELIGIÓN	FRANCÉS	PLÁSTICA

Cuaderno de ejercicios 9/4

1 Escribe

1 Forma una frase comparando el horario de la imagen con el de tu colegio. Contesta con el número de forma escrita.

Ejemplo: 1 Yo solo estudio Matemáticas dos veces por semana.

¿Cuántas veces por semana…

1 se estudia Matemáticas?
2 se estudia Inglés?
3 se estudia Lengua Castellana y Literatura?
4 se estudian las TIC?
5 se estudia Ciencias Naturales?
6 se estudia Religión?
7 se estudia Educación Física?
8 se estudia en inglés? ¿Qué opinas de estudiar tantas asignaturas en inglés?

2 Mira el horario. ¿Tiene muchas diferencias / similitudes con el tuyo?

2 Escribe y comprende

1 Escribe a qué hora se estudian las asignaturas siguientes.

Ejemplo: 1 A las tres menos veinticinco.

1 ¿A qué hora se estudia Música el lunes?
2 ¿A qué hora se estudia Ciencias Naturales el martes?
3 ¿A qué hora se estudia Ética el miércoles?
4 ¿A qué hora se estudia Inglés el viernes?
5 ¿A qué hora se estudia Ciencias Sociales el martes?
6 ¿A qué hora se come cada día?
7 ¿A qué hora es el recreo cada día?

2 Investiga y reflexiona sobre los siguientes aspectos:

- ¿Por qué cambia el horario escolar según el país o la región?
- ¿Qué impacto tiene el clima sobre el horario?
- ¿Sabes qué horarios escolares tienen otros países del mundo?

C. *El plan bilingüe, ¿qué opinas?*

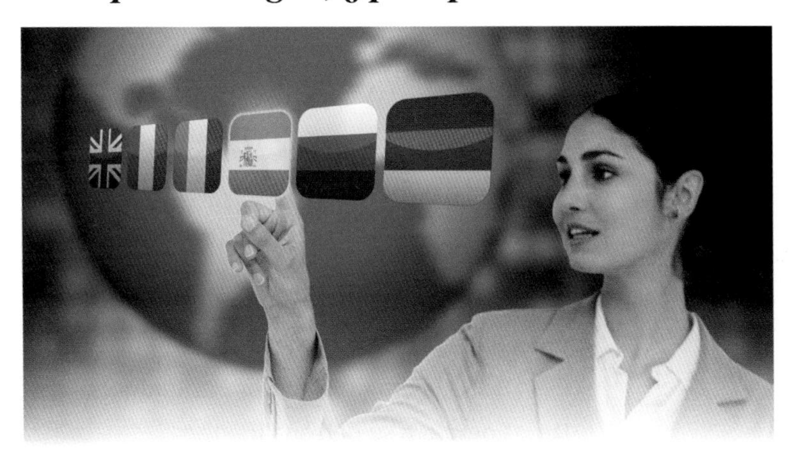

1 Lee

Lee las frases siguientes y ordénalas según su importancia de 1 (lo más importante) a 9 (lo menos importante) para decidir por qué se debe aprender una lengua extranjera.

A Es obligatorio en mi colegio.

B Quiero viajar por Latinoamérica en el futuro.

C Aumenta mi capacidad mental para resolver problemas.

D Da acceso a experiencias culturales como el cine, la literatura y la música de otros países.

E Es divertido e interesante.

F Quiero un trabajo dinámico e internacional en el futuro, hablando con clientes de diferentes países.

G Me gustaría conocer a gente nueva y hablar con ellos en su idioma nativo.

H Me gusta hacer cosas difíciles.

I La tecnología nos pone en contacto fácilmente con todas las partes del planeta.

2 Habla

Habla con dos compañeros para comparar vuestras listas de la actividad 1. Utiliza las frases del recuadro para mostrar acuerdo o desacuerdo, y justifica tus respuestas utilizando *porque*. Intenta acordar una lista en tu grupo.

Ejemplo: Para mí, **el hecho de que** *me gusta hacer cosas más difíciles es* **más** *importante* **que el hecho de que** *la tecnología significa que el mundo ya no es grande.*

Vocabulario

Estoy de acuerdo	No estoy de acuerdo
Claro	¡Qué va!
Tienes razón	Que no
Parece lógico	¿En serio?
Tiene sentido	¿Qué dices?
Por supuesto	Para nada

3 Lee

¿Qué tipo de texto es? ¿Quién es/son el/los destinatario/s? Haz una lista de sus características.

Me llamo Carlos y soy profesor de Educación Física en un colegio de primaria en Madrid, e imparto las clases en inglés a los niños de 1°, 2°, 5° y 6° curso. En mi experiencia, se motivan cada vez más con el idioma y ahora lo usan inconscientemente. Hay otros profesores en la escuela que enseñan Matemáticas en inglés y Conocimiento del Medio en inglés. Es parte de un plan nacional para mejorar la capacidad de los españoles de hablar inglés y de trabajar internacionalmente.

Al principio era un poco duro, mis estudiantes siempre me preguntaban ¿por qué, por qué?, pero ahora hablan muy bien en español y en inglés. Pasábamos mucho tiempo repitiendo el vocabulario y las frases nuevas, y aclarando explicaciones. Pero en menos de tres meses se acostumbraron y, lo que parecía imposible, hoy es rutinario y fluido.

Cuando un alumno estudia varias asignaturas en una lengua que no es su idioma nativo, poco a poco, y al principio con algo de recelo, va adquiriendo de forma inconsciente el vocabulario, la gramática, las estructuras y el acento.

En definitiva, el bilingüismo es, en mi opinión, la mejor manera de aprender un idioma en todas sus dimensiones y de abrir las mentes de nuestros alumnos.

4 Escribe

Escribe una lista con los factores positivos del plan bilingüe que describe Carlos. Decide, en tu opinión, la importancia de cada factor (1 = muy beneficioso, 5 = un impacto limitado).

Ejemplo: Los estudiantes están más motivados (4)

5 Escribe y comprende

1. Escribe una descripción de tus opiniones sobre la formación bilingüe. ¿Estás a favor o no? Explica los elementos positivos y/o negativos de estudiar en una lengua extranjera. Escribe como mínimo 70 palabras. Decide si quieres escribir un blog, un póster o un reportaje.

   Ejemplo: Estoy completamente a favor de la formación bilingüe, sin ninguna duda. Para mí aprender un idioma es muy importante porque tengo muchas ganas de viajar en el futuro, y también me gustaría trabajar con clientes españoles y latinoamericanos. Es mucho más fácil encontrar trabajo si se conocen diferentes idiomas y culturas.

2. Reflexiona sobre los siguientes aspectos:
   - ¿Te parece importante aprender otros idiomas en el colegio? ¿Por qué?
   - ¿Qué asignaturas te gustaría añadir / suprimir en el currículo? ¿Por qué?

D. ¿Cómo es un profesor inspirador?

1 Lee

1. Categoriza las frases en la tabla y decide si la frase es positiva o negativa.
2. Intenta escribir unos detalles más para describir la personalidad de un profesor positivo y un profesor negativo.

   Ejemplo: Un profesor positivo está siempre bastante relajado y normalmente es muy divertido.

Es siempre entusiasta y apasionado, y por eso también nos entusiasmamos.

No es justo.

Siempre explica bien la tarea.

Nunca nos escucha.

Es demasiado estricto.

Me inspira a aprender más fuera de clase.

No se aprende nada durante la clase.

Las clases son interactivas y como resultado mis opiniones tienen valor.

Sus clases son siempre aburridas.

Es muy simpático y me escucha.

Característica positiva	Característica negativa

2 Habla

Habla con un compañero para decidir cuáles son las tres características más importantes de un(a) profesor(a) inspirador(a).

Ejemplo:

A: ¿Cómo es un profesor inspirador?

B: Para mí un profesor inspirador es muy simpático y me escucha. Además, sus clases son siempre divertidas y se aprende bien. ¿Estás de acuerdo?

A: ¡Qué va! En mi opinión...

3 Lee

1. Lee el texto. ¿Es una revista en línea o un diario personal? ¿Cómo lo sabes? ¿Cuál es el propósito?
2. Escribe una lista de los diez verbos en el pretérito imperfecto y encuentra los dos verbos en el pretérito indefinido.
3. Contesta las preguntas.
   - A ¿Cómo **se llama** el profesor / la profesora?
   - B ¿Qué asignatura **enseñaba**?
   - C ¿Por qué **era** un profesor inspirador?
   - D ¿Cómo **era** su personalidad?
   - E ¿Cómo **era** físicamente?

Hola, me llamo Felipe. Mi profesor inspirador se llama señor Martínez. Enseñaba Historia y me inspiró muchísimo. Tras cada clase quería volver a casa y buscar más información. Siempre tenía ganas de saber más. Era muy justo, siempre entusiasta y apasionado, le encantaba su trabajo.

Era un hombre muy simpático, pero también bastante hablador, le gustaba hablar mucho y nos contó muchas historias fascinantes. No era muy estricto, pero tampoco era permisivo, sabíamos todos exactamente cómo comportarnos en su clase.

Físicamente no era muy grande, medía más o menos un metro sesenta y cinco, y también estaba muy delgado. Pero tenía una voz muy fuerte. Tenía el pelo corto y gris (aunque probablemente solo tenía entre cuarenta o cuarenta y cinco años). Llevaba gafas, ¡y siempre llevaba la misma chaqueta marrón! ¡Ojalá todos mis profesores fueran como el señor Martínez!

4 Escribe

Prepara una descripción de un(a) profesor(a) inspirador(a) para la página web de tu instituto o para un artículo en el periódico local. Utiliza el pretérito imperfecto para describirle. Intenta contestar todas las preguntas de la actividad anterior e incluye tantos detalles como puedas.

5 Habla

Habla con un compañero sobre su descripción de su profesor(a) inspirador(a). Utiliza las preguntas de la actividad de lectura para estructurar el diálogo.

E. *El uniforme escolar, ¿es importante?*

1 Lee y habla

Habla con un compañero para ordenar las frases según lo que es más importante para ti (1 = lo más importante, 8 = lo menos importante).

Ejemplo: Para mí, A es más importante que D, y C es lo más importante.

A No me deja expresar mi individualidad.

B Cuesta mucho dinero comprar el uniforme.

C Los uniformes son sexistas.

D Es más fácil, no tengo que decidir qué ponerme.

E Gracias al uniforme somos todos iguales.

F Evita problemas de acoso escolar.

G El colegio es para aprender, no para un desfile de moda.

H Es mucho más práctico.

2 Escucha

Escucha a los jóvenes que describen sus opiniones sobre el uniforme escolar y decide si la persona está a favor o en contra del uniforme escolar y justifica tu respuesta.

	Nombre	A favor / en contra	Justificación
1	*María*	*a favor*	*Antes tenía mucho miedo de no ir a la moda.*

3 Habla

¿Qué piensas del uniforme escolar?

Habla con tres compañeros sobre vuestras opiniones del uniforme escolar. Utiliza el vocabulario de debate (para indicar si estás de acuerdo o no) para formular tus opiniones.

4 Lee

1 Escribe una lista de las prendas de ropa que se mencionan.

2 Lee el texto de la derecha y elige las palabras del recuadro para completarlo. Solo se puede utilizar una vez cada palabra. Hay más palabras de las necesarias.

acaba • dictar • dictó • falta
fueron • guay • llevan • llevo
llevar • ropa • tanto • tengo

5 Lee y escribe

1 Lee la carta. ¿Es una carta formal o informal? Haz una lista de sus características.

2 Escribe una carta al director de tu colegio de 70 palabras para explicar si estás a favor o en contra del uniforme. ¿Llevas uniforme en el colegio? ¿Te gusta?

Calle Cervantes, 29, 3° B,
Córdoba
25 de noviembre

Estimada señora:

Creo que el uniforme escolar es algo muy positivo. Evita muchos problemas sociales. No quiero ir al colegio como para un desfile de moda, prefiero concentrarme en mis estudios. En mi colegio llevamos uniforme. Es bastante feo, pero a la vez es muy práctico.

Atentamente,

Juan Manuel de Gala

¿El uniforme escolar? No es justo, nosotros no decidimos lo que [1]______ los profesores, entonces ¿por qué tienen ellos el derecho de [2]______ nuestra apariencia?¿Por qué no puedo llevar mis zapatillas de deporte? ¡No quiero llevar zapatos negros!

No me interesa para nada la ropa, ni la moda, es una tontería. Pero no hay uniforme en mi colegio, así que [3]______ que escuchar críticas cada día, ya que mi ropa no es [4]______. ¡Qué locura! Llevar unos pantalones grises y una camisa blanca es mucho más fácil que elegir qué camiseta ponerte.

No quiero hacer manualidades mientras que [5]______ mi ropa normal, puesto que no quiero ensuciar una falda cara o un jersey delicado, y la mayoría de mi [6]______ no es tan práctica como el uniforme.

¿Por qué habláis [7]______ del uniforme? Lo importante del colegio no es la ropa, sino lo que se aprende. ¿Por qué no se queja más la gente de la [8]______ de instalaciones? A mí me parece mucho más urgente que decidir si llevar un vestido es sexista o no.

La directora de mi colegio [9]______ de anunciar que vamos a tener que [10]______ uniforme. ¡No sé qué hacer! No me gusta mucho la idea.

F. *José Luis describe las instalaciones de su colegio*

Querido Manuel:

Gracias por tu carta. ¡Qué interesante aprender cosas sobre tu colegio en Colombia!

Mi colegio se llama Instituto Leonardo da Vinci y se encuentra a las afueras de Córdoba, en el sur de España. Está a quince minutos a pie del centro de la ciudad y de los monumentos turísticos.

En el colegio hay muchas aulas anticuadas, varias con pantalla interactiva y todas con sillas incómodas. Las aulas son bastante pequeñas, pero me parece que son suficientemente grandes. También hay una biblioteca vieja donde se puede leer o investigar, pero yo no voy mucho porque prefiero utilizar mi portátil o mi móvil, y no leo mucho. ¿Te gusta leer?

Prefiero las instalaciones deportivas. Hay un patio grande donde juego al fútbol con mis amigos cada recreo (normalmente compro patatas fritas y una bebida en la cafetería pequeña antes de salir), una cancha de baloncesto básica (no soy muy alto, pero me gusta jugar), y un gimnasio muy chulo (¡pero ojalá fuera más grande!).

Lo que más me gusta son los laboratorios científicos modernos. Para mí las ciencias son las asignaturas más importantes y es superimportante desarrollar mis conocimientos con experimentos prácticos. También me gusta cuando hay clases en nuestra sala de informática, que está bien equipada, porque creo que la capacidad de utilizar un ordenador es esencial, una de las cosas más importantes que se pueden aprender en el colegio.

¿Te gustaría estudiar en mi colegio?

Espero tu respuesta.

José Luis

1 Lee y escribe

1. Lee el texto. ¿Es un artículo o una carta? ¿Dónde puedes encontrar ese tipo de textos? Haz una lista de sus características.
2. El texto menciona **ocho** instalaciones del colegio. Escribe una lista e indica si es masculino (m) o femenino (f). También escribe el adjetivo que describe la instalación.

   Ejemplo: aula (f), anticuadas, bastante pequeñas
3. Escribe una lista de detalles adicionales que se mencionan en el texto.
4. Compara la lista con la de un compañero y luego decide cuáles son las palabras claves que no entiendes. Adivina y justifica tus decisiones, y luego busca las palabras en el diccionario.

Gramática en contexto

Superlativo relativo: *el/la/las/los* + sustantivo + *más/menos* + adjetivo

Lengua Castellana es ***la*** *asignatura* ***más*** *difícil.*

Si el sustantivo se ha mencionado con anterioridad, este puede omitirse en la estructura de superlativo relativo:

Lengua Castellana es una asignatura obligatoria. Esta asignatura es **la más** *difícil.*

2 Escucha

Escucha a las personas que describen sus colegios. Cada persona menciona una instalación, utilizando un superlativo relativo. Escribe la instalación mencionada y el adjetivo.

Ejemplo:

Mariló: cafetería, social

3 Habla

Habla con un compañero. ¿Cuál es la parte favorita de tu colegio?

4 Escribe

Escribe una descripción de tu colegio para una revista de jóvenes con un mínimo de 100 palabras. Elige el estilo más apropiado.

- Describe las asignaturas que estudias y tus opiniones.
- Describe las asignaturas que estudiabas hace cinco años.
- ¿Qué quieres estudiar en el futuro? ¿Por qué?
- Describe a tus profesores y cómo son.
- Describe el uniforme del colegio y tu opinión.
- ¿Qué instalaciones hay en tu colegio y qué había en el pasado? ¿Cómo son y cómo eran?
- ¿Qué es lo mejor de tu colegio?

Cuaderno de ejercicios 9/5

Gramática en contexto

Condicional

El condicional describe una acción futura hipotética.

No hay diferencia en la formación del condicional entre los verbos de infinitivo en *-ar* / *-er* / *-ir.*

Formación regular

Infinitivo + terminación apropiada

yo escribiría

tú escribirías

él/ella/usted escribiría

nosotros(as) escribiríamos

vosotros(as) escribiríais

ellos(as)/ustedes escribirían

Si pudiera construir un colegio nuevo, me ***gustaría*** *construir un edificio con muchos paneles solares,* ***sería*** *mejor para el medio ambiente.*

Cuaderno de ejercicios 9/6, 9/7

5 Lee

Decide cuáles de los factores serían importantes para un colegio ideal. Categoriza las declaraciones según si crees que serían posibles o imposibles en tu colegio ideal. Justifica tu respuesta con una frase adicional.

Ejemplo: 1 Sería imposible en mi colegio porque costaría demasiado.

	Posible	Imposible
1 *El edificio sería superecológico, habría paneles solares y una turbina eólica.*		✔
2 No habría profesores: se aprendería al utilizar programas en línea y se hablaría con expertos por todo el mundo.		
3 No habría paredes: todos los espacios serían muy flexibles.		
4 No se estudiarían las asignaturas más aburridas: se aprenderían cosas relevantes, como a diseñar videojuegos.		
5 Se podría elegir lo que se querría hacer cada día.		
6 Se podría decidir a qué hora ir a clase.		
7 Nos sentaríamos en sillas muy cómodas, pero las clases serían muy activas también.		
8 Los profesores serían muy simpáticos y me ayudarían mucho.		

6 Habla

Habla con tres compañeros. ¿Cuál sería el factor más importante para crear un colegio ideal: los profesores, el edificio o las asignaturas? Justifica tu respuesta.

7 Escucha y escribe

Esther describe sus opiniones sobre un colegio del futuro. Escucha y completa el texto.

Para mí un colegio del futuro [1]______ ser muy diferente al colegio actual donde estudio. Primero, el edificio: [2]______ más luz natural, siempre me duele la cabeza después de mis clases gracias a las bombillas compactas fluorescentes. También [3]___ mejor para el medio ambiente —es muy importante respetar la naturaleza—. Creo que [4]______ muchos paneles solares y una turbina eólica también para generar electricidad. No habría aulas tradicionales, pero se [5]______ elegir dónde estudiar: en un tipo de biblioteca o un espacio cómodo, ¡o quizás afuera, en el [6]______! Segundo, no me interesan la mayoría de mis [7]______ porque no me sirven para nada en mi vida cotidiana. Las clases [8]______ que ser más activas e interesantes y así [9]______ mucho más.

8 Escribe

Eres el director de tu colegio y quieres mejorarlo. Escribe un mínimo de 70 palabras utilizando el condicional y el comparativo, contando lo que harías para mejorar los edificios y las clases. Elige el tipo de texto más apropiado para esta tarea.

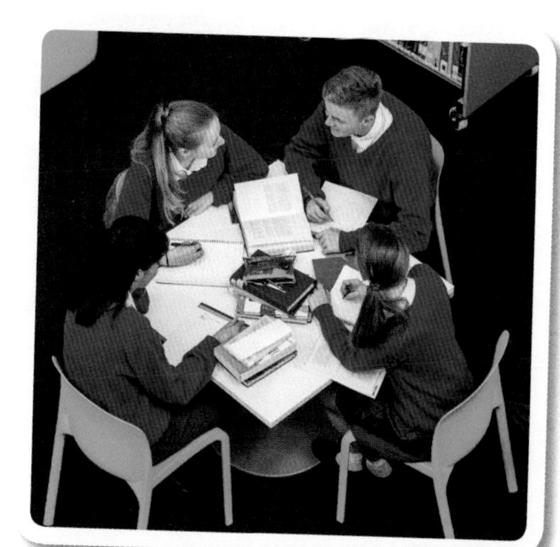

G. *La educación rural en Bolivia y la esperanza para un futuro mejor*

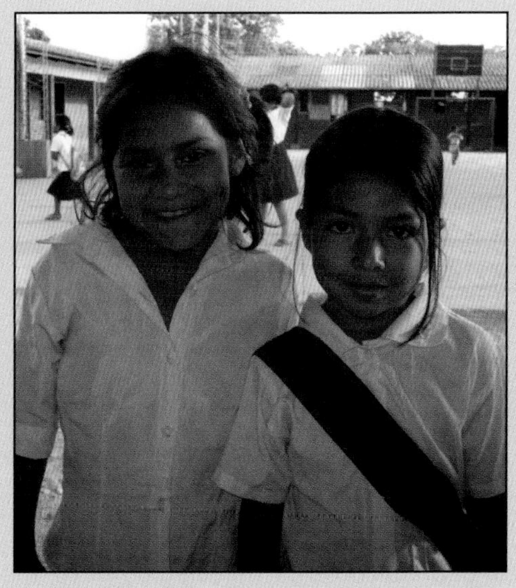

A Los jóvenes necesitan voluntad y mucho esfuerzo para perseverar con su formación en Bolivia. En primer lugar, el sistema entero solo tiene una cobertura de aproximadamente 8 de cada 10 de la población en edad escolar. En segundo lugar, especialmente en áreas rurales hay una escasez grave de colegios, en muchos casos si no se emigra a un pueblo más grande no se puede continuar con la formación después del tercer grado de primaria, es decir, a la edad de ocho años muchos niños y niñas tienen que dejar sus estudios formales.

B Los problemas con el sistema afectan principalmente a los estudiantes de áreas rurales. Desafortunadamente es un problema arraigado y complicado. En muchos casos una de las razones principales para no ir al colegio es la necesidad de trabajar, algo que afecta tanto a los chicos como a las chicas. Como resultado a veces se critica la inversión de fondos escasos en la construcción de instalaciones nuevas a las que los jóvenes quizás no vayan a asistir. La falta de movilidad social también es la causa por la que muchos padres dudan de la importancia de la formación, algo que resulta en problemas de autoestima para los estudiantes de zonas rurales.

C La falta de dinero también puede tener un impacto sobre la calidad de la enseñanza. Los profesores no reciben un sueldo generoso, y por eso se critica que muchos, quizás, solo aplican el mínimo esfuerzo. Esta es la actualidad, pero no necesariamente el futuro. Se acaba de ampliar el horario escolar en varias zonas rurales, de cuatro a siete horas. Como parte de este plan los estudiantes comerán el almuerzo en la escuela, que resultará en muchos casos en una mejora de la dieta de los estudiantes y una reducción de problemas sanitarios. Y, claro, tres horas más crearán oportunidades adicionales para aprender. Además, la tecnología ofrece alternativas a la formación tradicional. La oportunidad de comunicar con su clase, o con un profesor a distancia, por videoconferencia desde el salón de su casa, o poder acceder a materiales educativos en línea, como vídeos o *podcasts*, incluso después de trabajar en el campo, significa que todos los estudiantes rurales van a tener más posibilidades en el futuro. Hoy en día solo aproximadamente uno de cada cien jóvenes rurales continúa sus estudios hasta la universidad. ¿Pero, en el futuro…?

1 Lee y escribe

1. Lee este artículo en la revista de los estudiantes rurales. ¿Quién/es es/son el/los destinatario/s? ¿Es un texto personal, profesional o de medios de comunicación de masas? ¿Qué otro tipo de texto se podría usar para dar las mismas informaciones? ¿El estilo sería diferente?
2. Haz una lista de los problemas mencionados.

2 Lee

¿En qué párrafo (A, B ó C) se menciona...?

Ejemplo: 1 C

1. Se debe pagar más a los profesores.
2. El uso de tecnología para ayudar a los jóvenes que no pueden ir al colegio.
3. No hay colegios suficientes para todos los jóvenes en las regiones rurales.
4. Muchos estudiantes no pueden ir al colegio porque tienen que trabajar.
5. Un porcentaje muy pequeño de jóvenes rurales continúa su formación hasta los estudios superiores.
6. Hay falta de trabajo y, como resultado, de esperanza.

3 Habla

Habla con dos compañeros sobre los siguientes factores. ¿Serían útiles o no? ¿Podéis pensar en factores adicionales que podrían minimizar las dificultades de crear una formación de alta calidad en las regiones rurales? A largo plazo, ¿qué idea tendría el impacto más grande? Intenta utilizar el superlativo relativo.

- Se debería garantizar cobertura wifi en toda la escuela.
- Los estudiantes podrían tener acceso a vídeos y *podcasts* en línea.
- Se debería garantizar el acceso a Internet de cada estudiante en casa.
- Se debería crear un horario flexible.
- Se deberían poner paneles solares sobre cada escuela para generar electricidad y fondos.
- Se deberían ofrecer clases de alfabetización para padres.
- El edificio no debería tener aulas normales, sino espacios grandes y flexibles.
- Los estudiantes no deberían tener que asistir al colegio cada día, pero deberían trabajar en casa en proyectos educativos.

4 Escucha y comprende

1. Escucha a unos jóvenes que describen sus opiniones sobre cómo se puede mejorar la formación rural en Bolivia. Decide si las frases son *verdaderas*, *falsas* o si *no se menciona*.

	Verdadero	Falso	No se menciona
1 María cree que los edificios son cruciales.			
2 La forma de educación es demasiado pasiva.			
3 Se debe utilizar la tecnología para ayudar a los jóvenes que no pueden ir físicamente a un colegio.			
4 Se debe enseñar a los padres la importancia de la educación.			
5 Las autoridades locales deben prometer un trabajo a cada estudiante que continúe su educación hasta la edad de catorce años.			
6 Son dos amigas que hablan de manera informal.			

2. ¿Es importante aprender habilidades en el colegio o vale más aprender información y hechos?

   ¿Se puede aprender la creatividad en un aula?

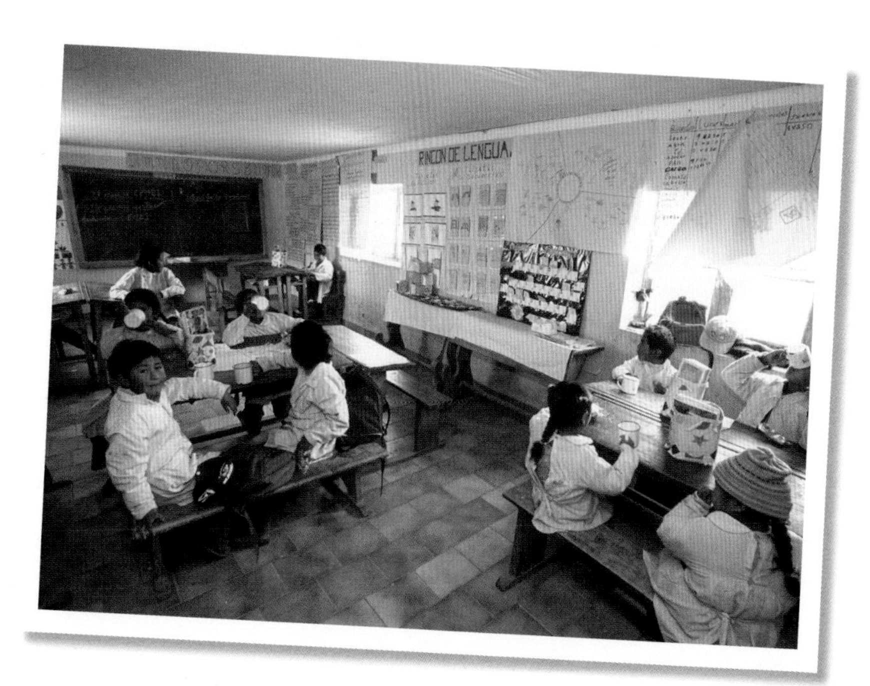

Repaso

Concurso internacional de la Organización de las Naciones Unidas: Un colegio ideal para el mundo moderno

1 Escribe

La ONU quiere publicar una revista donde jóvenes del mundo sugieren sus ideas para el colegio ideal del siglo XXI.

Escribe un artículo para la revista, entre 70 y 150 palabras. Intenta incluir, como mínimo, las estructuras gramaticales indicadas entre paréntesis.

- Las instalaciones que hay (el presente, el pretérito imperfecto)
- Las asignaturas que se estudian y por qué son necesarias para el mundo moderno (el presente, el condicional)
- El uso de energías renovables (el presente, el condicional)
- Tus opiniones del colegio (el presente, el condicional)
- Una comparación con los colegios tradicionales (el presente, el pretérito imperfecto, el condicional)

Organización de las Naciones Unidas
Concurso Internacional:
Un colegio ideal para el mundo moderno

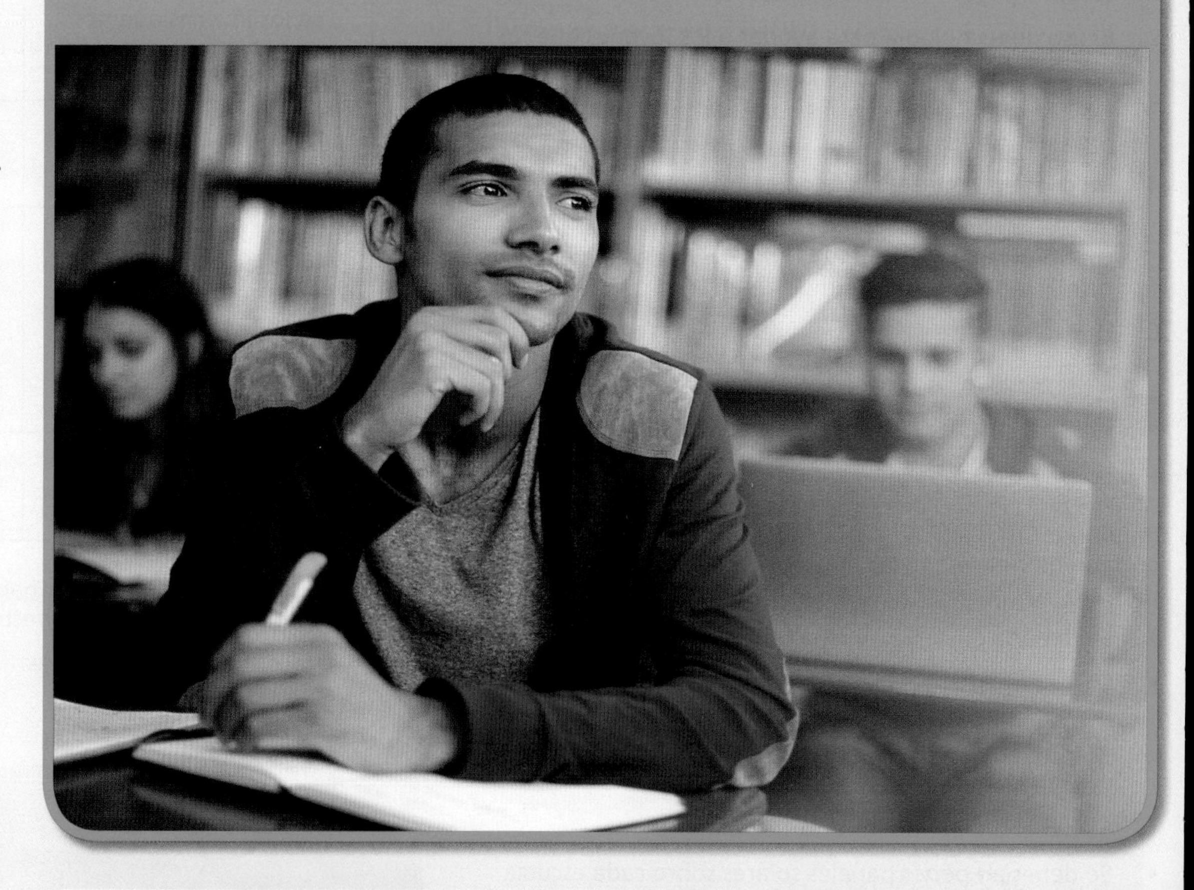

PUNTO DE REFLEXIÓN

¿Qué es importante en la educación?

Con un compañero, tienes dos minutos para hacer una lista de las cinco cosas más importantes que se deben aprender en el colegio. ¿Estas cosas cambiarían según dónde estás en el mundo?

Después de dos minutos, compara con otra pareja. ¿Estáis de acuerdo?

¡Vamos a celebrar!

Unidad 10

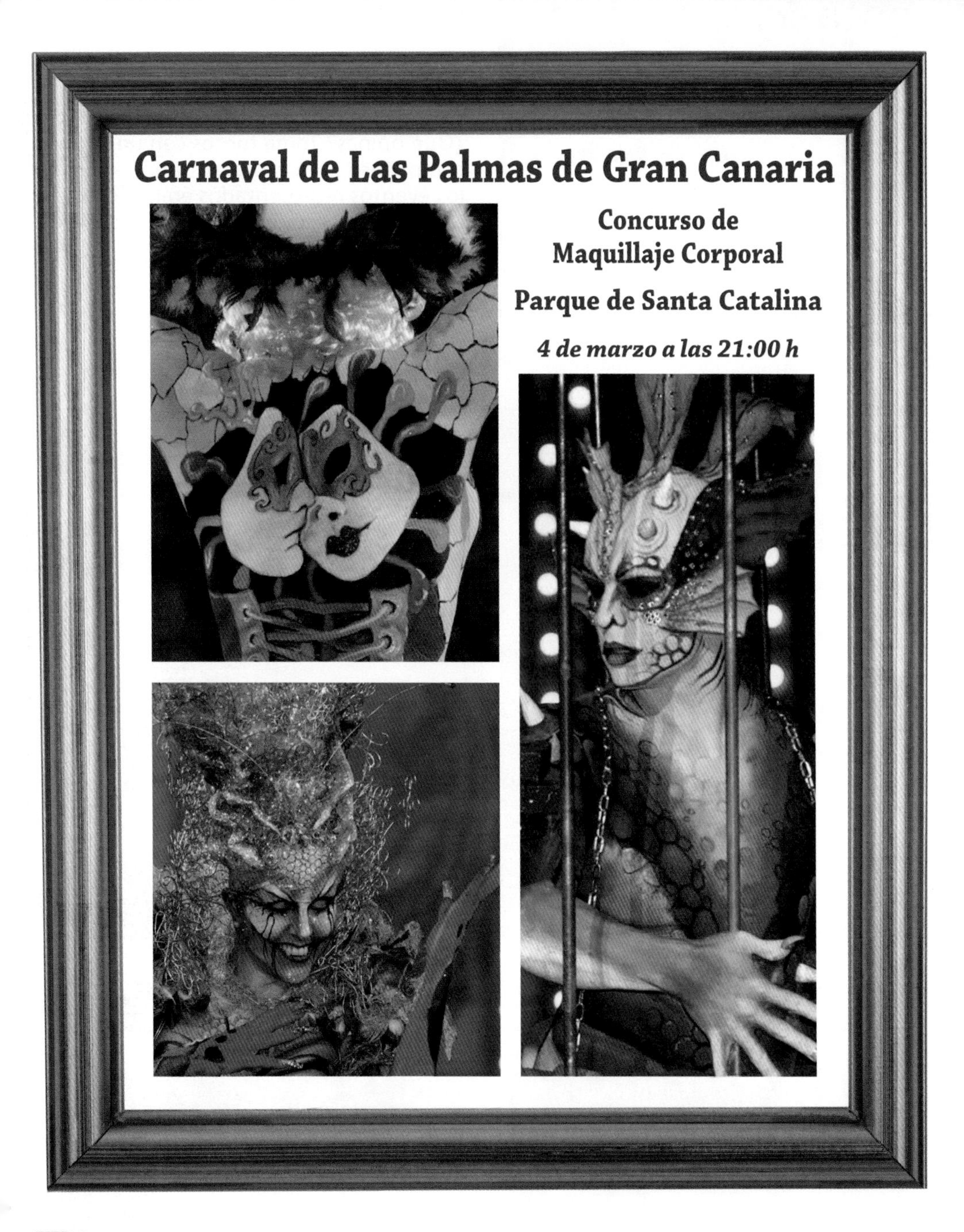

Experiencias

- Festivales y celebraciones

Teoría del Conocimiento

¿Cuál es tu percepción sobre las fiestas tradicionales del mundo hispano?

Creatividad, Actividad y Servicio

Prepara un plan para enseñar las costumbres y celebraciones más populares de tu país a los alumnos extranjeros de tu clase. Después haz una presentación de vuestra experiencia en tu clase.

Gramática

- Adjetivos
- Verbos modales (introducción)
- Verbos irregulares con cambio en el radical
- Adjetivos comparativos (repaso)
- Superlativo absoluto
- Pretérito imperfecto (repaso)
- Verbos impersonales

PUNTO DE REFLEXIÓN

¿Cómo se celebran las fiestas tradicionales en tu cultura?

1 Para empezar

Lee el cartel.

- ¿De qué se trata?
- ¿Dónde?
- ¿Cuándo?
- ¿A qué hora?
- ¿Piensas que es un evento interesante?
- ¿Conoces otros festivales o celebraciones del mundo hispano?
- ¿Hay eventos similares en fiestas de tu país?

A. *Los grancanarios hacen planes para ver sus eventos preferidos*

Carnaval de Gran Canaria
Programación de Fiestas y Eventos:
Febrero

Viernes 16 a las 22:00	Sábado 17 a las 21:00	Domingo 18 a las 21:00
Pregón y Gala de Inauguración de las fiestas.	Concurso de Murgas y Comparsas Adultas.	Gala de Elección de la Reina del Carnaval.
Martes 20 a las 19:00	**Miércoles 21 a las 11:00**	**Jueves 22 a las 21:00**
Concurso de Comparsas Infantiles y a las 22:30 Concurso de Disfraces Adultos.	Gala de Disfraces Infantiles y a las 19:00 Gala de Elección de la Reina Infantil.	Gala de Elección de la Gran Dama.
Viernes 23 a las 21:00	**Sábado 24 a las 17:00**	**Domingo 25 a las 17:00**
Preselección de Máscaras.	Carnaval Canino (concurso de mascotas disfrazadas) y a las 22:00 Gala de Máscaras.	Gran Cabalgata.
Lunes 26 a las 17:00	**Martes 27 a las 12:00**	**Miércoles 28 a las 20:00**
Cabalgata y Fiesta Infantil y a las 20:00 Carnaval de la Integración.	Desfile Festivo de Agrupaciones (playa de Las Canteras) y a las 21:00 Concurso de Maquillaje Corporal.	Entierro de la Sardina.

**Excepto donde se diga lo contrario, todos los actos tendrán lugar en el parque de Santa Catalina.*

1 Lee

Mira las fotos. ¿De qué eventos crees que se trata? ¿Crees que te encuentras delante de un cartel o un folleto? ¿Por qué?

2 Habla

¿Qué opinas? Toma turnos con un compañero para expresar tu opinión sobre los eventos representados en las fotos. Debéis utilizar los adjetivos del recuadro sin repetirlos.

Ejemplo: Me parece divertido disfrazar a los animales.

alegre • alucinante • atrayente
chistoso • colorido • estupendo
excéntrico • increíble • lamentable
maravilloso

Vocabulario

Opiniones

en mi opinión	considero que
me parece que	creo que
bajo mi punto de vista	pienso que
opino que	

Cuaderno de ejercicios 10/1, 10/2

1

3

5

2

4

6

3 Escucha

Carla llama a María José para invitarla a salir. Escucha la conversación y ponla en el orden correcto.

- **A** Sí, soy yo. ¿Quién habla?
- **B** ¡Qué pena! ¿Quieres salir mañana entonces?
- **C** Hola, ¿está María José?
- **D** No, me temo que tampoco puedo porque tengo la cena de cumpleaños de mi abuelo. ¡Qué rollo!
- **E** ¿Estás libre el sábado? Me apetece ver el concurso canino.
- **F** ¿A las cuatro y media?
- **G** De acuerdo, ¿a qué hora?
- **H** Sí, estoy libre. Podemos ir a cenar entre el evento de los perros y la Gala Drag Queen.
- **I** Sí, ¿aló?
- **J** ¡Hasta el sábado!
- **K** Soy Carla. Te llamo para ver si quieres quedar esta noche para ir a la Gala de Inauguración.
- **L** Perfecto. ¡Qué buena idea! ¿Dónde quieres quedar?
- **M** ¡Vaya! Bueno, otro día… ¿Qué quieres ver en el Carnaval?
- **N** No, lo siento; esta noche no puedo porque trabajo.
- **Ñ** Podemos quedar delante del restaurante Los Olivos.
- **O** Vale, a las cuatro y media delante de Los Olivos. ¡Hasta el sábado!

Gramática en contexto

Verbos irregulares con cambio en el radical

querer e > ie		**poder o > ue**	
quiero	queremos	puedo	podemos
quieres	queréis	puedes	podéis
quiere	quieren	puede	pueden

4 Lee y escribe

Completa estas frases para resumir la conversación de Carla y María José. Utiliza la forma correcta de los verbos del recuadro.

Ejemplo: 1 va

1. Carla… a ir a la Gala de Inauguración.
2. María José no… salir porque trabaja.
3. María José tampoco… quedar el día después.
4. A María José le… ver las comparsas.
5. Las chicas… a cenar en un restaurante el viernes.
6. Las dos amigas… el viernes a las seis y media.

5 Escribe

Trabaja con un compañero. Escribe una conversación telefónica propia organizando una salida a uno de los eventos del Carnaval. ¿La vas a hacer formal o informal? ¿Por qué?

Ejemplo:

A: Sí, ¿dígame?

B: Hola, ¿está Eusebio?

A: Sí, soy yo. ¿Quién habla?

B: Soy Marina. Te llamo para ver si quieres quedar esta noche para ir al entierro de la sardina…

¿Sabías que…?

La manera en que los hispanohablantes contestan el teléfono depende del país o región de origen, con *¿diga?* o *¿dígame*?, común en España, y *¿aló*?, más común en Latinoamérica.

6 Habla

Trabaja en un grupo de 4 a 6 estudiantes. Llama a un compañero del grupo e invítale a salir. Si te llama alguien a ti, declina su primera sugerencia. Intenta ser lo más espontáneo posible. Escucha las conversaciones de los demás y toma notas sobre sus invitaciones: ¿Adónde? ¿Cuándo? ¿Acepta? ¿Por qué?

Cuaderno de ejercicios 10/3, 10/4

Gramática en contexto

Verbos modales

Querer
Poder + infinitivo
Apetecer

***Quiero ir** al Carnaval.*

*No **puedo salir** esta noche.*

***Me apetece quedar** con mis amigos.*

apetecer • ir • poder
quedar • querer • ir

B. *En el Carnaval de Gran Canaria los jóvenes comparten sus conocimientos sobre este y otros festivales españoles*

La Tomatina

Las Fallas

El Carnaval de Gran Canaria

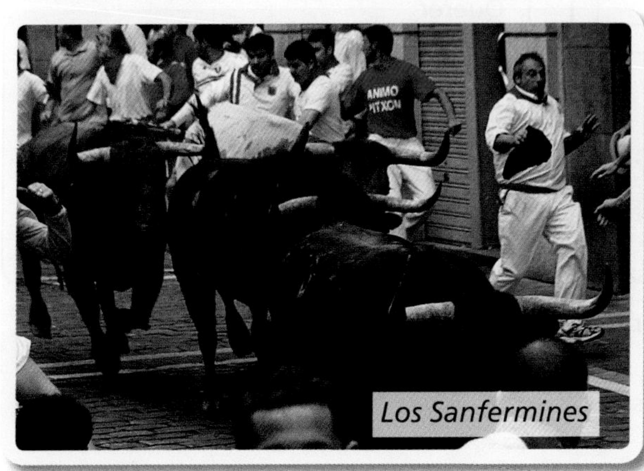
Los Sanfermines

A Tienen lugar en Valencia, en honor de San José, patrón de los carpinteros. Se componen de más de 500 conjuntos de figuras de madera, cartón y papel maché de hasta 20 metros de altura que caricaturizan hechos y personajes de la actualidad, y se queman públicamente la noche del 19 de marzo. Atraen a más de cinco millones de turistas extranjeros cada año.

B Tiene lugar en Buñol, un pueblo valenciano de unos 10 000 habitantes, donde el último miércoles de agosto alrededor de 50 000 asistentes toman parte en una batalla de tomates que dura una hora. Aproximadamente 125 toneladas de tomates muy maduros son lanzados contra los asistentes.

C Es la fiesta de más impacto social y económico de la isla, y uno de sus principales atractivos turísticos. Tiene lugar durante tres semanas en febrero, y sus principales características son la diversión, la tolerancia, la impostura y el disfraz. Se compone de comparsas, pasacalles, concursos y el famoso entierro de la sardina.

D Es una fiesta muy singular que tiene lugar en Pamplona del 7 al 14 de julio, cuando la población de la ciudad pasa de 190 000 habitantes a más de 1 000 000. Se conoce principalmente por *el encierro* que tiene lugar a las ocho de la mañana y dura menos de cuatro minutos. La multitud corre unos 850 metros delante de una manada de toros que después van a ser lidiados en las corridas de la tarde.

1 Lee

Empareja los festivales con su descripción. ¿A quiénes se dirigen estos textos? ¿En qué tipo de texto podrías encontrarlos? ¿Cuál es su propósito?

2 Escribe

Completa la tabla.

Festival	Fecha y duración	Lugar	Número de turistas	Actividades principales
Las Fallas	*19 de marzo, una noche*	*Valencia*		

¿Sabías que...?

En los países hispanohablantes las cifras múltiplos de mil se indican con un punto y los decimales se indican con una coma. *Ejemplo: 1.546,45.*

3 Escucha

Estos jóvenes expresan sus opiniones sobre los festivales. ¿De qué festival hablan? ¿Están utilizando un registro formal o informal? ¿Tú qué crees?

4 Escucha

Escucha otra vez. ¿Con qué festival se relacionan estos aspectos?

1 La contaminación atmosférica y acústica
2 La crisis financiera
3 El sentimiento de comunidad
4 El desperdicio de comida
5 El impacto positivo en la economía local
6 La identidad nacional
7 La escasez de alimentos
8 La crueldad con los animales

5 Habla

¿Conoces los adjetivos del recuadro *Vocabulario*? Utilízalos para expresar tu opinión de los festivales.

Ejemplo: Creo que la Tomatina es un festival muy animado.

Vocabulario

Adjetivos

divertido/a	asombroso/a
inhumano/a	conocido/a
animado/a	concurrido/a
peligroso/a	cruel
violento/a	tradicional
ruidoso/a	extravagante
típico/a	popular
clásico/a	jovial

Gramática en contexto

Superlativo absoluto

Se utiliza para expresar la forma máxima del adjetivo.

muy divertido/a → divertidísimo/a

muy concurrido/a → concurridísimo/a

muy ruidoso/a → ruidosísimo/a

muy conocido/a → conocidísimo/a

El Carnaval de Las Palmas de Gran Canaria es muy conocido.

*El Carnaval de Las Palmas de Gran Canaria es **conocidísimo**.*

Las Fallas son muy ruidosas.

*Las Fallas son **ruidosísimas**.*

Cuaderno de ejercicios 10/5

6 Investiga

¿Qué otras fiestas o celebraciones conoces de los países hispanohablantes? Busca información sobre otras fiestas o celebraciones del mundo hispanohablante. Toma notas.

Ejemplo: El Día de los Muertos, México

- ¿Qué se celebra?
- ¿Cuándo?
- ¿Cuánto dura?
- ¿Dónde?
- ¿Cómo se celebra?
- ¿Quién participa?
- ¿Cuál es su origen?
- ¿Qué ventajas tiene ?
- ¿Tiene desventajas?
- ¿Cuáles son las opiniones de la gente?

7 Habla

Presenta la fiesta o celebración que has investigado a tus compañeros.

C. *El Carnaval de Gran Canaria trae recuerdos de la infancia a los asistentes*

Yo soy grancanaria, de manera que cuando era pequeña mi **celebración** favorita eran los carnavales de la isla. **Entonces** vivía con mis padres en Maspalomas y siempre esperaba febrero con emoción, pues **me encantaba** ir a casa de mi abuela en Gran Canaria y disfrazarme con mis amiguitos para competir en el **concurso** de comparsas. **Siempre** esperábamos los resultados del concurso con **ansiedad**, pero **nunca** pasamos del tercer lugar, pues no podíamos **competir** con los disfraces increíbles e **inasequibles** de otros **grupos**. El carnaval era una época mágica con muchas actividades para mayores y pequeños, y era mi época del año **favorita**, porque la isla se llenaba de color, música, **alegría** y diversión.

Leticia

Vocabulario

Gentilicios

- Alicante → alicantino/a
- Barcelona → barcelonés/a
- Bilbao → bilbaíno/a
- Bogotá → bogotano/a
- Gran Canaria → grancanario/a
- Lima → limeño/a
- Madrid → madrileño/a
- Montevideo → montevideano/a
- Quito → quiteño/a
- Sevilla → sevillano/a
- Valencia → valenciano/a
- Valladolid → vallisoletano/a
- Zaragoza → zaragozano/a
- Londres → londinense
- Nueva York → neoyorquino/a
- Tokio → tokiota

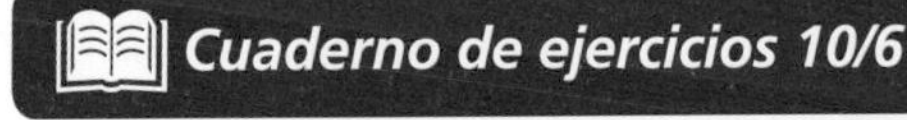
Cuaderno de ejercicios 10/6

1 Lee y comprende

¿De qué habla Leticia? Vuelve a leer el texto y resúmelo en una sola frase. ¿Qué tipo de texto es? Habla con un compañero y justifica tu respuesta.

2 Lee

Identifica los sinónimos para estas palabras. Están resaltados en negrita en el texto.

angustia • caros • competición
concursar • en aquel momento
felicidad • fiesta
invariablemente • jamás
me entusiasmaba • peñas
preferida

3 Lee

Identifica las cinco frases incorrectas. Corrígelas.

Cuando Leticia era pequeña…

1. vivía con su abuela.
2. prefería la primavera que las otras épocas del año.
3. competía en el concurso de disfraces con sus hermanos.
4. concursaba con una peña que tenía bastante dinero.
5. pensaba que los disfraces de algunos grupos eran muy caros.
6. jamás ganó el concurso de disfraces.
7. el carnaval era solo para los niños.
8. el invierno era una época muy feliz para ella.

Gramática en contexto

Pretérito imperfecto (verbos irregulares)

pronombres personales	ser	ir	ver
yo	era	iba	veía
tú	eras	ibas	veías
él/ella/usted	era	iba	veía
nosotros(as)	éramos	íbamos	veíamos
vosotros(as)	erais	ibais	veíais
ellos(as)/ustedes	eran	iban	veían

*Mi fiesta favorita **era** la Navidad.*

*La noche de fin de año **íbamos** a casa de mi abuela.*

*A medianoche **veíamos** las doce campanadas en la tele.*

4 Lee

Identifica los antónimos de estas palabras. Están resaltados en negrita en el texto de Guillermo.

aborrecía • buenos • dormido
encima • humilde • llorar
nunca • tranquilamente

Yo soy madrileño y esta es mi primera vez en el Carnaval de Gran Canaria. El carnaval en Madrid no es una celebración tan **ostentosa** como aquí, así que cuando era pequeño mi celebración preferida eran las Navidades, particularmente la noche de Reyes. **Me encantaba** ir a la cabalgata, e iba con mis padres y mi hermano. Los Reyes Magos **siempre** eran muy simpáticos, y nos hacían **reír** y nos daban caramelos, pero también nos preguntaban si habíamos sido **traviesos** durante el año y, a veces, después nos traían carbón. La noche de Reyes siempre cenábamos en familia y comíamos el roscón de Reyes. Yo me quedaba **despierto** hasta tarde esperando **impacientemente**, pero los Reyes siempre llegaban tardísimo y no los veía, porque yo ya dormía. A la mañana siguiente encontrábamos los regalos **debajo** del árbol.

5 Lee

Contesta las preguntas sobre Guillermo.

Ejemplo: 1 Guillermo está en Gran Canaria.

1. ¿Dónde está Guillermo en estos momentos?
2. ¿De dónde es?
3. ¿Qué fiesta prefería cuando era pequeño?
4. ¿Qué hacía Guillermo con sus padres y su hermano?
5. ¿Cómo eran los Reyes Magos?
6. ¿Qué hacían?
7. ¿Por qué Guillermo no quería quedarse dormido temprano?
8. ¿Dónde encontraba sus regalos Guillermo al día siguiente?

Gramática en contexto

Pretérito imperfecto (verbos regulares)

Mi hermana pequeña ***esperaba*** *su cumpleaños con inquietud.*

Hace dos años mis tíos ***vivían*** *en San Agustín.*

6 Imagina

Imagina que eres Lucía. Escribe unas frases en pretérito imperfecto sobre la celebración favorita de tu infancia. Puedes utilizar los verbos sugeridos en el recuadro.

beber • cantar • comer • disfrutar • haber • hacer • invitar • ir • jugar • ser

Ejemplo: Mi celebración favorita era mi fiesta de cumpleaños...

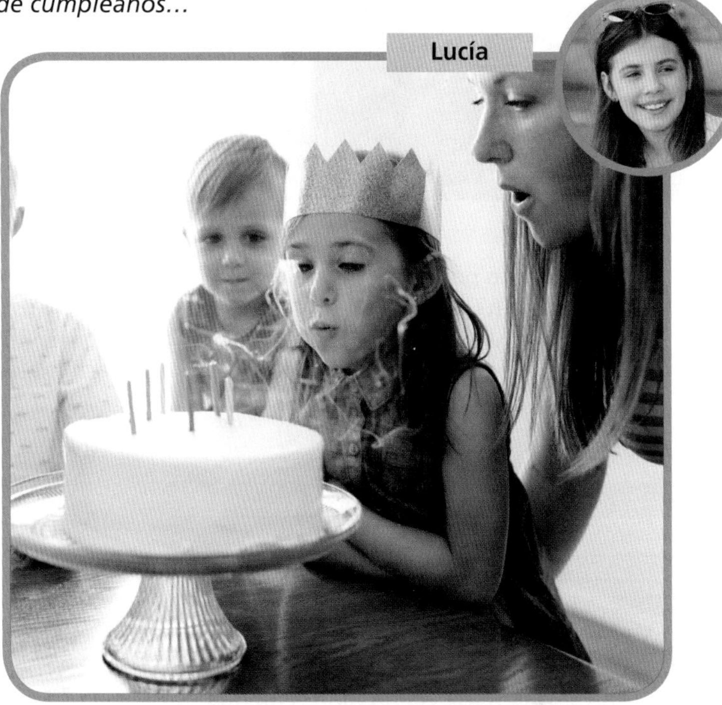

Cuaderno de ejercicios 10/7, 10/8, 10/9

7 Habla

¿Cómo celebraban sus cumpleaños tus compañeros cuando eran pequeños? Prepara una encuesta y entrevista al menos a tres de tus compañeros. Considera estos elementos para preparar las preguntas. Recuerda que tienes que utilizar el pretérito imperfecto.

- Lugar
- Invitados/gente
- Actividad
- Tradición diferente cada año
- Cumpleaños preferido y razón

Ejemplo: ¿Dónde celebrabas tu cumpleaños?

D. *Algunos amigos preparan una fiesta para despedir el carnaval*

1 Lee

¿La invitación forma parte de un blog o de una red social? ¿Qué crees? ¿Por qué? Justifica tu respuesta.

2 Lee y escribe

Basándote en la información de la invitación, relaciona cada principio de frase con el final adecuado. ¡Atención! Hay más finales de los necesarios.

1 ***Sebastián...*** *F*
2 Hace tres minutos... ☐
3 La fiesta celebra... ☐
4 El miércoles 28 de febrero... ☐
5 Por el momento solo hay... ☐
6 En la fiesta Sebastián tiene la intención... ☐
7 La ubicación de la fiesta... ☐
8 Después de la fiesta tiene lugar... ☐

A que se circuló la invitación.
B termina el carnaval.
C de escuchar músicay bailar.
D terminó el carnaval.
E el entierro de la sardina.
F ***prepara una fiesta para sus amigos.***
G es invitado a una fiesta.
H en casa de Sebastián.
I no se conoce todavía.
J el fin del carnaval.
K dos asistentes a la fiesta.
L el cumpleaños de Sebastián.

3 Escribe

Cuatro amigos reciben la invitación electrónica de Sebastián y la aceptan. Escribe los comentarios que cuelgan en la red con sus nombres.

Ejemplo: Isabel – ¡Sí! ¡Me apunto! Va a ser genial. ¿Llevo algo?

4 Escribe

Cuatro amigos reciben la invitación electrónica de Sebastián y la declinan. Escribe los comentarios que cuelgan en la red con sus nombres.

Ejemplo: Roberto – ¡Lo vais a pasar fenomenal! Me da mucha pena, pero no puedo ir porque estoy en una conferencia en Madrid el día del entierro. ☹

¿Sabías que…?

En España es raro que los jóvenes salgan de fiesta antes de medianoche.

Se encuentran en casa de alguien o salen a cenar a las nueve y media o diez. Hacen sobremesa hasta las once y media o doce y entonces salen a tomar unas copas, y después a una discoteca.

Discotecas y bares no cierran hasta la madrugada, y volver a casa a las cinco, seis o siete de la mañana es lo habitual.

5 Lee

Estos son algunos elementos habituales en fiestas. ¿Son esenciales o secundarios? Divídelos según tu opinión.

la gente	la comida
la música	el entretenimiento
el ambiente	la decoración
el local	el tema
la pista de baile	el presupuesto

6 Habla

Compara tu respuesta de la actividad anterior con la de un compañero. ¿Hay diferencias? Justifica tu clasificación de elementos esenciales y secundarios.

Ejemplo: Pienso que lo esencial es la música porque no puedo vivir sin música.

Vocabulario

Opiniones

lo bueno	lo fundamental
lo malo	lo importante
lo mejor	lo imprescindible
lo peor	lo secundario
lo esencial	lo normal

Ejemplo: Lo imprescindible en una fiesta es la música.

7 Habla

Debate: ¿Crees que tener un buen presupuesto es importante para preparar una fiesta con éxito?

1 Prepara una presentación de un minuto presentando tu opinión.

2 Presenta tu opinión al resto de la clase.

3 Escucha la presentación de un estudiante de opinión contraria.

4 Cuestiona su argumento y defiende el tuyo durante cinco minutos.

5 Responde a las preguntas de tus compañeros.

8 Escucha

Según los jóvenes, ¿qué no debe faltar nunca en una buena fiesta? Toma nota de los elementos que mencionan y la información adicional que entiendas.

Ejemplo: 1 La música, mucha gente, mucha comida, una pista de baile y espacio.

9 Lee

Sebastián quiere preparar al menos un plato típico para su fiesta. Completa los espacios en blanco con las palabras de los recuadros. ¡Atención! Sobran palabras.

Las papas arrugadas:

Lava bien las <u>*patatas*</u> y colócalas en una cazuela de [1]______ caliente. Añade la sal gorda y deja hervir 30–40 [2]______. Cuando las patatas estén tiernas, sácalas y pásalas por agua [3]______ para cortar la cocción. Seca las patatas con papel y colócalas en la cazuela [4]______ pero sin agua a fuego medio y añade sal y [5]______. Menea la cazuela con suavidad durante [6]______ minutos mientras las patatas se arrugan.

agua • caliente • cinco
fría • minutos • papel
patatas • pimienta

El mojo:

Fríe los [7]______ de ajo y ponlos en el vaso de la batidora. En el mismo aceite, dora el [8]______ en trocitos pequeños, separa y pon con los ajos. Echa el aceite sobrante en el vaso y [9]______ los cominos, el pimentón, la sal, la pimienta, la cayena y [10]______ de agua, y bate hasta que parezca puré. Incorpora los [11]______ morrones al puré con el aceite y el vinagre. Pasa todo por la [12]______. Prueba el mojo y rectifica de sal.

añade • batidora • dientes
pan • pimientos • rectifica
separa • un poco

Papas arrugadas con mojo

Ingredientes:

- 1 kilo de patatas pequeñas
- 5 dientes de ajo
- 1/2 cucharada de comino molido
- 2 cucharadas de pimentón
- 5 rebanadas de pan del día anterior
- 50 ml de aceite de oliva virgen extra
- sal y pimienta (al gusto)
- 1 chorrito de vinagre balsámico
- 1 chorrito de vinagre de vino blanco
- cayena molida (al gusto)
- 5 pimientos morrones grandes de lata
- agua
- 250 g de sal gorda

10 Escribe

Te has ofrecido a ayudar a Sebastián a organizar su fiesta. ¿Qué tipo de texto te parece más adecuado escribir?

E. ***Durante la fiesta de Sebastián, los amigos consideran las opciones para sus próximas vacaciones***

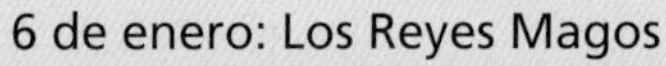

Calendario cultural hispano

enero

6 de enero: Los Reyes Magos

febrero

El Carnaval de Gran Canaria

marzo

La Semana Santa

julio

7–14 de julio: Los Sanfermines

agosto

La Fiesta de la Pachamama

septiembre

11 de septiembre: La Diada de Cataluña

1 Lee

1 Lee el calendario e identifica de qué festival se trata.

1. Es un festival religioso de los incas que se celebra en el solsticio de verano y se conoce como el Festival del Sol. Se celebra en los Andes, particularmente en Perú. Se hacen ofrendas a los dioses para asegurar una buena estación para las cosechas.
2. Se conmemora la caída de Barcelona a manos borbónicas tras catorce meses de sitio en 1714. La derrota resultó en la abolición de las instituciones catalanas que se restablecieron definitivamente en 1980. Se reclama el reconocimiento de los derechos y libertades de esa región.
3. Es una tradición muy antigua de origen azteca. En este día los mexicanos honran a sus difuntos decorando sus tumbas con flores. Se celebra en familia y se cocinan las comidas preferidas de los muertos, que se llevan a las tumbas como regalos.
4. Es una tradición de origen quechua donde se da de comer a la Madre Tierra para que produzca buenos frutos. Se hace un gran pozo, donde se tiran los alimentos y bebida que se quieren ofrecer a la tierra. Luego se tapa y se da de fumar a la tierra.
5. Se conmemora la llegada de Cristóbal Colón al continente americano el 12 de octubre de 1492. Se celebra la unión de los dos mundos: Europa y América. Se puede disfrutar de eventos enfocados al intercambio de culturas, costumbres y tradiciones.
6. Se conmemora la pasión, muerte y resurrección de Jesucristo. Se ha convertido en una de las principales fiestas de Andalucía (España). Se celebra con grandiosas procesiones por las calles llenas de solemnidad y colorido.

Gramática en contexto

Verbos impersonales

Se celebra(n)

Se conmemora(n)

Se conoce(n)

Se hace(n)

Se ofrece(n)

Se puede(n)

Los mexicanos celebran el Día de los Muertos en noviembre.

En México ***se celebra*** *el Día de los Muertos en noviembre.*

2 Disfrazarse estimula la inteligencia y la imaginación de los niños. ¿Estás de acuerdo? ¿Por qué?

Cuaderno de ejercicios 10/10, 10/11

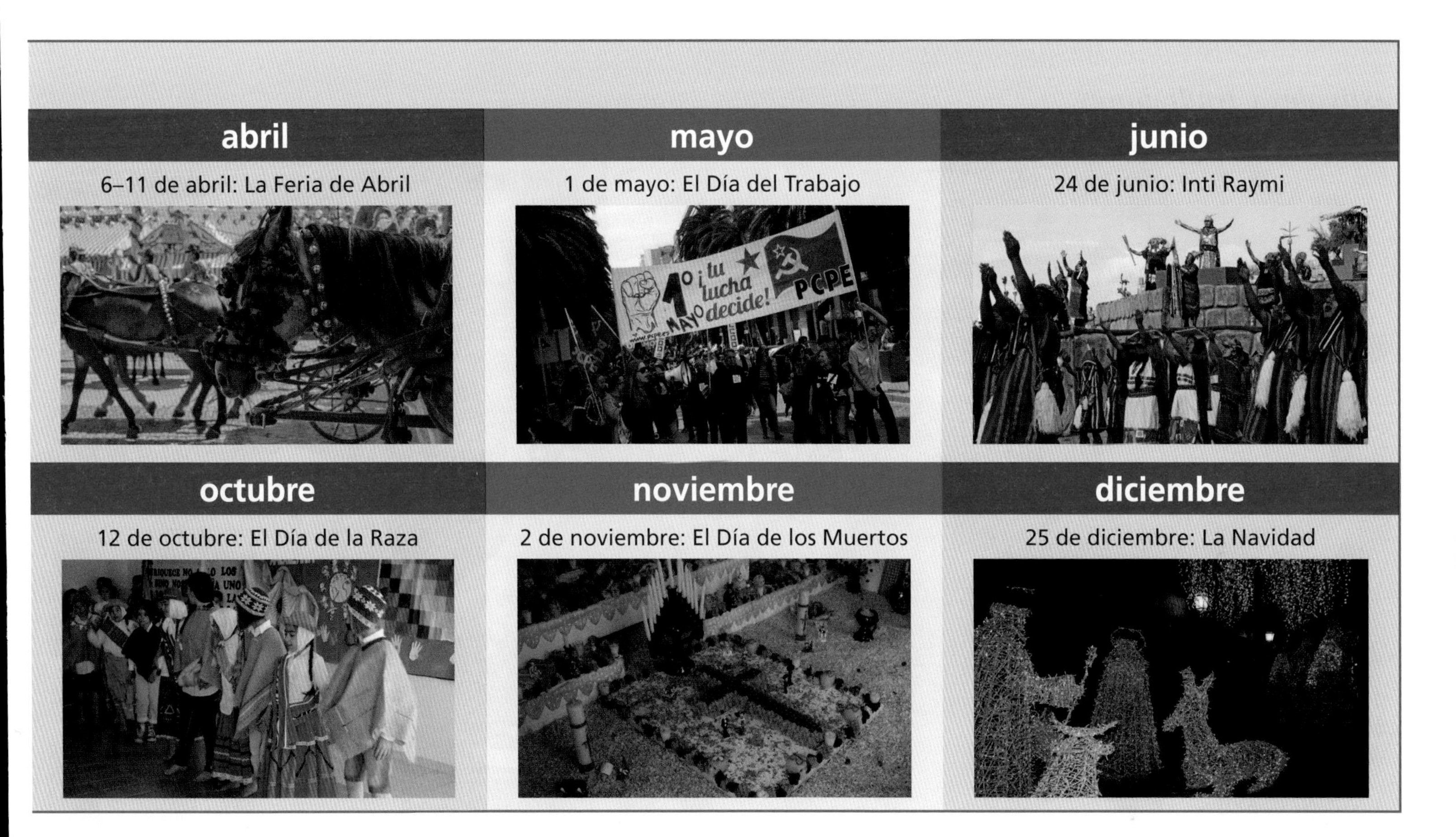

2 Escribe y habla

Habla con un compañero. Considera las tradiciones y festivales de tu país y elabora un calendario cultural. ¿Cómo se compara con el calendario en estas páginas?

1 ¿Hay fechas o celebraciones que son iguales?
2 ¿Hay más o menos eventos?
3 ¿Son las fiestas de un perfil parecido? ¿Religioso? ¿Histórico?

3 Escribe

Ahora elige tres celebraciones de tu calendario y escribe una descripción similar a las de la actividad 1.

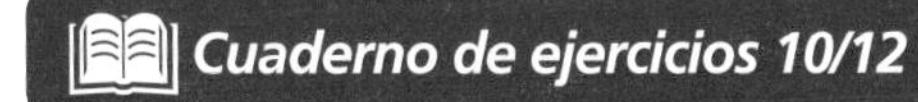

4 Escucha

Decide si las frases siguientes son verdaderas (V) o falsas (F). Contesta basándote en el audio. Corrige las frases falsas.

Ejemplo: 1 F – Elena, la amiga de Lorena, vive en Córdoba.

1 Lorena vive en Córdoba.
2 Es una persona bastante religiosa.
3 Va a quedarse en casa durante las vacaciones.
4 La amiga de Lorena va a participar en las procesiones del Domingo de Ramos.
5 Va a ver las procesiones con los padres de Elena.
6 El hermano de Elena va a vivir en Nueva York.
7 Se dice que Córdoba es una ciudad muy bonita.
8 Elena va a trabajar durante la Semana Santa.
9 Elena va a ir a la Mezquita con Lorena.

5 Investiga y escribe

El chico de la foto es Hugo. Hugo va a pasar sus primeras fiestas de Navidad en las islas Canarias. Escribe diez frases a Hugo en futuro inmediato para decirle cómo se celebran las Navidades en España.

Ejemplo: El 24 de diciembre vas a ir a la misa del gallo a medianoche.

Repaso

Festivales y tradiciones

1 Habla

¿De qué trata la foto? Prepara una presentación de 1 a 2 minutos.

Después prepárate para contestar preguntas sobre:

- La importancia de los festivales y las tradiciones
- Sus ventajas y desventajas
- Tu tradición o celebración favorita
- Tus recuerdos infantiles de las celebraciones
- Tu opinión sobre alguna tradición hispánica que conozcas.

PUNTO DE REFLEXIÓN

¿Cómo se celebran las fiestas tradicionales en tu cultura?

Con un compañero, comparte la fiesta tradicional que te gusta más y justifica tu respuesta.

¿Crees que es importante transmitir las fiestas tradicionales de tu cultura a las nuevas generaciones? Justifica tu respuesta.

De compras

Unidad 11

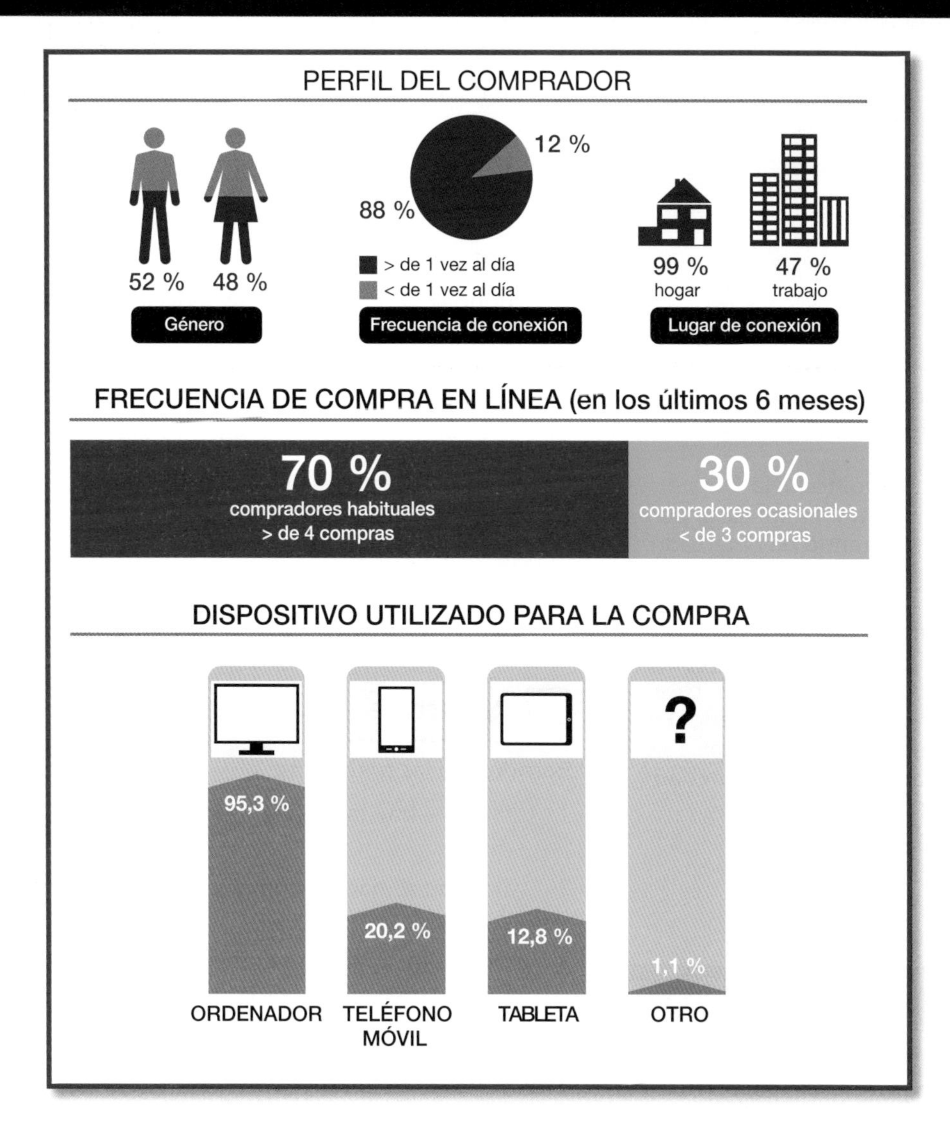

Ingenio humano

- Entretenimiento

Teoría del Conocimiento

¿Hasta qué punto comprar cosas nos hace más felices?

Creatividad, Actividad y Servicio

¿Cómo era la vida antes de la revolución tecnológica? Invita a un grupo de abuelos de los alumnos de tu clase para que os muestren cómo era su vida cotidiana sin artefactos tecnológicos.

Gramática

- Números ordinales
- Formas impersonales
- Diminutivos
- Pronombres (objeto directo)
- Pretérito imperfecto y pretérito indefinido

PUNTO DE REFLEXIÓN

¿Qué importancia tienen las compras en tu vida?

1 Para empezar

Lee la información de los gráficos. ¿A qué se refieren estos porcentajes?

1	***95,3 %***	C
2	88 %	
3	70 %	
4	52 %	
5	30 %	
6	20,2 %	

- **A** Compradores habituales que hacen más de 4 compras en 6 meses
- **B** Hombres que compran en Internet
- **C** ***Utilizan el ordenador para hacer compras en Internet***
- **D** Utilizan el móvil para hacer compras en Internet
- **E** Compradores ocasionales que hacen menos de 3 compras en 6 meses
- **F** Se conectan a la red más de una vez al día

2 Habla

Habla con tu compañero sobre el perfil del comprador, la frecuencia de compra en línea y el dispositivo utilizado para la compra. ¿Cuáles son los datos que te han sorprendido más? ¿Por qué?

A. *Un grupo de estudiantes de bachillerato habla sobre las compras en sus lugares de origen*

Jordi

Yo vengo de un pueblecito en el interior de Cataluña que se llama Calaf. Como no tenemos ningún centro comercial en el pueblo, todavía hay una cantidad considerable de tiendas independientes. En mi casa, por ejemplo, se hace la compra el sábado por la mañana cuando hay mercado. Mi madre compra la fruta y la verdura en el mercado, luego se acerca a la pescadería, al estanco, a la carnicería, a la tienda de ultramarinos y finalmente a la tienda de congelados y la panadería de camino a casa. La tienda de ultramarinos le trae cajas con su compra cuando hacen el reparto a media tarde, así no tiene que cargarlo todo ella. Generalmente, en casa ya tenemos el pan encargado, por lo que solo es cuestión de recogerlo. En el pueblo todo el mundo se conoce y hacer la compra es algo muy sociable. Imagino que para algunas personas mayores la compra es su oportunidad principal de relacionarse con los demás, aunque yo lo encuentro muy tedioso y prefiero ir a un hipermercado, aunque tenga que conducir cuarenta minutos, y comprar todo en un mismo sitio donde nadie me conoce y puedo ir más rápido.

Gramática en contexto

Diminutivos

Los diminutivos se utilizan primordialmente para indicar tamaño pequeño o mostrar cariño.

En español los diminutivos más comunes se hacen con los sufijos **-ito/-ita** o **-ecito/-ecita**.

Vivo en un pueblecito de doscientos habitantes.

Mi hermanito va a cumplir dos años.

Vimos un gatito abandonado en la calle.

Las tiendecitas de la calle principal son muy coquetas.

1 Lee

1 Lee el texto. Habla con tu compañero y decide si el texto es formal o informal. ¿A quién está dirigido?

2 Encuentra los nombres de los seis tipos de tiendas que menciona Jordi. ¿Qué se puede comprar en estas tiendas?

Ejemplo:

La pescadería: En la pescadería se puede comprar pescado y marisco.

2 Lee y escribe

Lee otra vez y elige las seis frases correctas. Justifica tu respuesta con unas palabras del texto.

1 Jordi es catalán.
2 En Calaf hay un hipermercado.
3 En su pueblo no hay muchas tiendas pequeñas.
4 En Calaf hay mercado una vez a la semana.
5 La madre de Jordi compra el pescado en el supermercado.
6 Algunas tiendas tienen un servicio de reparto a domicilio.
7 En algunos sitios se puede encargar la compra con antelación.
8 Comprar en los centros comerciales sería una desventaja para la gente mayor.
9 A Jordi le gusta la manera de hacer las compras en Calaf.
10 El hipermercado más cercano está a más de media hora del pueblo.

3 Escribe

Responde a las preguntas.

1 ¿Por qué hay tantas tiendas independientes en Calaf?
2 ¿Cuándo se hace la compra en casa de Jordi? ¿Por qué?
3 ¿Qué servicio adicional ofrece la tienda de ultramarinos a sus clientes? ¿Por qué?
4 ¿Por qué es rápida la compra en la panadería?
5 ¿Cómo describe Jordi hacer las compras en el pueblo? ¿Qué ejemplo da?
6 ¿Cómo prefiere hacer las compras él? ¿Por qué?

4 Escribe y comprende

1 Haz seis comparaciones entre Calaf y tu pueblo o barrio.

Ejemplo:

*En Calaf hay **más** tiendas independientes **que** en...*

Hacer las compras en Calaf es...

2 ¿Por qué puede apetecer más comprar en Internet que en una tienda o en un centro comercial? ¿Qué sueles hacer tú? ¿Y tu familia?

Cuaderno de ejercicios 11/1, 11/2

¿Sabías que...?

España es uno de los países de Europa con más metros cuadrados de espacio dedicados a los centros comerciales. Uno de los más grandes es el centro comercial Puerto Venecia en Zaragoza con 206 000 metros cuadrados. Los nuevos centros comerciales son lugares de compras, pero también de ocio y descanso para toda la familia.

5 Habla

¿Cuáles crees que son las ventajas y desventajas de comprar en los centros comerciales? Comparte tus ideas con tus compañeros.

6 Lee y escucha

Lee y escucha la entrevista con Teresa, una empleada de un gran centro comercial en Madrid. ¿Qué ventajas y desventajas de los centros comerciales menciona? ¿Crees que es una entrevista en una radio o para un artículo de un periódico? ¿Por qué?

Ventajas	Desventajas
Comprar todo en un mismo lugar	

Periodista: ¡Hola, Teresa! ¿Por qué crees que comprar en centros comerciales es tan popular hoy en día?

Teresa: Bueno, todos estamos muy ocupados y centros comerciales como Carrefour ofrecen muchas ventajas.

Periodista: ¿Cuál crees que es la ventaja más grande?

Teresa: No estoy muy segura… Creo que hay dos ventajas principales: el hecho de que puedes comprar todo en un mismo lugar, pero también el hecho de que siempre puedes aparcar. Con frecuencia aparcar cerca de las tiendas en un pueblo o ciudad puede ser difícil.

Periodista: Comprar en un hipermercado, ¿sale más barato?

Teresa: Sí, normalmente los precios son más bajos porque al pertenecer a grandes multinacionales nos beneficiamos de economías de escala que no son accesibles a los negocios familiares. Por otro lado, también tenemos una gama más amplia de productos, de manera que los hay para todos los presupuestos.

Periodista: ¿Qué más ventajas hay?

Teresa: Yo diría que otra ventaja es el horario de apertura porque nosotros no cerramos al mediodía y permanecemos abiertos hasta tarde. En cambio, las tiendas y supermercados en los pueblos y ciudades del territorio español cierran a la una y media o a las dos y no abren hasta las cuatro y media o las cinco. A menudo, también se ven obligados a cerrar por completo dos o tres semanas al año para las vacaciones familiares, puesto que no sería viable continuar abiertos si parte de la plantilla no está.

Periodista: ¿Piensas que los hipermercados tienen desventajas?

Teresa: Bueno, pienso que hacer las compras en un hipermercado puede ser un poco impersonal porque le falta el trato más humano y cercano que ofrecen las tiendas de barrio. Además, los centros comerciales tienden a estar a las afueras de las ciudades en polígonos industriales o comerciales, así que tienes que coger el coche o el autobús para ir.

7 Escribe y habla

Debate: ¿Estás a favor o en contra de los centros comerciales?

1. Tienes cinco minutos para tomar unas notas claves sobre tu punto de vista.
2. Presenta tu punto de vista en 60–90 segundos.
3. Defiende tu argumento frente a un compañero que no comparta tu opinión durante 3–5 minutos.
4. Tus compañeros y tu profesor decidirán quién fue más convincente.

¿Sabías que...?

En España la mayoría de los comercios pequeños cierran durante mediodía. También muchos colegios tienen un descanso largo al mediodía, y luego continúan por la tarde, aunque en partes del país esto está cambiando y los colegios ya tienen horario ininterrumpido. El almuerzo es la comida principal del día, por lo que tradicionalmente nadie trabajaba durante estas horas del día. ¿Cómo es en tu país?

B. *Como parte de su investigación, los estudiantes de bachillerato visitan el rastro de Madrid y consideran los hábitos de los consumidores*

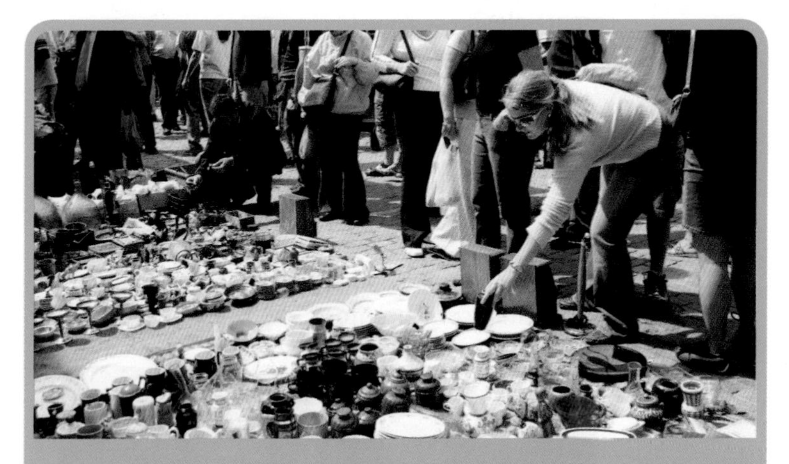

El Rastro es un mercado al aire libre de fama internacional, que se celebra los domingos y festivos en el barrio de La Latina en el centro histórico de Madrid, en España. Sus orígenes se remontan a medianos del siglo XVIII y originalmente era un mercado de segunda mano.

Los centros comerciales son muy populares en Madrid. La gente no solo va a comprar en sus grandes supermercados, sino que también pasa el día con la familia para ir al cine, a los restaurantes o a la bolera. Hay también la posibilidad de comprar ropa de marca y se llenan siempre cuando es temporada de rebajas.

1 Lee

Lee las descripciones de las fotos. ¿Dónde preferirías hacer tus compras? ¿Por qué?

Ejemplo: Preferiría hacer mis compras en…

2 Lee y escribe

Une las dos partes de los consejos para regatear con éxito. ¡Cuidado! Hay dos frases que sobran.

1	***No sonrías…***	*I*
2	Si vas acompañado de otra persona, pactad de antemano…	
3	Muestra curiosidad por varios productos…	
4	Como precio de salida…	
5	Utiliza la calculadora…	
6	Regatea solamente…	
7	Ten paciencia porque si quieres un buen precio…	
8	Haz que no estás interesado y…	

- **A** quien va a regatear más de los dos.
- **B** si tienes intención de comprar algo.
- **C** si quieres tener amigos.
- **D** vas a tener que tomártelo con calma.
- **E** ofrece la mitad de lo que estás dispuesto a pagar.
- **F** para que el artículo en el que estás interesado no sea obvio.
- **G** vete esperando que te llamen al cabo de unos metros.
- **H** para crear tensión.
- ***I*** ***para que el vendedor te tome en serio.***
- **J** con menos comida.

¿Sabías que…?

Regatear: negociar un precio más bajo

El regateo es típico del Rastro y otros mercados españoles y latinoamericanos.

3 Lee y habla

1. Ordena los consejos de la actividad anterior según tu opinión sobre su efectividad.
2. Comparte tus respuestas con tus compañeros y justifícalas.

4 Habla

¿Se regatea en tu país? ¿Conoces otros países donde sea frecuente el regateo? Habla con tu compañero.

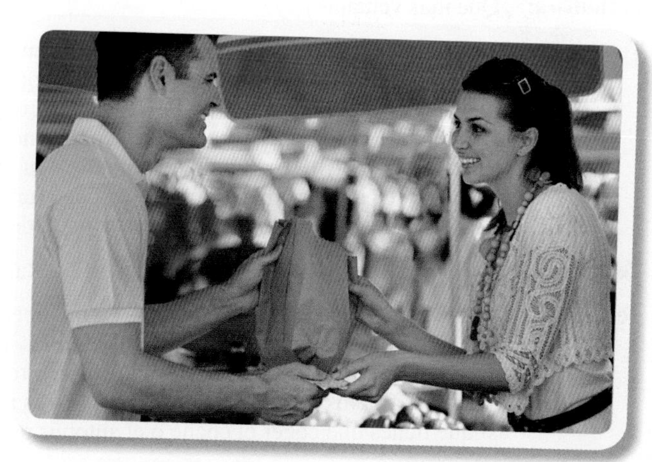

5 Escucha

Escucha una primera vez. ¿Qué están investigando los jóvenes? Escucha una segunda vez y completa las frases con las palabras del recuadro. ¡Atención! Sobran dos palabras.

aumentado • churros
comida • disminuido
fracasaron • frecuente
nunca • popular • prohíbe

1 El joven habla sobre la ____ en la calle.
2 En América Latina comer en la calle es muy ____ .
3 Los restaurantes de comida rápida en Bolivia ____ .
4 En España se ____ la venta de comida en la calle.
5 La venta de ____ permanece legal porque es tradicional.
6 La cantidad de locales que proporcionan comida para llevar ha ____ .
7 En el rastro de Madrid es ____ ver gente comiendo en la calle.

6 Investiga y escribe

La revista del colegio prepara una edición especial sobre la gastronomía preferida por los jóvenes en el mundo. Busca en Internet detalles sobre las preferencias y hábitos de comida de los jóvenes de un país o países de tu elección.

Escribe un texto de entre 70 y 150 palabras. Elige el tipo de texto adecuado y el registro apropiado.

DIRECTORIO GRANDES ALMACENES LAS PALMERAS	
PLANTA 6	DEPORTES. Cafetería. Restaurante.
PLANTA 5	MODA JOVEN ÉL. Juguetes. Agencia de Viajes. Cajeros.
PLANTA 4	MODA JOVEN ELLA. LENCERÍA. Novias.
PLANTA 3	MODA INFANTIL. BEBÉS. ZAPATERÍAS.
PLANTA 2	MODA HOMBRE. MENAJE DE COCINA. MESA Y REGALOS. ELECTRODOMÉSTICOS.
PLANTA 1	MODA MUJER. TEXTIL HOGAR. Centro de Seguros. Baño.
PLANTA BAJA	PERFUMERÍA. COSMÉTICA. SUPERMERCADO. JOYERÍA. RELOJERÍA. BISUTERÍA. Electrónica. Librería. Espacio de Cine. Espacio de Música. Telefonía. Videojuegos. Reprografía y Estudio Fotográfico. Taller de Relojería. Duplicado de Llaves. Reparación de Calzado. Prensa. Venta de Entradas. Servicio de Atención al Cliente.
SEMISÓTANO	COMPLEMENTOS. Bolsos. Medias. Estanco. Óptica. Oficina de Correos.
SÓTANO	SALUD Y BELLEZA MUJER. Peluquería Mujer.
APARCAMIENTO	APARCAMIENTO morado APARCAMIENTO verde APARCAMIENTO amarillo APARCAMIENTO naranja: nuevo servicio de recogida gratuito de los pedidos en línea del supermercado. Taller del Automóvil. Taller de Motos. Lavado de Coches y Motos.

7 Lee

Lee el directorio de secciones de los grandes almacenes. Con un compañero intenta deducir el significado de las diferentes secciones. Verifica tus respuestas en el diccionario.

8 Lee

Lee las frases y decide qué planta es la más adecuada.

Ejemplo: 1 Aparcamiento naranja

1 Necesito lavar el coche, está muy sucio.
2 Quiero reservar un vuelo a Quito.
3 Me gustaría comprar unos CD.
4 Quiero comprarme unas sandalias nuevas.
5 Necesito sacar dinero.
6 Quiero comprar un regalo para mi madre. Le gusta mucho cocinar.
7 Quiero comprar el periódico.
8 Necesito comprar unas sábanas.
9 Quiero comprar algo de comida para mi fiesta.

9 Habla

Inventa otras frases y túrnate para compartirlas con un compañero que deberá buscar en la sección adecuada de los grandes almacenes.

Ejemplo: Quiero comprar un mantel nuevo y servilletas para la mesa del comedor.

C. *Los estudiantes de bachillerato observan de cerca el comportamiento de los consumidores*

¿Sabías que...?

Cada país tiene su propio sistema de tallas. En España y Latinoamérica se compra la ropa por tallas, los zapatos por números, y otros artículos por tamaño. Generalmente, la mayoría de países latinoamericanos siguen el mismo sistema que España, aunque México tiene el suyo propio. Por ejemplo, una talla 34 en España es una 22 en México. ¿Cómo es en tu país?

Ropa	Talla 36, 38, 40, 42... pequeña, mediana, grande, extra grande
Zapatos	Número 36, 37, 38, 39...
Otros artículos	Tamaño pequeño, mediano, grande, extra grande

Conversación 1

- ¿Le puedo ayudar?
- Busco unos vaqueros de la **talla** 38.
- ¿Le gustan estos?
- No me gusta demasiado el color. ¿Me los puedo probar?
- Sí, claro. Aquí tiene.

...

- ¿Cómo le quedan?
- Me quedan bien, pero no me gustan en azul. ¿Los tiene en negro?
- No, lo siento, este modelo solamente lo hacen en azul.
- ¡Qué pena! Los voy a dejar, no me convencen.

Conversación 2

- ¿Le gustan estos zapatos? ¿Se los lleva?
- ¿Cuánto valen?
- 124,99 €.
- ¡Son un poco caros! ¿Hay **descuento** para estudiantes?
- Lo siento, no hay descuentos.
- Parece que tienen una **tara** aquí, ¿la ve?
- No, no la veo.
- ¿No me puede hacer un descuento porque están defectuosos?
- No, lo siento. Si tienen una tara no puedo vendérselos, puedo buscarle otros del mismo número si lo desea.
- No, gracias. Son demasiado caros para mí.
- Si busca algo más barato, hay descuentos de final de **temporada** al fondo.

Conversación 3

- ¿Dónde está la **caja**, por favor?
- Al fondo a la izquierda. ¿La ve?
- Sí, gracias.

...

- Hola, buenos días.
- Hola, a ver... son 58 €. ¿Va a pagar en **efectivo** o con **tarjeta de crédito**?
- ¿Aceptan **cheques**?
- No, lo siento, ya no los aceptamos.
- Entonces voy a pagar con tarjeta, gracias.
- Muy bien, aquí tiene, teclee su contraseña por favor.

...

- Aquí tiene su **recibo**. Que tenga usted un buen día.

Conversación 4

- Hola, ayer compré estas pastillas para mi madre, pero parece que no son las correctas.
- Vaya, eso pasa... ¿Desea cambiarlas o quiere un **reembolso**?
- No tengo el recibo porque ya lo he tirado...
- Bueno, sin recibo me temo que no hay reembolsos, tan solo **cambios**.
- Está bien, las cambiamos entonces.

1 Escucha

1. Escucha una primera vez: ¿a qué foto se refiere?
2. Escucha otra vez y responde a las preguntas.
   - **A** ¿Qué pregunta la clienta?
   - **B** ¿Cuál es el problema?
   - **C** ¿Cómo se soluciona el problema?
   - **D** ¿Al final compra el artículo la clienta?

2 Lee

Lee las conversaciones. ¿Usan un tono formal o informal? ¿Cómo lo sabes? Empareja cada conversación con la foto más adecuada. ¡Atención! Sobra una foto.

3 Lee

Lee de nuevo los diálogos anteriores y busca el título que les corresponda. Justifica cada una de tus respuestas. ¡Atención! Sobran dos títulos.

A Cancelar el vuelo
B Devolución de un producto
C Formas de pago
D Negociación del precio
E Probarse ropa
F Pedir la cuenta

4 Lee

¿Qué significan las palabras en negrita de las cuatro conversaciones sobre el tema de las compras? Fíjate en el contexto y comprueba tus respuestas en el diccionario.

*Ejemplo: Busco unos vaqueros de la **talla** 38.*

talla: medida convencional asociada con la ropa

5 Lee

Basándote en las conversaciones, completa el cuadro siguiente como en el ejemplo.

En la frase...	el pronombre...	sustituye a...
¿Me **los** puedo probar?	los	*los vaqueros*
¿**Los** tiene en negro?	los	
... solamente **lo** hacen en azul.	lo	
los voy a dejar.	los	
¿Se **los** lleva?	los	
No, no **la** veo.	la	
... no puedo vendérse**los**.	los	
¿**La** ve?	la	
... ya no **los** aceptamos.	los	
... no son **las** correctas.	las	
... ya **lo** he tirado.	lo	
... **las** cambiamos entonces	las	

Cuaderno de ejercicios 11/3, 11/4, 11/5

6 Lee y escribe

Lee la conversación 1 y contesta las preguntas.

Ejemplo: 1 La clienta quiere comprar unos vaqueros de la talla 38.

1 ¿Qué artículo quiere comprar la clienta?
2 ¿Qué se prueba la clienta?
3 ¿Cuál es el problema?
4 ¿Qué decide la clienta?

Gramática en contexto

Pronombres (objeto directo)

Sustituyen al objeto directo para evitar la repetición del vocabulario.

*Compro **las flores**. Compro las flores en la floristería de la calle Mayor.*

*Compro **las flores**. **Las** compro en la floristería de la calle Mayor.*

*Me pruebo **el vestido** para decidir si me compro el vestido.*

*Me pruebo **el vestido** para decidir si me **lo** compro.*

	Masculino	Femenino
Singular	lo	la
Plural	los	las

7 Lee y habla

Lee la conversación 2 y explica a un compañero:

- El problema
- El resultado

8 Lee y escribe

Lee la conversación 3. ¿Verdadero o falso? Justifica tus respuestas con extractos de la conversación.

1 La clienta pregunta dónde está la caja.
2 Tiene que pagar más de sesenta euros.
3 La tienda no acepta cheques.
4 La clienta paga en efectivo.

9 Lee y escribe

Lee la conversación 4. Completa estas frases con la palabra correcta para que tengan sentido.

1 La clienta compró unas _______ para su madre.
2 Por desgracia no _________ las correctas.
3 La clienta ya no tiene el ____________.
4 Por eso, la clienta no __________ obtener un reembolso.

10 Habla

Imagínate que tienes un problema con algo que has comprado. Cuéntaselo a tu compañero (que tiene el papel de dependiente de una tienda).

D. *Los estudiantes de bachillerato entrevistan a sus familiares y consideran nuevas tendencias y cambios*

¿Compras en línea o no? Entrevista a dos generaciones.

Beatriz, 62 años

Bueno, la verdad es que yo prefiero como se hacían las compras hace 40 años, cuando yo era joven. Íbamos a las tiendas del pueblo y allí los dependientes nos ayudaban a encontrar lo que queríamos. Si no encontrábamos aquello que queríamos en una tienda, íbamos a la de al lado. En realidad, todo era bastante accesible y podíamos ir a pie a los sitios. En alguna ocasión, si quería algo que no podía encontrar en el pueblo, entonces lo compraba a contra reembolso en algún catálogo.

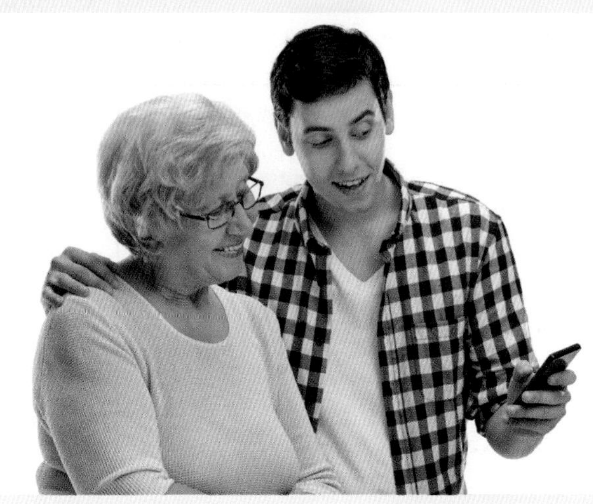

Cuando necesitábamos comprar electrodomésticos o aparatos eléctricos, tenías la oportunidad de preguntar todo lo necesario al vendedor y, aunque tenías que elegir de entre una gama más limitada, la calidad era mejor y sabías que si había cualquier problema podías volver a la tienda y te lo solucionarían.

Antes, los centros comerciales y polígonos comerciales no existían. Comprábamos en nuestras tiendas locales, lo que significa que los comerciantes nos conocían de toda la vida y por eso nos trataban mucho mejor. Ahora, ni hablamos con nadie y con todo automatizado, a veces ¡no hay ni cajero! Quizás sí que hay más para elegir, pero la calidad de los productos no es la que era.

Ayer Sebastián me convenció para que hiciera la compra por Internet porque estaba demasiado cansada para ir al hipermercado. Hicimos la compra desde su móvil y admito que fue fácil y rápido. Es práctico, no lo niego; pero no me gusta demasiado porque no puedo ver y tocar lo que compro hasta que llega y, claro está, las devoluciones y cambios son más complicados. Además, me da miedo el fraude y siempre me preocupa comprar en una tienda que en realidad no existe o que los datos de mi identidad y tarjeta de crédito no se mantengan seguros.

Sebastián, 22 años

Entiendo lo que dice mi madre, pero personalmente creo que es mucho más fácil hacer las compras ahora que antes. No hace falta que salgas de casa: te conectas y ¡ya está! Comprar por Internet tiene muchas ventajas y generalmente tienes mucho más donde elegir y a mejor precio. Además, te permite comparar productos y precios rápidamente, y siempre puedes encontrar códigos de descuento, rebajas y gangas.

Cuando compro ropa o zapatos, por ejemplo, con frecuencia lo que hago es ir a la tienda y probarme lo que quiero, pero después lo compro en línea porque así no tengo que hacer cola en la caja ni cargar con la bolsa si no voy directo a casa. Si no tengo tiempo de ir a la tienda, pido más de lo que necesito para poder probármelo y después devuelvo lo que no quiero. Además, la mayoría de las tiendas de ropa ofrecen cuentas en línea con facilidades de pago, así que no importa si es final de mes.

Comprar en línea no me preocupa porque siempre puedes leer las críticas de otros clientes antes de comprar. Además, por lo que se refiere a la seguridad en la red, hoy en día todos nuestros datos circulan encriptados y la mayoría de las tarjetas de crédito y otros métodos de pago en línea aseguran al comprador contra el uso fraudulento de sus cuentas.

En la actualidad, la mayoría de tiendas ya tienen su sitio web, incluso los supermercados e hipermercados. De hecho, poder hacer la compra en línea tiene la ventaja de que puedes controlar lo que gastas pues no haces compras impulsivas de productos que no necesitas y te llaman la atención al pasar por delante.

¡Oh! Además, si compras por Internet no tienes que preocuparte de los horarios de apertura.

Por **Elena Salazar** y **Marco García**

1 Lee, escribe y comprende

Lee el texto: ¿Qué tipo de texto es? ¿Cuáles son sus características? Contesta las preguntas.

1. ¿Dónde hacía sus compras Beatriz cuando era joven?
2. ¿Por qué le gustaba más?
3. ¿Qué hacía si no encontraba el artículo deseado en el pueblo?
4. ¿Qué desventaja menciona en relación a la compra de electrodomésticos en el pueblo?
5. ¿Por qué parece no importarle esta desventaja?
6. ¿Qué no le gusta de los centros comerciales?
7. ¿Ha comprado en línea en alguna ocasión?
8. ¿Qué le preocupa de comprar en línea?

2 Lee

¿Por qué crees que Beatriz utiliza la forma del imperfecto al principio del texto? Justifica tu respuesta.

3 Lee y escribe

Identifica al menos tres ejemplos del uso del imperfecto en el texto anterior para describir el pasado y tres donde describa acciones repetidas en el pasado.

*Ejemplo: Descripción: "cuando yo **era** joven"*

Acción repetida: "íbamos a las tiendas del pueblo"

Gramática en contexto

Pretérito indefinido

Expresa una acción en un momento específico del pasado y que ya ha acabado: *Hicimos la compra desde su móvil.*

Verbos *-ar*		Verbos *-er / -ir*	
compré	compramos	convencí	convencimos
compraste	comprasteis	convenciste	convencisteis
compró	compraron	convenció	convencieron

Verbos irregulares			
ser / ir	**hacer**	**tener**	**poder**
fui	hice	tuve	pude
fuiste	hiciste	tuviste	pudiste
fue	hizo	tuvo	pudo
fuimos	hicimos	tuvimos	pudimos
fuisteis	hicisteis	tuvisteis	pudisteis
fueron	hicieron	tuvieron	pudieron

*Ayer **compré** una bici nueva.*
*José no **pudo** venir a la fiesta.*

4 Lee

Lee otra vez lo que dice Beatriz. ¿Cuándo utiliza el pretérito indefinido? Encuentra y escribe tres ejemplos.

5 Lee

Lee el punto de vista de Sebastián y contesta las preguntas.

1. Según Sebastián, ¿cuáles son las ventajas principales de comprar en línea?
2. ¿Para qué va a la tienda cuando quiere comprar ropa? ¿Por qué no la compra allí?
3. ¿Qué hace cuando no tiene tiempo de ir a la tienda?
4. ¿Qué ventaja ofrecen las tiendas de ropa si compras en línea?
5. ¿Por qué no le preocupa la seguridad de la red?
6. ¿Por qué sale más barato hacer la compra en línea?
7. ¿Qué otra ventaja menciona?

6 Escribe

¿Estás de acuerdo con las opiniones de Beatriz y Sebastián en el texto anterior? Escribe ocho de los puntos mencionados expresando acuerdo o desacuerdo. Justifica tu opinión.

Ejemplo: No estoy de acuerdo con Beatriz cuando dice que la calidad de los productos era mejor porque...

7 Escucha

Escucha lo que dicen estos consumidores. ¿Están a favor o en contra de las compras por Internet? Justifica tu respuesta.

8 Escucha

Escucha otra vez. ¿Qué joven menciona...?

1. El miedo a recibir un artículo diferente al comprado
2. El miedo a pagar, pero no recibir el artículo
3. Las críticas de otros consumidores
4. La eficacia de comprar en la red

9 Habla

El último joven dijo: "Nunca he comprado nada en la red por temor a un fraude o a que me den lo que no era. Pienso que comprar cara a cara siempre será más seguro". ¿Estás de acuerdo? Defiende tu opinión delante de tus compañeros.

Vocabulario

Expresar acuerdo

Estoy de acuerdo

Soy de la misma opinión

Por supuesto

¡Muy bien dicho!

Expresar acuerdo parcial

No estoy de acuerdo al cien por cien

No lo veo muy claro

Puede ser, pero...

Expresar desacuerdo

No estoy de acuerdo

No tiene sentido

No lo veo como tú

¡No digas tonterías! (informal)

¡Tú estás loco! (informal)

Tu argumento no tiene ni pies ni cabeza. (informal)

¡No sabes lo que dices! (informal)

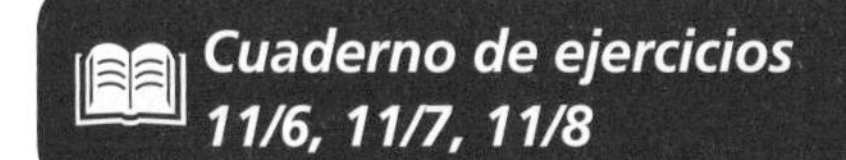
Cuaderno de ejercicios 11/6, 11/7, 11/8

E. *Los estudiantes de bachillerato investigan las compras en Internet con más detalle*

El consumo en Internet en España

Un estudio reciente ha concluido que nueve de cada diez españoles utilizan ahora Internet a diario.

Casi dos terceras partes de los españoles se encuentran satisfechos con su experiencia de comprador en Internet aunque una quinta parte de estos han tenido alguna experiencia negativa, principalmente debido al tiempo de espera para recibir el producto.

Una tercera parte de los españoles considera que el precio es un factor fundamental para volver a realizar una compra en Internet, asimismo como la satisfacción con la primera compra efectuada. Poco más de una cuarta parte piensa que la facilidad del uso del sitio web es un factor vital.

Por el momento, nueve de cada diez consumidores utiliza su ordenador u ordenador portátil para hacer sus compras en Internet, seguido por el uso del móvil en una quinta parte de ocasiones, y algo más de una de cada diez compras se hacen desde una tableta.

El estudio indica que solo una tercera parte de los internautas que compran en Internet conocen el sistema de reembolso, y solamente uno de cada diez lo utiliza, aunque seis de cada diez de los encuestados que lo desconocían mostraron interés en empezar a utilizarlo.

Juan Manuel Ramos

Vocabulario

Fracciones

¼ un cuarto

⅓ un tercio

½ la mitad

⅔ dos tercios

¾ tres cuartos

Vocabulario

Números ordinales

$1^{o/a}$ primero/a	$8^{o/a}$ octavo/a
$2^{o/a}$ segundo/a	$9^{o/a}$ noveno/a
$3^{o/a}$ tercero/a	$10^{o/a}$ décimo/a
$4^{o/a}$ cuarto/a	$11^{o/a}$ undécimo/a o decimoprimero/a
$5^{o/a}$ quinto/a	$12^{o/a}$ duodécimo/a o decimosegundo/a
$6^{o/a}$ sexto/a	$13^{o/a}$ décimo/a tercero/a
$7^{o/a}$ séptimo/a / sétimo/a	$14^{o/a}$ décimo/a cuarto/a

1 Lee

Lee el texto e identifica la proporción adecuada. ¿De qué texto se trata? ¿De un artículo de periódico o de una entrada de blog? ¿Por qué?

Ejemplo: Españoles que se conectan a la red cada día. 9/10

1. Nivel de satisfacción con las compras en Internet.
2. Consumidores en Internet que han tenido una experiencia indeseable.
3. Españoles que consideran el bajo coste como razón principal para volver a comprar en una página web.
4. Españoles que dan más importancia a la simplicidad de uso de la página web.
5. Hacen sus compras en Internet desde un ordenador.
6. Hacen sus compras en Internet desde un móvil.
7. Hacen sus compras en Internet desde una tableta.
8. Están familiarizados con el sistema de reembolso.
9. Planean empezar a utilizar el sistema de reembolso.

2 Habla

Mira el sumario resultante de la actividad 1. ¿Hay algún dato que te sorprenda? Discute con un compañero.

Ejemplo: Me sorprende que nueve de cada diez españoles utilicen el ordenador para comprar porque creo que en mi país las tabletas son más comunes.

3 Escribe

Prepara una encuesta de cinco a ocho preguntas sobre los hábitos de compra de tus compañeros en la red. Incluye lo siguiente:

- La frecuencia de compra
- El tipo de producto
- La forma de pago
- Los problemas que han tenido
- Sus opiniones

4 Habla

Lleva a cabo tu encuesta y toma notas sobre los resultados del sondeo.

5 Escribe

Escribe un texto de entre 70 y 150 palabras presentando tus resultados. ¿Qué tipo de texto te parece mejor escribir? Habla con un compañero.

6 Investiga y escribe

Los estudiantes de bachillerato te han pedido que colabores con ellos y les ayudes con su investigación sobre el consumo en Internet. Utiliza la red para buscar información sobre el consumo en Internet en tu país. Debes escribir 100 palabras como mínimo. ¿Vas a escribir un artículo de opinión o un informe? ¿Por qué?

1. Describe las tendencias nacionales según tu investigación.
2. Compara la situación nacional con los resultados del sondeo a tus compañeros.
3. Reflexiona acerca del significado de tus comparaciones.

7 Lee y escribe

Lee los diez consejos del texto sobre seguridad en las compras por Internet y escribe la palabra adecuada para cada uno.

antelación • antivirus
certificado de seguridad • contraseñas
gangas • garantía • investigación
letra pequeña • privacidad
tarjeta de crédito

8 Escribe

Lee los consejos e identifica los cinco que piensas que son más importantes. Escríbelos en orden de importancia.

9 Habla

Trabaja en grupo. Comparte tu respuesta de la actividad anterior con tus compañeros y justifica por qué piensas que son los consejos más importantes.

10 Habla y comprende

1. Prepara y presenta un discurso de 1 a 2 minutos sobre la seguridad en la red. Incluye:
   - Ventajas
   - Desventajas
   - Tu experiencia
   - Tu opinión personal
2. ¿Te parece importante conocer las normas de comportamiento relacionadas con el uso de la tecnología? ¿Por qué?

Diez consejos para mantener tu seguridad mientras compras en línea

Asegúrate que tu [1]_____ está al día y es de una marca con buena reputación. Si utilizas una conexión inalámbrica, asegúrate que está protegida con una contraseña.

Utiliza [2]_____ pues generalmente tienes mejor protección contra transacciones fraudulentas que con tu tarjeta de débito, donde tú eres el responsable si te roban el número.

Compra con suficiente [3]_____ para tener la certeza que tu producto va a llegar cuando lo necesites pues no hay nada peor que tener que comprar un regalo de último momento y con prisas cuando ya se ha comprado algo perfecto pero que no ha llegado.

Crea y actualiza tus [4]_____ en Internet evitando nombres, cumpleaños y otras palabras obvias. Asegúrate que contienen una combinación de números y letras u otros caracteres.

¡Atención con las [5]_____! Sé cauteloso con correos electrónicos de páginas desconocidas que ofrecen grandes ofertas o descuentos. Pueden ser estafas cibernéticas con el objetivo de conseguir tus datos personales.

Haz tu propia [6]_____. Utiliza variedad de fuentes y páginas de comparación de precios y lee las críticas de otros usuarios para asegurarte que esa ganga te va a ahorrar dinero.

Asegúrate que has leído la [7]_____. Con frecuencia las bases y condiciones de compra varían sustancialmente entre comercios y empresas.

Compra solamente en páginas de web que tiene [8]_____.
Generalmente *https* indica que la página tiene una conexión segura.

Ten cuidado con tus datos personales como dirección y número de teléfono. Protege tu [9]_____ y solo divulga tus datos si la página es segura y confías en ella.

Asegúrate que la tienda ofrece [10]_____ de entrega e imprime o guarda los correos electrónicos que confirman tu pedido.

Repaso

¿Dónde y cómo comprar? Compara las opiniones

El horario comercial debería ser más extenso. ¡Las tiendas deberían estar abiertas 24 horas al día!

Soraya

Antes había menos variedad en las tiendas locales, pero la calidad de los productos y del servicio al consumidor era mucho mejor que ahora.

Carlos

Dentro de veinte años en los centros de las ciudades no quedarán tiendas, ya que todas se habrán ido a los polígonos de las afueras.

Luis

Comprar en las tiendas independientes es demasiado caro. Se compra mejor en los grandes centros comerciales o en Internet.

Jenny

Es esencial poder ver y tocar el producto antes de comprarlo.

Ana

En Internet puedes encontrar más variedad de precios y calidad para todos los públicos.

Íñigo

Es demasiado arriesgado dar tus datos bancarios por Internet, te arriesgas a ser víctima de fraude.

Hugo

Somos una sociedad adicta al móvil. Pronto no podremos hacer las compras sin él.

Maribel

1 Lee

Lee lo que dicen los jóvenes y toma nota de tu opinión (1–4).

4 = totalmente de acuerdo

3 = más bien de acuerdo

2 = más bien en desacuerdo

1 = totalmente en desacuerdo

2 Habla

Discute tu puntuación con un compañero. Justifica tus opiniones.

3 Escribe

Escribe las ventajas y desventajas de comprar en cada uno de estos lugares.

Las tiendas independientes del barrio

Los hipermercados y centros comerciales

En Internet

4 Habla

Elige un tipo de comercio y prepara una presentación de 2 a 3 minutos defendiendo el tipo de comercio de tu elección. Tu profesor y el resto de la clase van a hacer de *abogados del diablo* y van a intentar revocar tus argumentos a favor de otros tipos de comercio.

PUNTO DE REFLEXIÓN

¿Qué importancia tienen las compras en tu vida? Con un compañero, habla de tus lugares de compra preferidos y justifica tu punto de vista.

¿Estáis de acuerdo?

Salud y bienestar

Unidad 12

Donación Mundial de Sangre:

- 107 millones de unidades de sangre recogidas anualmente

Suministro:

- 65 % de donaciones en países desarrollados donde vive el 25 % de la población mundial
- <1 % tasa de donación
- 25 % de donaciones son no remuneradas de donantes voluntarios (las más seguras).
- 1 000 000 de donaciones remuneradas
- 41 países no realizan pruebas de detección para infecciones transmisibles por transfusión como hepatitis, VIH o sífilis.

El objetivo de la OMS*:

- Conseguir que para el 2020 el 100 % de las donaciones de sangre sean voluntarias y no remuneradas.

*OMS: Organización Mundial de la Salud

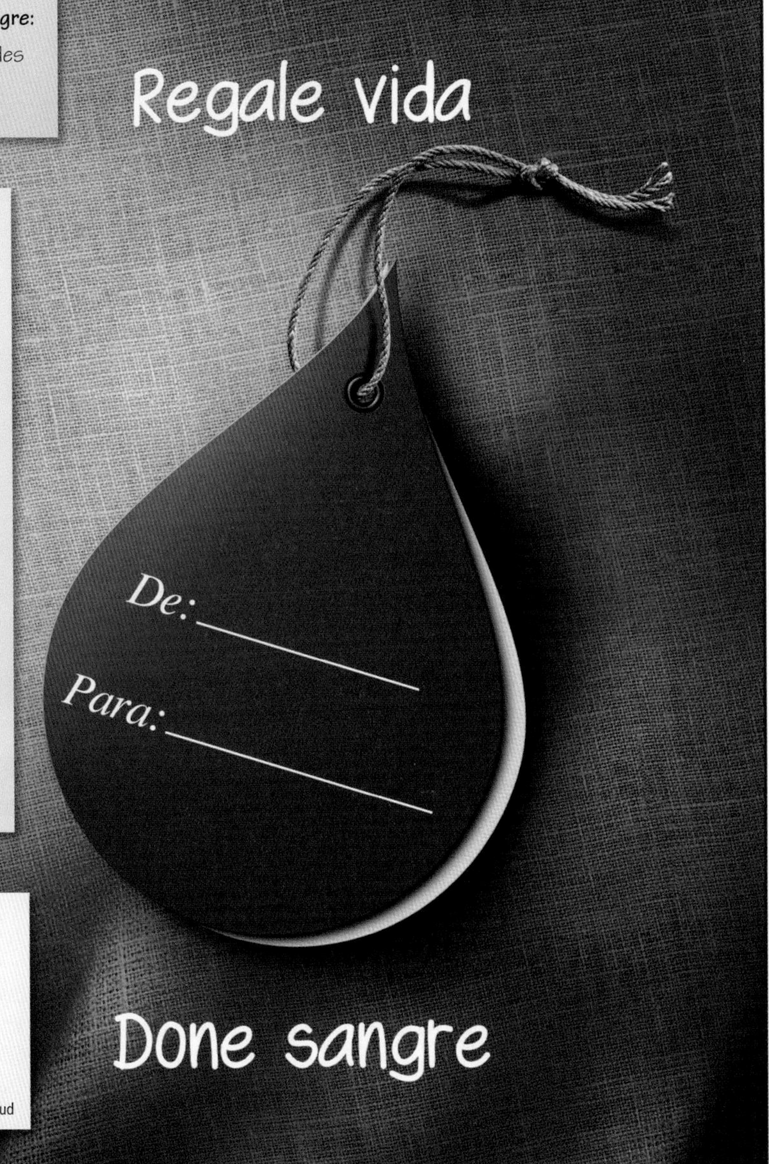

Identidades

- Bienestar físico
- Comida y bebida

Teoría del Conocimiento

¿Cómo afecta socialmente el mal hábito de fumar?

Creatividad, Actividad y Servicio

Emprende una campaña con folletos y un vídeo de tu creación promoviendo hábitos saludables entre los jóvenes. Invita a un experto en medicina preventiva para dar una charla sobre el tema a los alumnos de tu clase.

Gramática

- Pretérito perfecto
- Verbo *doler*
- Verbos modales (continuación)

PUNTO DE REFLEXIÓN

¿Qué es lo más importante para tener una vida saludable?

1 Para empezar

¿Cuál es el propósito del cartel? ¿Qué problemas se mencionan? Discute con tus compañeros en grupos de 3 o 4.

2 Habla

Responde a las preguntas y discute con tu compañero.

- ¿Te sorprenden las estadísticas?
- ¿Eres donante? ¿Por qué?
- ¿Debería ser obligatorio donar sangre?

A. *Estudiantes de bachillerato: Prácticas laborales con un médico de cabecera*

1 Lee

Nombra las partes del cuerpo de la foto con las palabras de vocabulario del recuadro. Hay tres palabras de más. ¿Qué significan?

1 2 3 4 5 6 7 8 9 10 11 12 13 14 15 16 17 18 19 20

Vocabulario

Partes del cuerpo

la boca	los dedos	los oídos / las orejas
los brazos	los dientes / las muelas	los ojos
el pelo	la espalda	el pecho
la cabeza	el estómago	los pies
las caderas	la garganta	las piernas
la cara	los hombros	las rodillas
los codos	las manos	los tobillos
el cuello	la nariz	

A

F
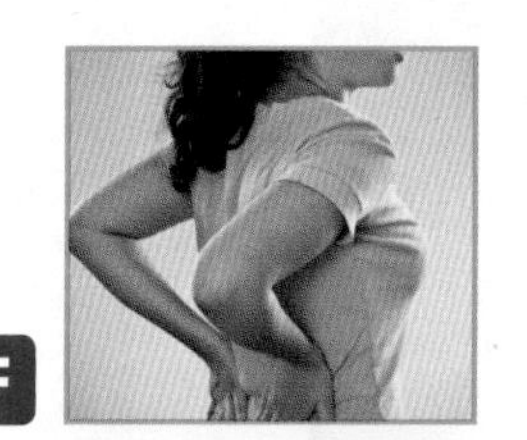

B

G

C
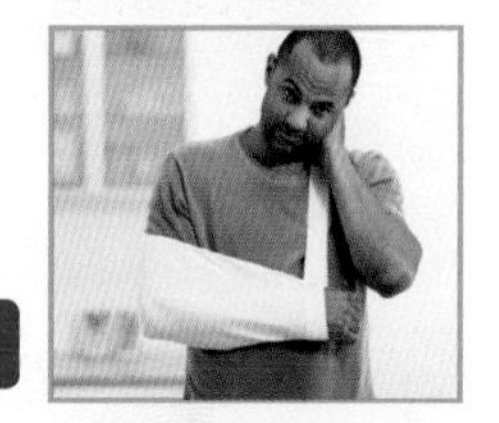

H
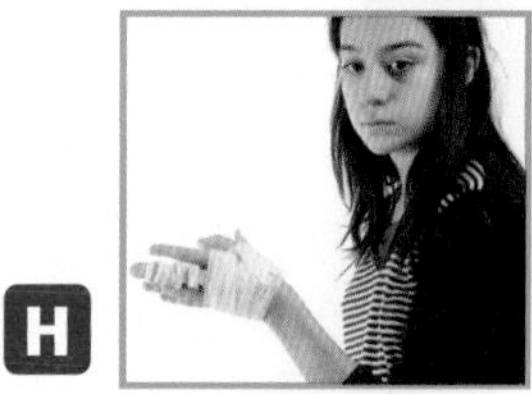

D
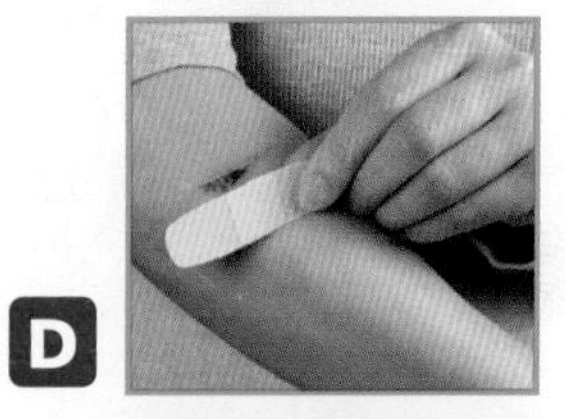

I

E
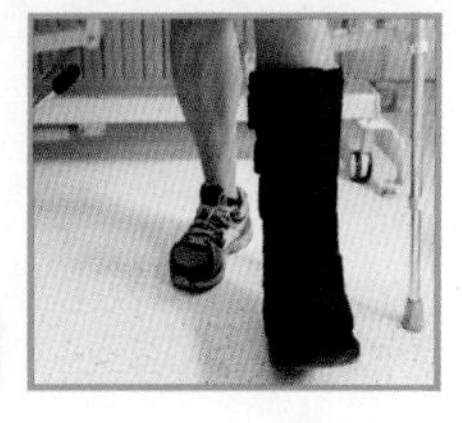

J

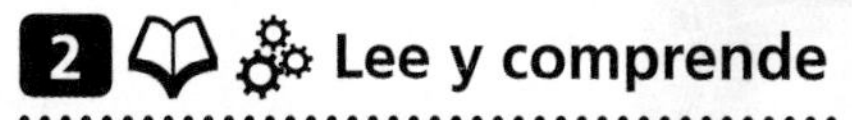

2 Lee y comprende

1 En la consulta, el doctor atiende a sus pacientes. ¿Qué les pasa a estas personas? Lee las frases y emparéjalas con las fotos adecuadas. ¡Atención! Sobran cuatro fotos.

Ejemplo: 1 B

1. Me duele la rodilla.
2. Me duelen los dientes.
3. Tengo dolor de estómago.
4. Me he roto el brazo.
5. Me he fracturado el pie.
6. Me he hecho un corte en el brazo.

2 ¿Crees que el deporte puede prevenir dolores y enfermedades en el futuro? ¿Por qué?

Gramática en contexto

El verbo *doler*

me / te / le / nos / os / les — duele(n)

***Me** duele la cabeza.*

*Al niño **le** duele**n** los diente**s**.*

3 Escribe

Ahora escribe las frases para los cuatro jóvenes que sobran en la actividad anterior.

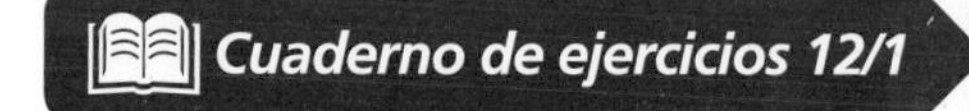
Cuaderno de ejercicios 12/1

4 Lee

Por la tarde los estudiantes colaboran en una clínica de atención inmediata en un colegio rural. Lee y empareja las dolencias con el remedio más adecuado. !Atención! Sobran remedios.

1 ***He cogido una insolación en la playa.*** [G]

2 Me he hecho un corte con un papel. [ ]

3 Tengo calor y frío, creo que tengo fiebre. [ ]

4 Me he dado un golpe en el ojo, me va a quedar un ojo morado. [ ]

A ¡Pon la mano bajo el grifo de agua fría y ponte esta crema!

B ¡Toma estas pastillas de miel y limón!

C ¡Ponte una tirita para que no se infecte!

D ¡Tómate unas aspirinas y métete en la cama!

E ¡Abrígate bien y toma este jarabe!

F ¡Ponte una bolsa de guisantes congelados un rato!

G ***¡Bebe mucha agua y descansa!***

Gramática en contexto

Pretérito perfecto

he
has
ha
hemos
habéis
han
} + participio

-ar → -ado

-er / -ir → -ido

dar → *He dado el jarabe al niño.*

tener → *He tenido fiebre tres días.*

Participios irregulares

abierto (abrir), cubierto (cubrir), dicho (decir), escrito (escribir), hecho (hacer), muerto (morir), puesto (poner), resuelto (resolver), roto (romper), visto (ver), vuelto (volver)

5 Escucha

Escucha los problemas y el consejo del médico. ¿Crees que utiliza un registro formal o informal? ¿Por qué? Completa la tabla.

Problema	¿Desde cuándo?	Recomendación médica
1 *resfriado y tos*	*3 días*	*abrigarse, jarabe 3 veces al día, una semana*

Cuaderno de ejercicios 12/2, 12/3, 12/4

6 Lee

Los estudiantes discuten las causas de mortalidad infantil con el pediatra. Lee el artículo. ¿De qué trata?

La mitad de las muertes infantiles se pueden evitar

La OMS (Organización Mundial de la Salud) afirma que la mitad de las 2000 muertes infantiles diarias resultado de hechos involuntarios o accidentes se podrían evitar con simples medidas de prevención.

Entre los 10 y los 19 años, la causa principal de muerte son los accidentes de tránsito por la falta del uso del casco y cinturones de seguridad.

En el mundo, 480 niños mueren ahogados cada día porque juegan en zonas con piscinas o balsas de agua sin vallas y sin chalecos salvavidas disponibles, o acceso a una prestación de primeros auxilios rápida en caso de emergencia.

La falta de alarmas contra humo, encendedores con dispositivos de seguridad y reguladores de la temperatura del agua caliente resultan en unos 260 niños fallecidos a diario, víctimas de quemaduras por llamas y líquidos calientes.

Más de un centenar de niños mueren cada día por causa de caídas por la falta de dispositivos de seguridad en las ventanas y el uso de equipos especialmente diseñados en las zonas de recreo.

Hay 125 fallecimientos diarios por intoxicación, para lo que cierres de seguridad serían la solución.

Por desgracia, la pobreza es responsable de la mayoría de las muertes, pues los niños tienen que sobrevivir en condiciones más peligrosas, sin espacios seguros para jugar.

7 Lee

Lee el artículo y completa la tabla. ¿Puedes recordar las características de los artículos?

Número diario de fallecidos	Razón de los fallecimientos	Métodos de prevención mencionados
indefinido	*accidentes de tránsito*	*uso del casco* *uso de cinturones de seguridad*

8 Habla

¿Te sorprende el artículo? ¿Cuáles crees que son las razones más comunes de accidentes infantiles en tu país? Discute con tus compañeros.

9 Escribe

Escribe un texto de entre 70 y 150 palabras al alcalde de Potosí pidiendo medidas de precaución. Elige el texto más apropiado. ¿Vas a usar un tono formal o informal?

B. *Los estudiantes de bachillerato asisten a una conferencia sobre la situación global de la salud en la adolescencia*

1 Habla

Lee lo que dice la doctora Gutiérrez. ¿Estás de acuerdo? ¿A qué hábitos se refiere? ¿Se pueden evitar?

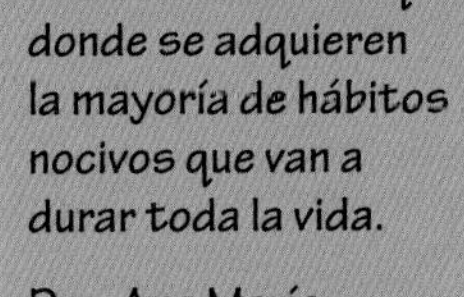

En el ciclo de la vida, la segunda etapa más vulnerable es la adolescencia: es aquí donde se adquieren la mayoría de hábitos nocivos que van a durar toda la vida.

Dra. Ana María Gutiérrez Saavedra

Algunas de mis amigas todavía fuman porque creen que si dejan de hacerlo van a subir de peso. Según ellas, tener un cigarrillo en las manos evita que coman, pero no se dan cuenta del daño que le están causando a su cuerpo y lo desagradable que es este hábito.

Bueno, yo pienso que es bastante normal que los adolescentes tengan sobrepeso, puesto que muchos no hacen suficiente ejercicio para quemar la grasa que comen en su dieta compuesta de comida rápida y comida basura.

Odio ver a mis amigos borrachos. No todos bebemos, pero parece ser que la sociedad piensa que no sabemos disfrutar si no es tomando bebidas alcohólicas y emborrachándonos cada vez que salimos. Es una situación muy triste.

Los jóvenes nos sentimos presionados por los padres, la sociedad, los profesores, los amigos... Por lo que es habitual que muchos nos sintamos tristes, inseguros y con pocos recursos para tener éxito en nuestra vida.

 2 Lee

Estos son los problemas discutidos en la conferencia. Empareja los problemas con las definiciones.

1 El tabaquismo
2 El alcoholismo
3 La drogadicción
4 La depresión
5 La obesidad

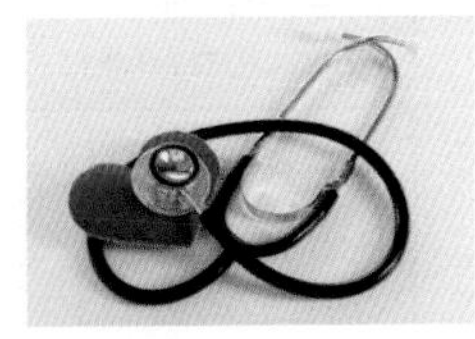

A Es una enfermedad que consiste en la adicción a las bebidas alcohólicas, lo que causa su dependencia física.

B Es una afección de tipo crónico caracterizada por el exceso de grasa en el organismo.

C Es un trastorno psíquico que acentúa los sentimientos negativos como la infelicidad o la tristeza.

D Es un daño de características crónicas, resultado de la adicción a los cigarrillos causada por la nicotina que contienen.

E Es una enfermedad consistente en la dependencia de sustancias que afectan directamente al sistema nervioso central, afectando el estado de ánimo, el comportamiento, la percepción y las emociones.

3 Lee, escribe y comprende

1 Lee lo que dicen los adolescentes. Contesta las preguntas según lo que mencionan.

   1 Según algunas chicas, ¿cuál es la consecuencia de dejar de fumar y por qué razón?

   2 ¿El sobrepeso es consecuencia de la combinación de qué dos elementos?

   3 ¿Qué consecuencia tiene el hecho de que algunos jóvenes se emborrachen?

   4 ¿Cuáles son los motivos/las causas de los altos niveles de depresión y ansiedad de los jóvenes?

2 ¿Los jóvenes del mundo tienen todos los mismos problemas de salud? ¿Por qué puede variar?

¿Sabías que...?

El 112 es el número de asistencia al ciudadano en cualquier tipo de emergencia en la Unión Europea. En Ecuador, Costa Rica y México también se utiliza el 112.

4 Escucha y lee

En la conferencia se discuten los accidentes de tráfico, sus causas y consecuencias. Escucha esta llamada a los servicios de emergencia y lee su transcripción. Después contesta las preguntas.

- ¿Qué ha pasado?
- ¿Dónde?
- ¿Por qué ha ocurrido?
- ¿Hay heridos? ¿Cuáles son sus heridas?
- ¿Qué instrucciones da la operadora?
- ¿Qué va a ocurrir después de la conversación?

- *Servicio de emergencia, ¿qué servicio precisa?*
- Ambulancia, por favor… hemos tenido un accidente, un coche con dos jóvenes salió de una esquina sin mirar.

- *Servicio de ambulancia, dígame dónde se encuentra usted.*
- En la avenida de la Torre, cerca de la calle Oquendo. Mi amigo está herido, creo que tiene una pierna rota y le sale sangre de la cabeza. Está inconsciente.

- *¿Y usted, está bien?*
- Pues no lo sé. Estoy asustado y me duele el brazo, pero creo que no tengo nada roto.

- *¿Hay otros heridos?*
- Creo que no. El conductor y el pasajero del otro vehículo están borrachos, pero no parecen heridos porque están fuera del coche cantando y riendo.
- *Muy bien, no se mueva y no intente mover a su amigo, una ambulancia y la policía van a llegar en cinco minutos. Deme su nombre, por favor…*

5 Lee y escribe

Lee de nuevo la conversación y rellena la ficha con los detalles del accidente. Inventa los datos que no se mencionan.

6 Escribe

Con un compañero, utiliza la conversación de la actividad 4 como modelo para escribir vuestra propia conversación.

7 Lee

En la conferencia sobre salud en la adolescencia se discute el tema de los hábitos del sueño. Lee el texto y completa los espacios en blanco con los siguientes verbos. ¡Atención! Sobran verbos.

beber • dormir • hacer
jugar • organizar • reducir
tomar • ver

8 Lee y escribe

Lee los consejos sobre el dormir. ¿Los sigues? Utiliza verbos modales para escribir cinco frases sobre tus hábitos.

Ejemplo: Creo que no duermo lo suficiente, **debo dormir** *más.*

9 Escribe

Vuelve a leer la afirmación de la doctora Gutiérrez. Escribe un artículo (entre 70 y 150 palabras) para la revista del colegio profundizando sobre el tema de la salud de los adolescentes. Considera algunos de los aspectos mencionados. Utiliza verbos modales como *poder*, *deber*, *tener que* o *haber que* (*hay que*...).

POLICÍA NACIONAL DE TRÁFICO

DECLARACIÓN PRELIMINAR DE ACCIDENTE EN CARRETERA

Fecha: ....

Hora: ....

Lugar: ....

Causa y circunstancias: ....

....

....

....

Daños materiales: ....

Número de heridos: ....

Heridas: ....

Firma: ....

Nombre y apellidos: ....

Soy la víctima ❑ Soy un testigo ❑

¿ERES DORMILÓN?

¡Culpa a la melatonina!

La melatonina, conocida como la hormona del sueño, se libera más tarde en el día en los adolescentes, lo que altera el ritmo cardíaco y a su vez el ciclo de sueño y vigilia, por lo que los jóvenes se duermen más tarde y se despiertan más tarde.

Los adolescentes deberían dormir un promedio de nueve horas diarias y deberían seguir ciertos consejos:

Antes de acostarse, no se debe [1] *jugar* con la consola, [2]_____ la televisión o [3]_____ cualquier otra actividad estimulante.

Tienen que [4]_____ el consumo de cafeína, nicotina y otros estimulantes.

Deben [5]_____ dos o tres horas más de lo normal los fines de semana.

Deberían [6]_____ su agenda para que no tengan noches con demasiado que hacer.

C. *Los estudiantes de bachillerato analizan algunas estadísticas*

1 El tabaco todavía mata a casi 6 millones de personas cada año.

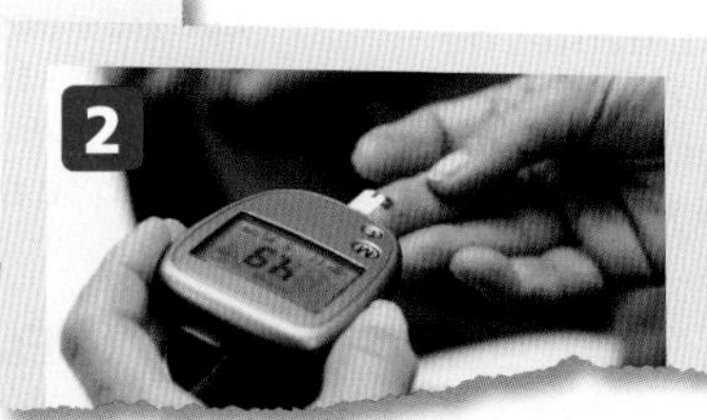

2 El 10 % de la población mundial es diabética.

3 Mueren a diario 3500 personas en accidentes de tráfico.

4 Los trastornos en la salud mental están entre las 20 causas principales mundiales de discapacidad.

5 Las enfermedades cardiovasculares: el asesino más perseguido globalmente.

6 Aumenta un 5 % el número de atendidos por la ingesta de alcohol en los botellones

A Globalmente, el 30 % de las muertes son a causa de enfermedades del corazón y los vasos sanguíneos que pueden resultar en infartos y derrames cerebrales que se pueden prevenir con una dieta sana, ejercicio físico y evitando el tabaco.

B La depresión afecta a unos 300 millones de personas en el mundo y menos de la mitad de ellas tienen acceso al tratamiento adecuado y a la sanidad pública.

C El crecimiento económico de los países en vías de desarrollo lleva al incremento de la cantidad de coches, lo que produce un incremento sustancial en la cantidad de lesiones y muertes en las carreteras.

D Más de cinco millones de fumadores activos y más de medio millón de fumadores pasivos mueren cada año. Si no actuamos, se espera que el número de víctimas alcanzará los ocho millones en el 2030.

E Casi uno de cada diez adultos en el mundo tiene elevados los niveles de glucosa en sangre en ayunas, lo que ocasiona un riesgo adicional de problemas de corazón y derrames. Las cifras están aumentando desde el año 2000 con más de 1,5 millones de muertos anuales el año pasado.

1 Lee

Los estudiantes utilizan la prensa para trabajar con datos reales. Lee estos titulares y empárejalos con el artículo al que se refieren. ¡Atención! Hay un titular de más.

2 Lee

Lee otra vez y contesta las preguntas.

1. ¿Para qué se recomiendan el ejercicio y la dieta sana?
2. ¿Por qué es un problema muy grande la depresión?
3. ¿Por qué son culpables de un porcentaje elevado de fallecidos en accidentes de tráfico los países en vías de desarrollo?
4. ¿Por qué es importante actuar contra el tabaquismo?
5. ¿Qué riesgos adicionales para la salud presenta la diabetes?

3 Escribe

Lee otra vez los titulares de los artículos.

1. Ordena los temas de más preocupante a menos preocupante según tu opinión.
2. ¿Qué tema te preocupa más? ¿Cuál te preocupa menos? Justifica tus respuestas.

   Ejemplo: En mi opinión, lo más preocupante son las enfermedades cardiovasculares porque están relacionadas con la dieta y la falta de ejercicio, lo que significa que, a medida que los países se desarrollan, también van a ser víctimas de estos problemas, pues la falta de ejercicio está relacionada con el acceso a nuevas tecnologías.

4 Habla

Contrasta tu lista con la de un compañero. ¿Estáis de acuerdo? Tenéis que justificar vuestras opiniones y llegar a un compromiso con una lista en común.

5 Investiga

Los estudiantes de bachillerato exploran las enfermedades de los países subdesarrollados. ¿Qué sabes tú del virus del Ébola? Utiliza Internet para investigar su brote más reciente.

Madrid es la sede de la primera muerte por virus del Ébola en Europa

Miguel Pajares [1] ha sido *(ser, pretérito perfecto)* la primera víctima mortal por virus del Ébola en Europa. [2]_____ *(morir, pretérito perfecto)* en el hospital La Paz-Carlos III de Madrid después de ser repatriado de Liberia, donde [3]_____ *(trabajar, imperfecto)* como misionero. Su cuerpo [4]_____ *(ser, pretérito perfecto)* incinerado sin autopsia previa, como lo [5]_____ *(requerir, presente)* el protocolo de esta enfermedad tropical para evitar su propagación.

Miguel Pajares [6]_____ *(contraer, pretérito indefinido – irregular)* la infección en Monrovia y su repatriación [7]_____ *(costar, pretérito indefinido)* alrededor de medio millón de euros, lo que [8]_____ *(generar, pretérito perfecto)* mucha polémica, pues no [9]_____ *(estar, imperfecto)* claro quién iba a pagar los gastos de repatriación, que finalmente [10]_____ *(costear, pretérito perfecto)* el Gobierno.

6 Lee

Lee el artículo de un periódico español sobre la primera muerte por el virus del Ébola en Europa. Conjuga los verbos que están entre paréntesis.

7 Lee

Decide si las siguientes afirmaciones son verdaderas (V), falsas (F) o si no se mencionan (NM)? Corrige las frases falsas.

Ejemplo: 1 V

1. Miguel Pajares es el primer paciente fallecido a causa del ébola en Europa.
2. Otro misionero le contagió el ébola a Miguel.
3. El misionero contrajo el virus trabajando en el hospital La Paz-Carlos III de Madrid.
4. La familia del misionero pudo visitarlo en el hospital antes de morir.
5. La familia del misionero solicitó que no se le hiciera la autopsia.
6. La repatriación de Pajares costó casi medio millón de euros.
7. El misionero fue repatriado en un avión del Ejército.
8. Finalmente, el Gobierno se hizo cargo del coste de la repatriación.

8 Escucha

Escucha a estos jóvenes. ¿Les preocupan las enfermedades tropicales como el ébola? ¿Por qué? Toma notas.

Ejemplo: Sí, porque no hay cura y tiene una tasa de mortalidad muy elevada.

9 Escribe

¿Te preocupan las enfermedades virales tropicales como el dengue, el ébola o la malaria? ¿Por qué? Escribe un texto de entre 70 y 150 palabras. Elige el tipo de texto más adecuado.

10 Investiga

Investiga y toma notas sobre cuáles son las principales causas de mortalidad en tu país. Debes mencionar como mínimo tres.

11 Habla

Prepara una presentación para compartir con tus compañeros el resultado de tu investigación. Prepárate para responder a sus preguntas al final de tu presentación.

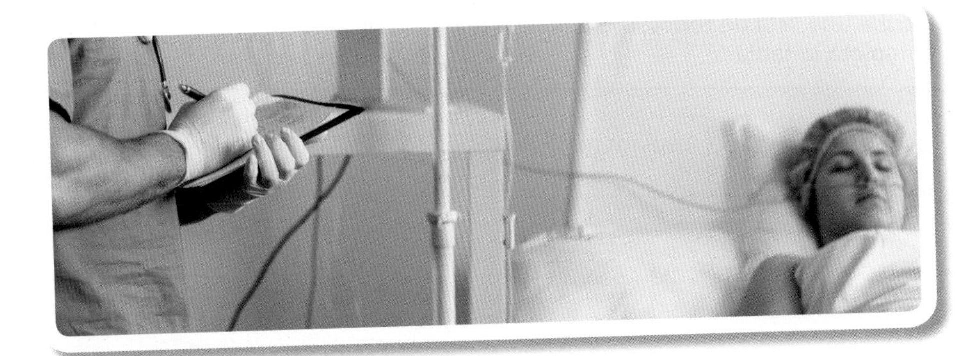

D. ***Los estudiantes de bachillerato estudian su módulo de nutrición y salud pública***

Cinco mitos sobre la malnutrición en Latinoamérica

MITO	CLARIFICACIÓN	INICIATIVA
1 La malnutrición es lo mismo que el hambre. 2 La malnutrición empieza al nacer. 3 No hay conexión entre la malnutrición y el SIDA. 4 Es fácil conseguir todos los nutrientes necesarios en la comida. 5 Los alimentos fortificados son genéticamente modificados.	A La buena nutrición debe empezar durante el principio del embarazo puesto que la malnutrición puede tener efectos devastadores en el útero llevando a discapacidades físicas y mentales. B En realidad no tienen nada que ver. Tan solo proporcionan micronutrientes y macronutrientes necesarios para el crecimiento y la salud, y para prevenir o tratar la malnutrición. C Sí, es posible, pero por desgracia con frecuencia no se da el caso ya que la gente no come una dieta suficientemente equilibrada por razones varias. D La buena nutrición ayuda a mejorar la vida de aquellos que viven con SIDA. E Hay mucha gente que come lo suficiente para sentirse lleno, pero aun así sufre de malnutrición porque a su dieta le faltan los nutrientes necesarios.	i En el 2014 el PMA* empezó un proyecto en Bolivia con el objetivo de apoyar a personas afectadas por el virus, proporcionándoles una cesta de comida al mes. ii El PMA* aborda este problema con la fortificación de alimentos, por ejemplo colaborando con el Gobierno de Panamá para fortificar el arroz, que es el alimento básico de su dieta. iii En Nicaragua el PMA* proporciona alimentos fortificados, aprendizaje e iniciativas de educación comunitaria sobre la nutrición para mujeres embarazadas y madres lactantes. iv Desde 1976 Colombia ha distribuido gratuitamente un supercereal llamado Bienestarina a los beneficiarios de los programas de bienestar familiar y la población más vulnerable del país. v En el 2004 el PMA* empezó un proyecto en Perú para luchar contra la anemia, donde más de 1 000 madres recibieron clases sobre cocina nutricional y un libro de recetas asequibles y fáciles pero muy ricas en hierro.

*PMA: Programa Mundial de Alimentos

1 Lee

Relaciona los mitos con sus clarificaciones e iniciativas relevantes.

Ejemplo: 1 E iv

2 Habla

¿Crees que la malnutrición existe en tu país? ¿Cuál crees que es la causa? ¿Tiene solución? Discute con el resto de la clase.

3 Escribe

Escribe una lista de todos los alimentos que has consumido en los últimos tres días. Completa la tabla.

Fruta	Verdura	Legumbres	Pescado	Lácteos	Alimentos ricos en almidón	Grasas	Bebidas

4 Escribe

Intercambia tu lista con un compañero. Escribe un informe evaluando el estado de su dieta y consejos para mejorarla. Utiliza verbos modales vistos en esta unidad. Debes escribir un mínimo de 100 palabras.

Ejemplo:

Comes una dieta sana porque... (no) comes/bebes poco/mucho/bastante/demasiado...

Tienes que comer más/menos... pues...

Vida verde

Para estar más sanos

Varios estudios muestran que una dieta vegetariana bien equilibrada refuerza el sistema inmunológico y, por tanto, puede prevenir y tratar enfermedades. Los vegetarianos son menos obesos, sufren menos diabetes y tienen tan solo la mitad de riesgo de morir de enfermedades cardiovasculares que aquellos que comen carne.

Comer más frutas y verduras, y menos productos animales, es más saludable porque se consumen más vitaminas y menos sustancias nocivas para la salud (como las grasas saturadas, el colesterol y las toxinas).

Para evitar el hambre del mundo

La consumición de productos animales dentro de los países desarrollados se condena porque es en gran parte responsable de las hambrunas que afectan a algunos países del tercer mundo. Esta dieta a base de carne es la manera menos eficaz para alimentar al planeta. Los países en vías de desarrollo producen el grano, pero este se utiliza para alimentar a los animales destinados a la alimentación de los países ricos y no para alimentar a las personas que se ven afectadas por la hambruna.

Para proteger a los animales y salvar al planeta

Ser vegetariano es decir ¡no! a la tortura de millones de animales como, por ejemplo, a la alimentación forzada de gansos o la cría de pollos en jaulas industriales. No debemos ignorar tal sufrimiento. Además, la ganadería industrial es perjudicial para el medio ambiente, ya que desperdicia agua y provoca la deforestación. Muchas personas se vuelven vegetarianas porque tienen la esperanza de evitar un desastre ecológico.

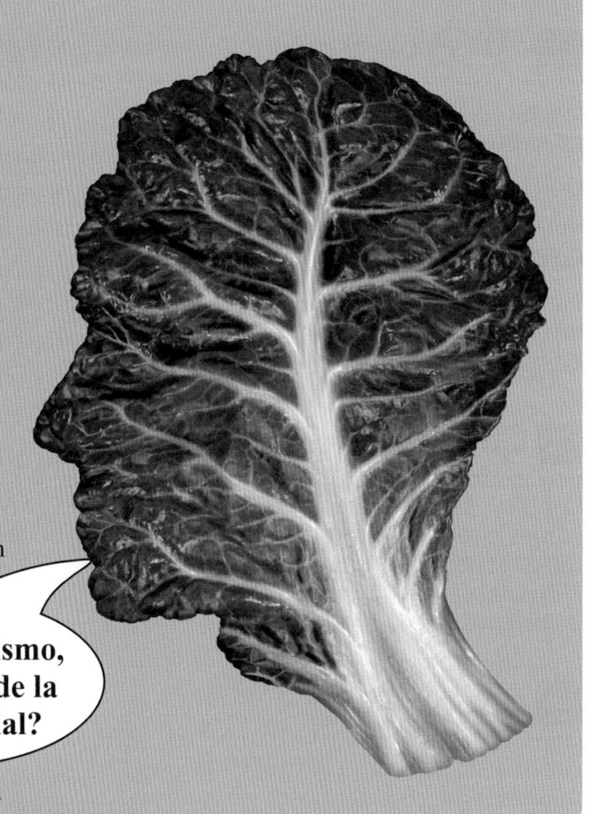

Por Noelia García, *El Mundo*, 3 de diciembre.

5 Lee y escribe

En su consideración del vegetarianismo, los estudiantes han encontrado este artículo en una revista. Lee el artículo.

1 ¿La autora del artículo está a favor o en contra del vegetarianismo?

2 ¿Qué razones da?

6 Lee y escribe

Une las frases con un conector del recuadro. ¡Atención! Hay varias respuestas posibles.

Ejemplo: 1 El vegetarianismo evita enfermedades, ***puesto que*** *es una alimentación sana.*

1 El vegetarianismo evita enfermedades. Es una alimentación sana.

2 Se consumen menos grasas. Se disfruta de mejor salud.

3 Hay hambre en los países pobres. Se come demasiada carne en los países ricos.

4 Queremos comer carne. Hacemos sufrir a millones de animales.

5 La ganadería intensiva es nociva para nuestro planeta. Daña a nuestro planeta.

6 Mucha gente quiere proteger el medio ambiente. Se vuelven vegetarianos.

así que • de manera que
por esta razón • pues
puesto que • ya que

7 Escucha

Escucha a los jóvenes. ¿Por qué son vegetarianos?

 *Cuaderno de ejercicios 12/5, 12/6*

8 Escribe

Escribe una carta de entre 70 y 150 palabras a la revista para decir si estás de acuerdo o en desacuerdo con su artículo. Justifica tu argumento.

Ejemplo:

Guadalajara, 6 de junio

Estimado(a) señor(a) editor(a):

He leído su artículo sobre el vegetarianismo y le escribo porque estoy/no estoy de acuerdo con los argumentos mencionados.

Personalmente creo que…

E. *Los estudiantes de bachillerato consideran los pilares de la vida sana*

1 Lee y habla

Los estudiantes han diseñado esta encuesta para establecer si llevamos una vida sana. Lee las preguntas. ¿Por qué crees que son importantes para determinar si llevas una vida sana? Comparte tus ideas con un compañero.

Ejemplo: El ejercicio ayuda a controlar el estrés y quemar las calorías de los excesos en nuestra dieta.

2 Lee y escribe

Contesta las preguntas de la encuesta. ¿Crees que llevas una vida sana? ¿Por qué? Escribe un comentario de entre 70 y 150 palabras con tu respuesta para la página web de la encuesta.

3 Lee

Lee el artículo sobre el estrés de la vida universitaria. ¿Son las frases verdaderas (V), falsas (F) o no se mencionan (NM)? Corrige las frases falsas.

Ejemplo: 1 V

1. La ausencia de los padres contribuye al estrés para los jóvenes.
2. Una mayoría abrumadora de estudiantes universitarios experimenta estrés regularmente.
3. Las chicas no se preocupan tanto por el aspecto económico de sus estudios como del académico.
4. El deporte ayuda a muchos estudiantes a controlar sus niveles de estrés.
5. Las artes marciales son el deporte por excelencia para combatir el estrés.
6. La música y la televisión ayudan a tantos jóvenes como hacer ejercicio físico.
7. Los universitarios hablan con su familia y amigos a través de las redes sociales.
8. Algunos estudiantes consideran el limpiar una actividad terapéutica.

La vida sana: la clave de la felicidad

		Siempre	A menudo	Casi nunca	Nunca
1	¿Haces suficiente ejercicio sin estar obsesionado?	○	●	○	○
2	¿Evitas la cafeína o la consumes con moderación?	○	○	○	○
3	¿Duermes nueve horas cada noche?	○	○	○	○
4	¿Sigues una dieta equilibrada?	○	○	○	○
5	¿Tienes a alguien con quien hablar de las cosas que te preocupan?	○	○	○	○
6	¿Tienes conflictos con otras personas con frecuencia?	○	○	○	○
7	¿Manejas bien tu tiempo?	○	○	○	○
8	¿Eres organizado?	○	○	○	○
9	¿Te sientes bien en tu rutina diaria (el colegio, la familia, etc.)?	○	○	○	○
10	¿Mantienes tu dormitorio ordenado?	○	○	○	○

¡Gracias por tu colaboración!

¿PLANEAS IR A LA UNIVERSIDAD?

¡Prepárate para una experiencia estresante!

Vivir lejos de casa, cumplir con las demandas académicas mientras se mantiene una vida social gratificante y un trabajo a tiempo parcial son suficientes razones para que el 85 % de los universitarios sienta estrés diariamente.

Más del 30 % admite sentirse abrumado, y el 70 % de las chicas dice preocuparse por cómo pagar sus estudios y llegar a final de mes.

El 25 % de los estudiantes encuestados dice utilizar el deporte como un modo de rebajar los sentimientos de ansiedad, mientras que un 20 % lo hace con la música o la televisión, y el 17 % habla con su familia o amigos. El 10 % de los estudiantes universitarios indicó que limpiar su cuarto o piso les ayudó con los niveles de estrés.

4 Lee

Los estudiantes consideran sus niveles de estrés y piensan en cómo combatirlo. Empareja los consejos. ¡Atención! Sobran dos consejos.

Ejemplo: 1 B

1	***Sé realista.***	B
2	Duerme bien.	
3	Cuida tu cuerpo.	
4	Cuida tus pensamientos.	
5	Resuelve los problemas sencillos.	
6	No te sobrecargues con actividades.	
7	Aprende a relajarte.	

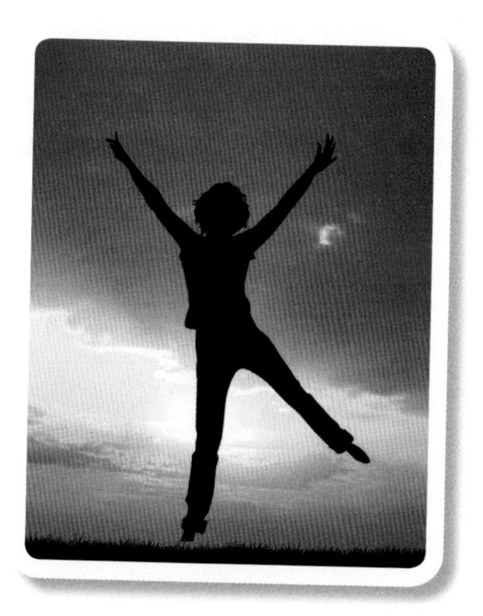

A Es el antídoto natural al estrés y te proporciona una sensación temporal de calma y bienestar.

B No trates de ser perfecto porque en realidad nadie lo es y nadie lo espera de ti.

C Una buena dosis de optimismo te ayudará a salir adelante en situaciones complicadas.

D Si te sientes tenso, intenta eliminar alguna actividad de tu programa manteniendo solamente aquellas que son imprescindibles.

E Si tienes amigos por Internet y sales poco, vas a tener problemas de socialización.

F Cuando has dormido la cantidad de horas necesarias, tu cuerpo está más relajado y preparado para afrontar retos.

G Puedes comer muchos dulces y comida rápida. No pasa nada.

H Evita el alcohol y las drogas, ya que son soluciones esporádicas que solo empeoran la situación, y sigue una dieta lo más equilibrada posible.

I Aprender a resolver los dilemas cotidianos te ayuda a sentir que los tienes bajo control, mientras que evitarlos te puede hacer sentir que tienes poco control de la situación.

5 Habla

¿Cuáles crees que son los consejos más importantes? ¿Por qué? Discute tus ideas con un compañero.

6 Lee y escribe

Ordena las frases según tu opinión de los niveles de estrés que causa cada situación. Justifica tu opinión para la más (=1) y la menos (=8) estresante.

Ejemplo:

Creo que la situación más estresante para mí sería...

Pienso que lo que menos me estresaría sería...

A Tu perro ha sido atropellado por un coche.

B Tu pareja ha decidido solicitar una plaza en una universidad en otro país.

C No has tenido tiempo de terminar tu tarea para tu profesor más estricto.

D Has descubierto que tu mejor amigo tiene un problema familiar, pero no te lo quiere contar.

E Tus padres han decidido separarse.

F Tu familia ha decidido que vais a mudaros a 500 kilómetros porque tu madre ha conseguido un nuevo trabajo.

G Te has vuelto alérgico al chocolate.

H Un desastre natural ha destruido la red eléctrica y no vas a tener acceso a Internet ni a ningún aparato eléctrico durante un mes.

7 Escucha

¿Qué hacen estos jóvenes para reducir el estrés? Toma notas.

8 Escribe

Has recibido un correo electrónico de un grupo de estudiantes de bachillerato en el que piden tu colaboración para un estudio sobre el estrés en preuniversitarios de diferentes países. Escribe un texto de entre 70 y 150 palabras. Elige el tipo de texto y el tono apropiados.

Menciona lo siguiente:

- Las causas de estrés para jóvenes de tu entorno
- Si tú estás estresado y las razones
- Lo que haces para aliviar el estrés cuando estás estresado

Repaso

Para tener una vida saludable

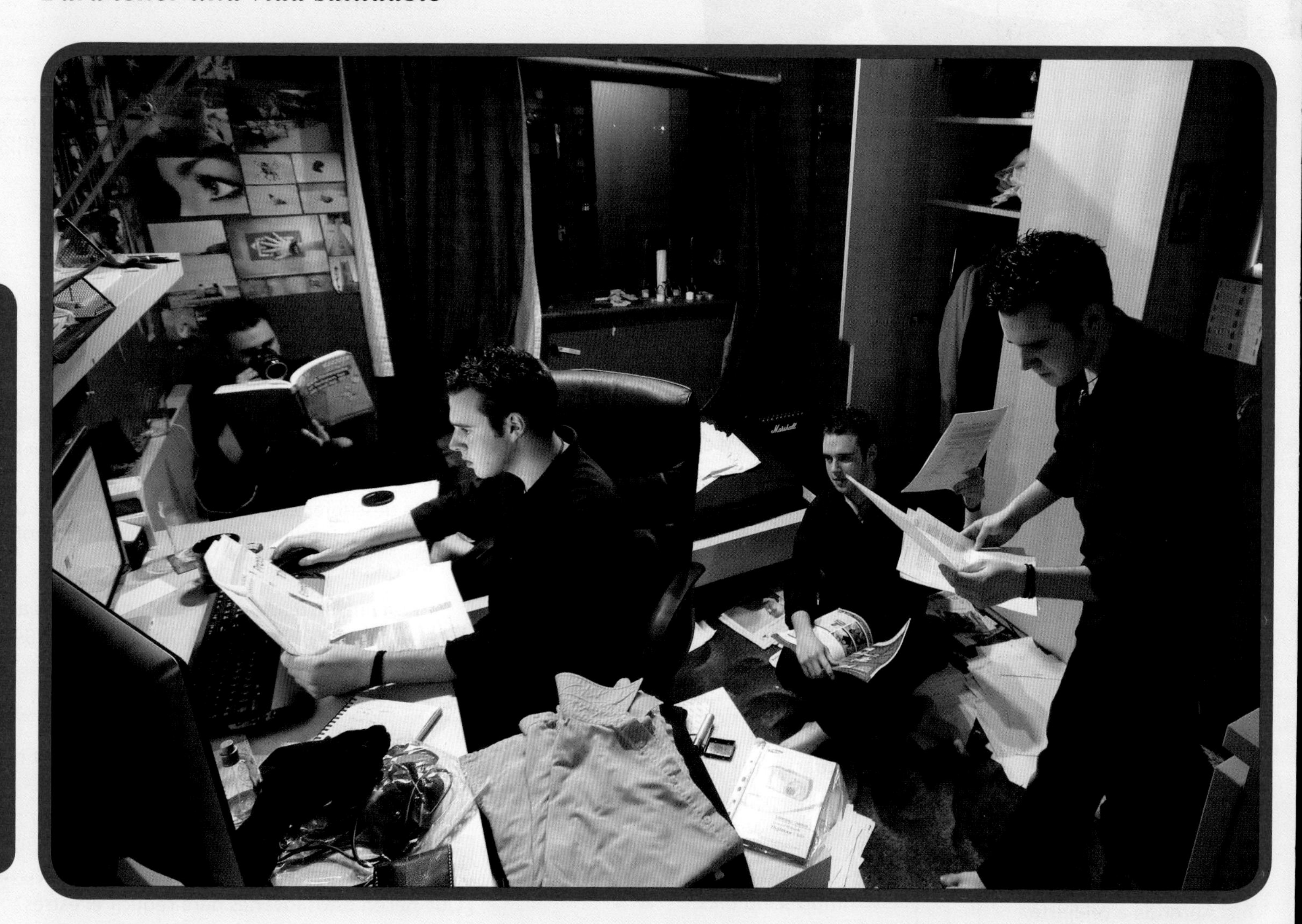

1 Habla

Mira la foto. ¿De qué trata? Prepara una presentación de 1 a 2 minutos.

Después prepárate para contestar preguntas sobre estos aspectos:

- La vida sana
- Los retos de los adolescentes
- Tus hábitos sanos/malsanos
- Tus niveles de estrés

PUNTO DE REFLEXIÓN

¿Qué es lo más importante para tener una vida saludable? Escribe al menos cinco puntos clave y haz una encuesta en tu clase.

¿Qué conclusiones sacas?

Mi estilo de vida

Unidad 13

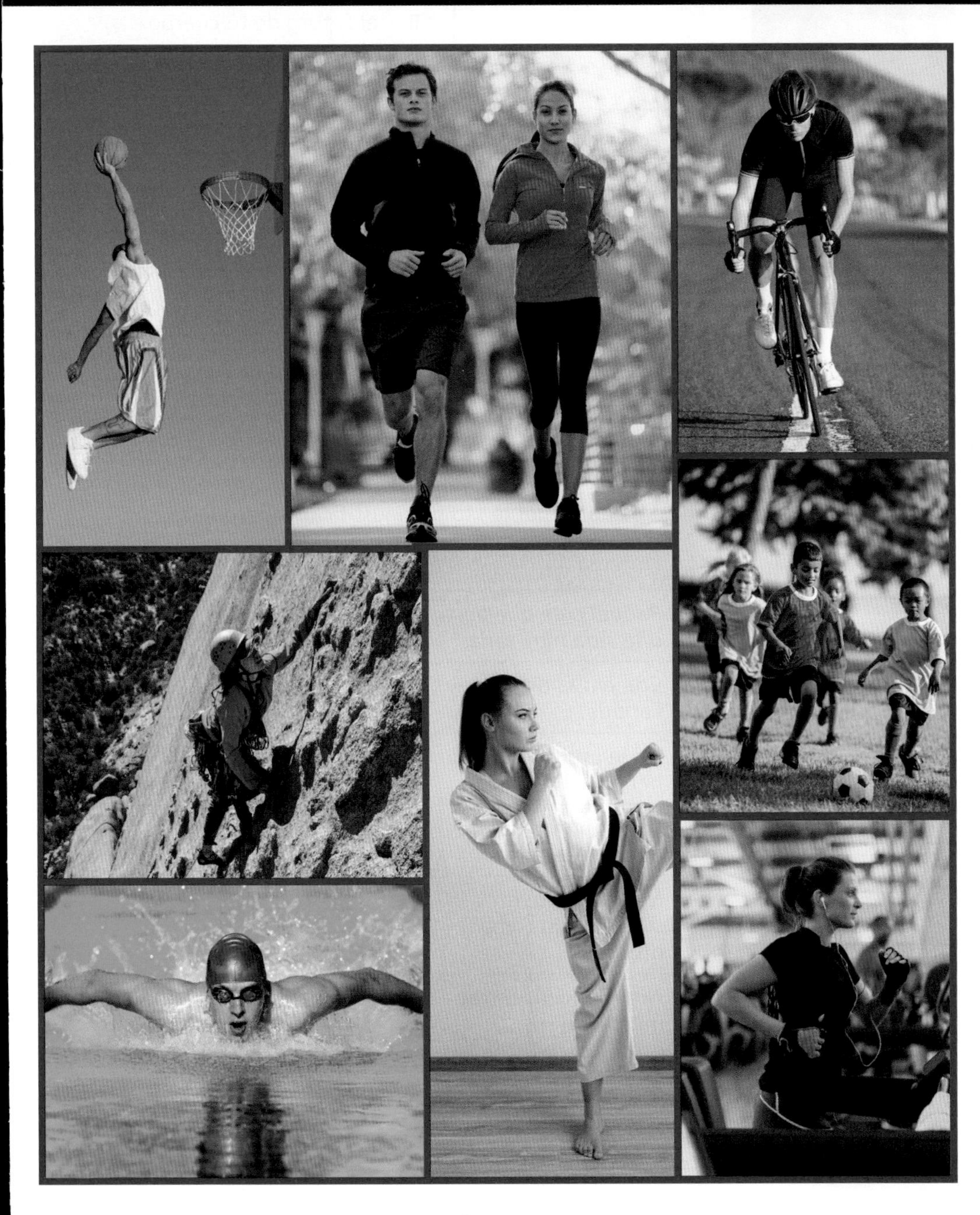

Identidades

- Bienestar físico

Teoría del Conocimiento

¿Por qué es importante cuidarse bien? ¿Por qué el estilo de vida cambia en varias partes del mundo? ¿Hay un estilo mejor, en tu opinión?

Creatividad, Actividad y Servicio

Diseña un plan de cinco puntos para mejorar tu propia salud física y mental durante el mes que viene, por ejemplo, toma diez minutos de meditación cada día para relajarte.

Gramática

- **Imperativo (repaso)**
- **Condicional (repaso)**
- **Pretérito imperfecto y pretérito indefinido (repaso)**
- **Expresar recomendaciones y consejos**

PUNTO DE REFLEXIÓN

¿Es fácil llevar una vida sana?

1 Para empezar

Escribe una lista de las actividades que se ven en las fotos. Primero ordena las actividades en orden de preferencia y, después, en orden de peligrosidad. ¿Hay alguna conexión entre tus preferencias y la peligrosidad?

2 Escribe y habla

Prepara tres descripciones de las personas en las fotos para un compañero. Tu compañero va a adivinar a quién describes. Después de adivinarlo, contesta las preguntas siguientes con tu compañero:

- ¿Dónde está?
- ¿Por qué hace la persona esta actividad?
- ¿En qué piensa la persona?

A. ¿Llevas una vida sana?

1 Escucha

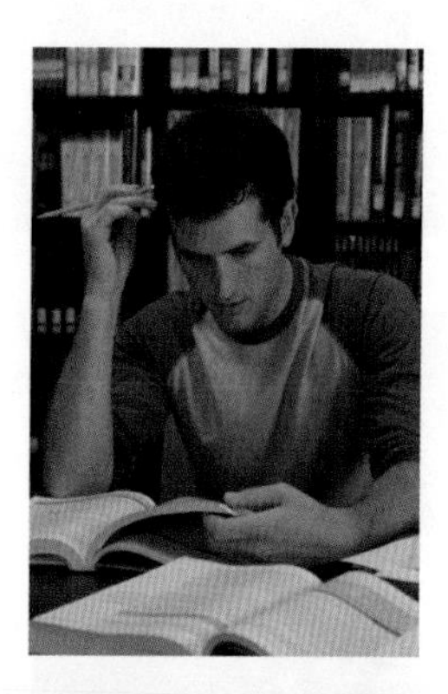

Álvaro y Ana hablan de la importancia de una vida sana. Escucha el diálogo y completa los espacios. ¿Es una conversación formal o informal? ¿Cómo lo sabes?
¿Cuál es el objetivo de la conversación?

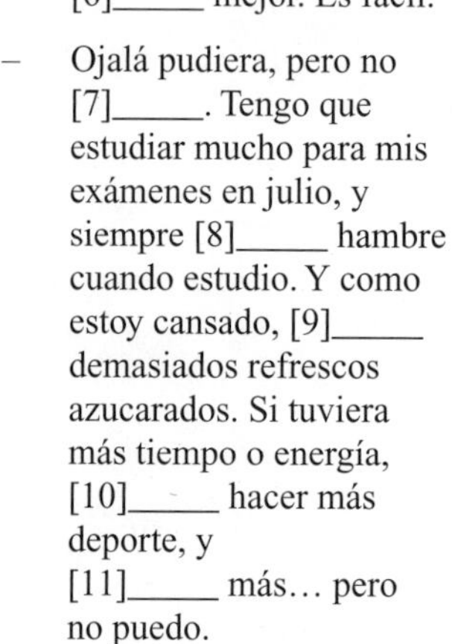

– ¿[1]_____ una vida sana, Álvaro?

– Pues, no sé. Antes [2]_____ una vida más sana y [3]_____ bien, pero ahora… probablemente [4]_____ un poco gordo.

– Pero, muchacho, [5]_____ más ejercicio y [6]_____ mejor. Es fácil.

– Ojalá pudiera, pero no [7]_____. Tengo que estudiar mucho para mis exámenes en julio, y siempre [8]_____ hambre cuando estudio. Y como estoy cansado, [9]_____ demasiados refrescos azucarados. Si tuviera más tiempo o energía, [10]_____ hacer más deporte, y [11]_____ más… pero no puedo.

Gramática en contexto

El imperativo

Se usa el imperativo para dar una instrucción, un consejo o hacer una petición.

Infinitivo	Imperativo (tú)
decir	di
hacer	haz
ir	ve
salir	sal

__Haz__ más ejercicio – __sal__ a correr cada noche.

__Ve__ al gimnasio más a menudo para mantenerte en forma.

Cuaderno de ejercicios 13/1, 13/2, 13/3

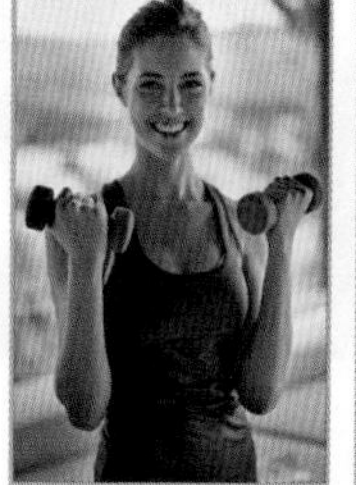

Me llamo Raquel y soy de Córdoba, en Andalucía. Creo que llevo la vida más sana posible. No como mucha grasa, principalmente como pollo a la parrilla o salmón al vapor, con arroz o verduras. Solo bebo agua o batidos de proteínas. Es muy importante, en mi opinión, no envenenar tu cuerpo. A veces no como durante todo el día porque no quiero engordar.

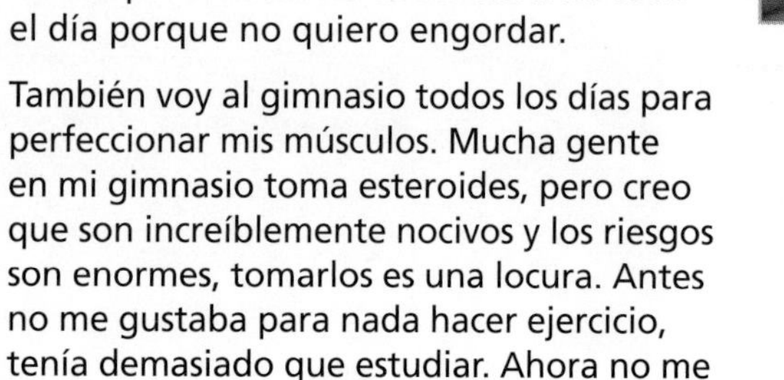

También voy al gimnasio todos los días para perfeccionar mis músculos. Mucha gente en mi gimnasio toma esteroides, pero creo que son increíblemente nocivos y los riesgos son enormes, tomarlos es una locura. Antes no me gustaba para nada hacer ejercicio, tenía demasiado que estudiar. Ahora no me interesa nada aprender, entrenarme es más importante para mi futuro.

2 Lee

Ana da unos consejos a Álvaro. Conecta el imperativo con el consejo. Atención porque hay más consejos de los necesarios.

1	***Haz***	*F*
2	Come	
3	Bebe	
4	Considera	
5	Intenta	
6	Duerme	

A ocho horas cada noche.
B el futuro de tu cuerpo.
C para perder un poco de peso.
D mejor, te va a dar más energía.
E descansar un poco más.
F ***más ejercicio para no engordar demasiado.***
G más agua para refrescarte.
H más temprano.

3 Lee

Decide si cada frase es *verdadera*, *falsa* o si *no se menciona*. Utiliza palabras del te xto para justificar tu respuesta.

		Verdadero	Falso	No se menciona
1	*Raquel cree que lleva una vida muy sana.*	✔		
2	Come una dieta muy variada.			
3	No le importa lo que bebe.			
4	Va al gimnasio siete días a la semana.			
5	Mucha gente en su gimnasio toma drogas.			
6	Antes se concentraba mucho en sus estudios.			
7	Quiere entrenarse para competir en un concurso.			
8	Raquel escribe de manera formal sin explicar detalles personales.			

4 Escribe

Contesta a Raquel y escribe tres consejos para ella o para Álvaro. Utiliza el imperativo para dar los consejos.

Ejemplo: Reduce tus visitas al gimnasio a cinco veces a la semana.

Gramática en contexto

El condicional

El condicional es un tiempo verbal que se utiliza para formar oraciones condicionales. Describe una posible acción futura si se da una determinada condición. Por eso este tipo de oraciones tiene dos partes: una que describe la condición necesaria y otra que describe la posible acción futura si se cumple esa condición. Siguen la siguiente estructura:

Condición: *si* + verbo en subjuntivo (*pudiera*, *tuviera*, *fuera*, etc.).

Posible acción futura: oración con verbo en condicional.

Atención: en este tipo de oraciones, después del *si* condicional aparece un verbo en subjuntivo, modo verbal que estudiaremos en detalle en el libro 2.

Verbos regulares

Infinitivo	Condicional
yo (tomar)	tomaría
tú (beber)	beberías
él/ella/usted (consumir)	consumiría
nosotros(as) (ayudar)	ayudaríamos
vosotros(as) (entender)	entenderíais
ellos(as)/ustedes (vivir)	vivirían

Verbos irregulares

Infinitivo	Radical irregular	Condicional (1ª per. sing.)
decir	dir-	diría
haber	habr-	habría
hacer	har-	haría
poder	podr-	podría
poner	pondr-	pondría
querer	querr-	querría
tener	tendr-	tendría

Ejemplos:

Si ***fumara*** *(subjuntivo - fumar) menos, su salud* ***mejoraría*** *(condicional – mejorar).*

Si ***tuviera*** *(subjuntivo - tener) más tiempo,* ***iría*** *(condicional – ir) al ginmasio todos los días.*

Si me ***contaras*** *(subjuntivo – contar) tus problemas,* ***podría*** *(condicional - ayudar) ayudarte más.*

5 Habla

¿Qué estilo de vida preferirías llevar para estar sano, el estilo de vida de Raquel o la vida de Álvaro? ¿Es importante estar muy en forma? Habla con un compañero para decidir.

6 Escribe

1 Elige el verbo apropiado para cada espacio y conjúgalo en el condicional (*yo*) para completar la frase.

Ejemplo: 1 ayudaría (ayudar)

1. Si mi amigo bebiera (beber) demasiado alcohol, le ____________ con su problema.
2. Si mi primo tomara (tomar) drogas, yo ____________ a su médico.
3. Si pudiera (poder), solo ____________ comida orgánica, pero a veces cuesta mucho.
4. Si fuera (ser) posible, me ____________ llevar una vida supersana.
5. Si estuviera (estar) un poco gordo, ____________ menos comida basura.
6. Si tuviera (tener) más tiempo, ____________ mucho más ejercicio

ayudar • comer • comprar
contactar • encantar • hacer

2 Utiliza el condicional con *si* para escribir dos frases más.

7 Lee y escribe

Lee el anuncio y las respuestas. Elige la palabra apropiada para rellenar los espacios.

¿Cómo mejorarías tu salud si ganaras la lotería?

1. Si tuviera más tiempo, dejaría mi trabajo y __________ mucho más ejercicio.
2. Yo no estaría tan __________ y probablemente no __________ más.
3. No __________ más comida basura, __________ a unos restaurantes fenomenales para cenar.
4. __________ en mi piscina en el jardín, y estaría más en __________, ¡segurísimo!
5. Si tuviera más dinero, compraría __________ orgánica y __________ café de vendedores de comercio justo.

bebería • comería • comida
estresada • forma • fumaría
haría • iría • nadaría

8 Escribe

Imagina que ganas la lotería. ¿Qué harías con el dinero para mejorar tu salud? Escribe tu propia respuesta utilizando menos de 140 palabras.

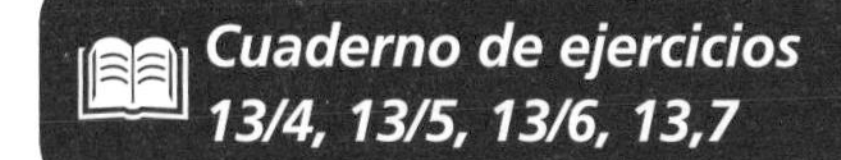
Cuaderno de ejercicios 13/4, 13/5, 13/6, 13,7

B. *No llevaba una vida sana, pero ahora quiero cambiar*

Nombre: Rafael

Apellido: Ramos

Edad: 19 años

Lugar: Santander, España

1 Lee

1 Lee el texto. ¿Qué tipo de texto es? ¿Dónde puedes encontrarlo?

2 Completa los espacios utilizando los verbos del recuadro. Debes utilizar el tiempo verbal apropiado: pretérito imperfecto, pretérito indefinido, futuro o condicional. Puedes usar algunos verbos más de una vez.

Cuando [1] *tenía* quince años, [2]______ una vida bastante sana y también muy activa. Normalmente [3]______ al balonmano como mínimo cuatro veces por semana y [4]______ un poco cada domingo. Sí, [5]______ muchas galletas, pero no [6]______ un problema porque [7]______ mucho ejercicio.

Pero luego [8]______ mis estudios en el colegio. [9]______ mis exámenes y [10]______ a la universidad, y todo mi estilo de vida [11]______.

En el futuro [12]______ mucho mejor y además [13]______ más. Lo más importante es que no [14]______. [15]______ demasiado durante la universidad. Y [16]______ hacer más ejercicio. [17]______ estupendo formar parte de un equipo.

cambiar • comer • dormir • fumar
gustar • hacer • ir • jugar • llevar
nadar • ser • tener • terminar

2 Lee

Basando tus respuestas en el texto del ejercicio 1, contesta las preguntas siguientes. Contesta con frases completas.

Ejemplo: 1 Sí, jugaba al balonmano como mínimo cuatro veces por semana y nadaba cada domingo.

1 ¿Cuando tenía quince años hacía mucho deporte?

2 ¿Cuando tenía quince años comía bien?

3 ¿Qué pasó después de hacer sus exámenes?

4 ¿Continuó con su mismo estilo de vida?

5 ¿Cuál es su opinión sobre su salud en el futuro? ¿Qué quiere hacer para conseguir lo que quiere?

3 Escucha

Escucha a Ana y Adrián mientras describen sus estilos de vida cuando tenían quince años, y sus deseos para el futuro. Decide si las frases son *verdaderas*, *falsas* o si *no se menciona*. Corrige las frases falsas y explica los detalles que te indican que son falsas.

	Verdadero	Falso	No se menciona
1 *Adrián no hacía mucho deporte.*		✔	
2 Adrián se entrenaba con su equipo de baloncesto tres veces por semana.			
3 Adrián no estaba gordo y estaba en forma.			
4 A Ana le importaban más sus estudios que hacer ejercicio.			
5 Ana cree que la natación es relajante.			
6 A Adrián le gustaría comer menos comida basura.			
7 Adrián no come mucho en casa, prefiere comer en restaurantes.			
8 Ana y Adrián hablan de manera formal en su oficina.			

4 Escribe

Escribe una descripción para un blog que trata de la salud de los jóvenes sobre si llevabas una vida sana cuando tenías once años. Además describe tus intenciones para el futuro de llevar una vida más sana.

Utiliza el recuadro para guiar tu descripción. Incluye como mínimo 30 puntos.

Elemento gramatical	Puntos
Adjetivo (*sano, horrible*)	1
Adverbio (*normalmente, frecuentemente*)	1
Conector (*y, sin embargo*)	2
El pretérito imperfecto	3
El pretérito indefinido	3
El condicional	4
El futuro inmediato (*ir a*)	5

Ejemplo:

Cuando tenía once años comía mucha comida basura, me encantaban las patatas fritas y odiaba beber agua. ¡Lo ridículo es que no me gustaba el sabor del agua!

Pero engordé mucho y no estaba contento con mi cuerpo. Empecé a comer mejor y a hacer más ejercicio, y ahora me siento mucho más sano. Me gustaría aprender más sobre la nutrición y voy a ayudar a mi madre a perder un poco de peso también.

C. *Los vicios y los hábitos sanos, ¿qué opinas?*

1 Lee

1 Conecta los seis problemas con la foto correcta.

Ejemplo: 1 A

2 Busca los seis hábitos perjudiciales para la salud que se mencionan.

Ejemplo: tomar drogas duras

3 Busca cuatro adjetivos utilizados para describir los problemas.

Ejemplo: grave

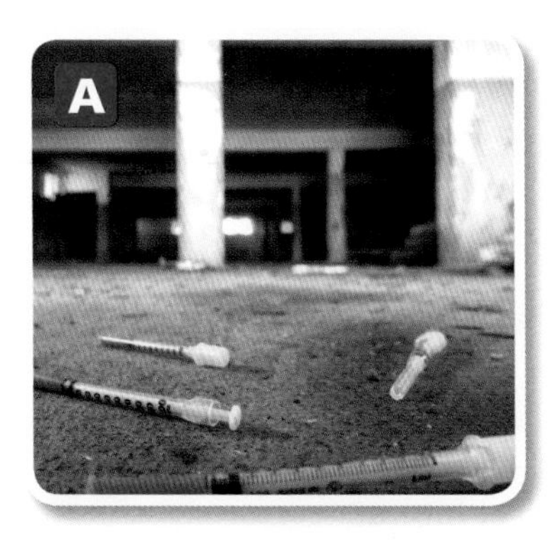

1 En mi opinión tomar drogas duras, por ejemplo cocaína, es una estupidez.

2 No quiero llevar una vida malsana, tengo que comer menos comida basura.

3 Desde mi punto de vista tomar drogas blandas, como marihuana, es perjudicial para la salud.

4 A mi modo de ver, fumar es antisocial y una tontería.

5 Creo que beber alcohol es menos grave para la salud que fumar.

6 Ya sé que debería hacer más ejercicio para estar en forma.

2 Lee

Lee el diálogo entre Cristian y su prima mayor, Luisa. ¿Cuál es el objetivo de este texto? ¿Se podría expresar el mismo mensaje con otro texto? ¿El estilo y registro serán diferentes? Ahora, contesta las preguntas.

Ejemplo: 1 Cree que fumar es asqueroso.

1 ¿Qué opina Cristian de los cigarrillos?

2 ¿Qué piensa Luisa de fumar?

3 ¿Cristian está a favor o en contra de las drogas?

4 ¿Le gusta beber alcohol a Cristian?

5 ¿Le gusta el deporte?

Luisa: Oye, primo, mi padre me dice que fumas. ¿Tiene razón?

Cristian: Algunos chicos en mi colegio fuman, pero me parece asqueroso, no me interesa para nada.

Luisa: Me alegro, causa mucho daño a los pulmones. Aunque en mi opinión no es tan perjudicial como tomar drogas, fumar es una tontería. Además es muy caro.

Cristian: Afortunadamente, no toman drogas, ni blandas ni duras. Para mí tomar drogas es el peor de todos los vicios.

Luisa: Otra vez, me alegro. ¿Beben alcohol?

Cristian: Unos sí, tienen hermanos o hermanas mayores. Pero no me gusta la idea de perder el control, puede ser muy peligroso. Me interesa más entrenarme para el partido del domingo.

Luisa: Vale, hasta pronto.

Cristian: Cuídate, adiós.

3 Escucha

Escucha a las seis personas que hablan de sus opiniones sobre los problemas con la salud. Completa la tabla.

	Problemas de salud	Detalles adicionales
1 Óscar	*hacer más ejercicio*	*juego demasiado con mis videojuegos* *no estoy en forma, me siento horrible*

4 Habla

En grupos de tres, habla con tus compañeros sobre vuestras opiniones de los problemas de salud. Utiliza las frases de esta tabla para indicar si estás de acuerdo o no con tus compañeros.

Ejemplo: A mi modo de ver, hacer ejercicio es muy importante para la salud.

Estoy de acuerdo	No estoy de acuerdo
Claro que sí Tienes razón Obviamente	¿Qué dices? ¿En serio? ¡Qué va!

D. *Las adicciones*

1 Habla

1 Habla con un compañero y decide si estás de acuerdo con estas frases o no. Justifica tus respuestas.

Ejemplo: 1 No estoy de acuerdo, la comida es más importante que el deporte.

1. Hacer ejercicio es más importante para llevar una vida sana que comer bien.
2. El alcohol es más nocivo que fumar.
3. La cocaína causa menos problemas que el tabaco.
4. Las drogas blandas son tan peligrosas como las drogas duras.
5. El tabaco es más adictivo que el cannabis.
6. La comida basura causa más problemas sociales que las drogas duras.
7. Para llevar una vida sana no beber alcohol es lo más importante.

2 Cambia las frases con las que no estás de acuerdo para crear unas frases con las que sí que estás de acuerdo y justifícalas.

Ejemplo: 1 Comer una dieta sana es lo más importante, porque sin buena comida no tienes energía.

2 Escribe y comprende

1 Escribe cuatro frases para comparar problemas de salud. Escribe una frase más para describir que es lo más importante para llevar una vida sana.

Ejemplo: Creo que el alcohol es menos nocivo que las drogas blandas.

2 ¿Conoces otras culturas con diferentes actitudes hacia el consumo de alcohol u otras sustancias (tabaco, marihuana, etc.)? ¿Por qué piensas que existen estas diferencias?

3 Lee y comprende

1 Conecta el sustantivo con su definición.

1 borracho	C	**A**	sistema o método para intentar curar una enfermedad
2 obesidad	☐	**B**	persona que consume drogas habitualmente y que tiene una adicción
3 adicción	☐	**C**	***persona que ha consumido demasiado alcohol***
4 toxicómano	☐	**D**	persona que sufre de algún problema de salud
5 enfermo	☐	**E**	consumo excesivo y habitual de alcohol
6 tratamiento	☐	**F**	persona que tiene hábito de fumar una sustancia
7 fumador	☐	**G**	exceso extremo de peso
8 alcoholismo	☐	**H**	dependencia de alguna sustancia o droga

2 ¿Piensas que las actitudes de la sociedad son diferentes ahora que en el pasado en cuanto a las adicciones? ¿Hay adicciones que se consideran peores? ¿Por qué? ¿Va a cambiar otra vez en el futuro?

4 Escucha

1 Escucha y contesta las preguntas: ¿Cuál es el contexto? ¿Cómo lo sabes?

2 Completa la tabla.

Persona descrita	Problema descrito	Detalles adicionales
1 *padre*	*fumador*	*fuma cincuenta cigarrillos al día* *tiene una tos horrible* *se preocupa mucho por su salud*

¿Es peor beber alcohol o fumar tabaco?

No se puede decidir fácilmente qué vicio, fumar tabaco o beber alcohol, resulta más perjudicial para el ser humano. Es importante apreciar que los efectos dependen del consumo del individuo. Pero lo que sí se puede hacer es reflexionar sobre la situación en general.

Un informe reciente de la Organización Mundial de la Salud (OMS) sobre la epidemia mundial del tabaquismo indicó que aproximadamente el 70 % de la población mundial está en riesgo por los efectos del tabaco. El estudio indica que casi seis millones de personas murieron en el año 2013 globalmente por los efectos del tabaco. El 26 % de la población española admite fumar tabaco cada día, pero es importante notar que esta cifra ha bajado un 25 % durante los últimos diez años. No obstante, el 76,7 % de esta población consume alcohol, según el Observatorio Europeo de las Drogas.

Otro estudio reciente, del Ministerio de Sanidad de España, analizó los niveles de consumo de alcohol por comunidades autónomas. Los vascos son los que más dinero gastan en beber alcohol, con 81 euros mensuales de media. Los gallegos y catalanes gastan 77 euros, mientras que la población madrileña gasta 74 euros, y los baleares gastan 73 euros. Sin embargo, en Extremadura solo se gastan 40 euros al mes en alcohol, una diferencia enorme.

¿Qué vicio causa más problemas?

La nicotina es una droga muy adictiva, solo la heroína resulta más adictiva. Aunque sea una sustancia natural es más adictiva que el cannabis o la cocaína, drogas ilegales en España. Como resultado, los expertos médicos indican que es más común ver el uso moderado de alcohol que el de tabaco, ya que resulta muy difícil no quedarse atrapado por su gran capacidad adictiva.

Conclusiones

Los dos causan problemas enormes de salud. Los dos son adictivos, y tienen efectos nocivos, pero parece que los efectos de fumar tabaco, y de respirar el humo pasivo, son peores. Sí que es posible beber alcohol sin llegar a ser alcohólico, pero es verdaderamente complicado evitar ser atrapado por el tabaquismo.

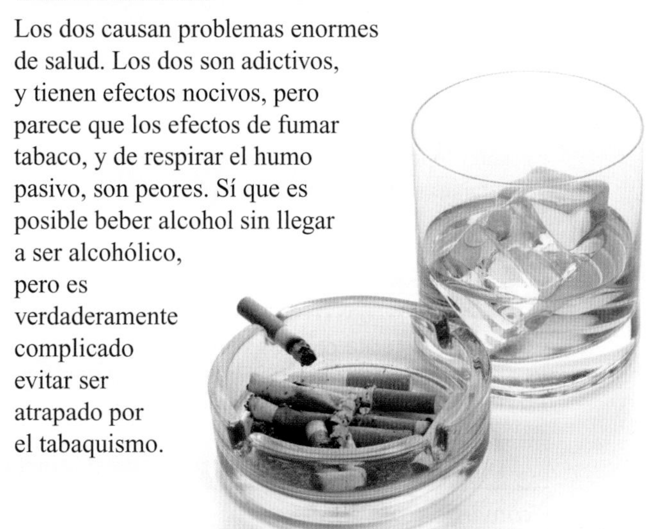

5 Lee

Busca los sinónimos de estas palabras en los dos primeros párrafos del texto.

Ejemplo: 1 fácil

1 sencillo	3 estudio	5 resultado
2 malo	4 peligro	6 acepta

6 Lee y escribe

1 Lee el texto y elige la respuesta correcta. Justifica tus respuestas con vocabulario del texto.

Ejemplo: 1 B

1 El texto es...
- A un anuncio.
- B un artículo.
- C una carta.

2 El texto habla...
- A de unas propuestas para mejorar la salud nacional.
- B de los riesgos que fumar tiene para la salud.
- C de los vicios de los españoles.

3 La tasa de fumadores durante los últimos años...
- A ha bajado dramáticamente.
- B no ha cambiado mucho.
- C ha crecido un poco.

4 El texto indica que quienes gastan más en alcohol son los...
- A vascos.
- B gallegos.
- C andaluces.

5 El tabaco es...
- A menos común que la cocaína.
- B menos adictivo que la heroína.
- C tan nocivo como la heroína.

2 Con tu compañero, haz una lista de las características de este texto.

7 Escribe

Explica las estadísticas mencionadas en el artículo.

Ejemplo: A el número de personas que muere a causa del tabaco cada año

A 6 millones	D 76,7 %
B 26 %	E 81 euros
C 25 %	F 40 euros

8 Escribe

Eres el médico del colegio y quieres informar a los alumnos de los peligros que tiene fumar. Elige el mejor tipo de texto y escríbelo.

E. *La legalización de las drogas, ¿qué opinas?*

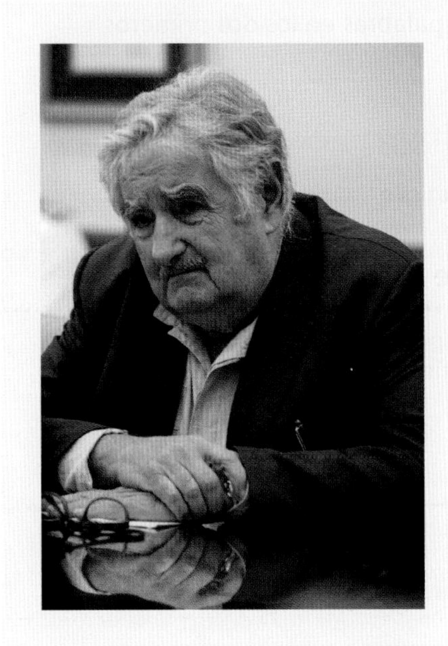

El guerrillero que dice "*no*" a la guerra contra las drogas

La legalización de las drogas es un debate que afecta a cada país del mundo. Pero, según José Mujica, el exguerrillero y expresidente de Uruguay, la guerra contra las drogas y el narcotráfico es "la empresa más desastrosa del mundo". Es por eso que Uruguay legalizó en el año 2014 el uso y la venta controlada para uso medicinal y recreacional de la marihuana, uno de los primeros países del mundo en adoptar esta posición y de reconocer que, en su opinión, la "guerra" contra las drogas de la comunidad internacional no soluciona el problema.

Desde su punto de vista, esta guerra no logra mucho. Como resultado, el narcotráfico resulta "un negocio floreciente", y "por este camino no vamos a ningún lado". Es decir, es hora de intentar algo diferente, para evitar que Uruguay sufra la miseria de violencia y sufrimiento causado por la llegada de los carteles de traficantes a este país pequeño de tan solo tres millones de habitantes.

Pero no todo el mundo está de acuerdo con José Mujica…

Por Juan Manuel González, *Noticias de Montevideo*, miércoles 12 de febrero de 2014.

1 Lee

Conecta las dos partes de la frase para resumir el artículo.

1 Las autoridades de Uruguay
2 El Gobierno
3 El narcotráfico sigue
4 No todo el mundo está

A quiso intentar algo innovador para proteger a su pueblo y el país.
B buscando la manera de aumentar el uso de drogas en la sociedad uruguaya.
C querían evitar los problemas con los carteles sufridos por otros países de la región.
D de acuerdo con la legalización.
E floreciendo a pesar de los esfuerzos internacionales.
F seguro que hay un problema en este momento.

2 Escribe

Contesta las preguntas siguientes. Escribe frases completas.

Ejemplo: 1 Los esfuerzos internacionales contra las drogas y el narcotráfico.

1 ¿Qué considera el expresidente ser "la empresa más desastrosa del mundo"?
2 ¿Qué país legalizó la venta controlada de la marihuana?
3 ¿Qué pensaba Mujica de la "guerra" contra las drogas?
4 ¿Qué pensaba Mujica del narcotráfico?
5 ¿Qué quería evitar el Gobierno uruguayo?

3 Escucha

Escucha el reportaje que describe la legalización de la marihuana en Uruguay y completa los espacios correctamente. ¿Es un reportaje formal o informal? ¿Cómo lo sabes? ¿Cuál es el objetivo del reportaje?

En el año 2014 Uruguay se [1]_____ en uno de los primeros países del mundo en legalizar la venta y el uso de marihuana. El Gobierno [2]_____ que la marihuana [3]_____ crimen, violencia y desesperación para la mayoría del continente americano, y que los esfuerzos internacionales no [4]_____ nada con su "guerra contra las drogas". De hecho, quizás estos esfuerzos [5]_____ la situación, puesto que los Gobiernos de México, Honduras, El Salvador, Nicaragua, Colombia y Brasil [6]_____ constantemente contra las fuerzas del narcotráfico.

Uruguay no [7]_____ sufrir el mismo destino. Por eso [8]_____ controles sobre el cultivo y la venta de la marihuana. [9]_____ impuestos sobre la venta para generar fondos y utilizar el dinero para invertir en programas de rehabilitación para los adictos.

4 Lee

Completa la tabla con los verbos utilizados en el pretérito indefinido y el pretérito imperfecto. Escribe también el infinitivo del verbo.

El pretérito indefinido	El pretérito imperfecto
convirtió (convertir)	

5 Lee y escribe

Lee las frases y clasifícalas en tres listas según si las personas se muestran a favor, en contra de la legalización de la marihuana, o si parecen estar indecisos.

Legalización: ¿en contra o a favor?

1. No se debe experimentar con la vida de las personas.
2. Nadie debe dictar lo que se puede hacer o no.
3. La guerra contra las drogas es represiva y causa mucha violencia, sin conseguir nada.
4. Si ya se pueden comprar drogas blandas de manera legal, también estaría bien poder comprar drogas duras.
5. Mis amigos fuman mucha marihuana, y siempre doy excusas para no fumar también. Tengo ganas, pero estoy nerviosa...
6. La legalización va a tener un impacto enorme sobre los vecinos de Uruguay. Es irresponsable.
7. Si los "expertos" no saben qué recomendar, ¿cómo podemos decidir nosotros? Ayúdame, por favor...
8. Muchos médicos se preocupan porque entienden los peligros de fumar marihuana. Puede causar enfermedades mentales y contribuye al cáncer de pulmón.
9. Es mejor para el consumidor comprar un producto puro y controlado, sin riesgos de contaminación.
10. La táctica de castigar y alienar a los consumidores no funciona, la tasa de uso sigue creciendo.
11. Al permitir a los jóvenes probar la marihuana, se abre la puerta a otras drogas más duras.
12. Al legalizar la marihuana, también se puede educar más a la población, exactamente como se hace con el alcohol y el tabaco.
13. Mucha gente dice que la debo probar y que es muy relajante, pero por otra parte están los que dicen que va a afectar a mi cerebro a largo plazo. No sé qué hacer.
14. Al imponer impuestos sobre la venta de la marihuana se puede invertir en la rehabilitación de adictos.
15. La marihuana tiene un uso importante para aliviar el dolor, es legal para uso medicinal en muchas partes de los Estados Unidos.

6 Escribe

Escribe un resumen incluyendo cinco de los detalles mencionados en el texto que tú consideras más importantes en el debate. Declara si estás a favor, en contra o indeciso sobre la legalización de la marihuana.

7 Habla

Habla con tres compañeros. ¿Estás de acuerdo con sus listas? Intenta llegar a un acuerdo sobre las cinco frases más importantes. Justifica tus decisiones.

8 Escribe

Escribe sobre la legalización de la marihuana en Uruguay, justificando tus argumentos. Elige el tipo de texto y el registro más apropiado para esta tarea. Escribe como mínimo 70 palabras.

Incluye:

- Tu opinión sobre la marihuana
- ¿Es un experimento positivo o negativo?
- ¿La marihuana es más nociva que otros vicios o no?
- ¿Qué harías si un buen amigo fumara marihuana?

F. *Soy adicto, ¡ayúdame!*

Mi vida de adicto

Cuando tenía diecinueve años llevaba una vida complicada y malsana. Fumaba más o menos cuarenta cigarrillos al día, y cada noche salía de fiesta con mis amigos, es decir, otras personas con el mismo problema: éramos todos alcohólicos. A veces salía solo, ya que era adicto. Bebía mucho alcohol cada noche. Mis ojos estaban siempre muy rojos y mi piel amarilla. No podía pensar en nada a parte de cuándo podría tomar otra bebida.

Y luego un día tuve un accidente y me desperté en el hospital. Y en este momento me di cuenta de que tenía que cambiar. Inmediatamente dejé de fumar y de beber alcohol. Ahora soy abstemio.
No fue fácil, pero fue necesario.

¿Y el futuro? No sé. Me gustaría poder decir que nunca voy a tener más problemas, pero sería una estupidez, va a ser muy difícil para el resto de mi vida. La vida de un adicto no es nunca fácil. Pero voy a hacer más ejercicio, voy a comer mejor y voy a dormir mucho más.

Me llamo Fernando y soy adicto.

Por José Acedo, *En Forma* martes, 30 de enero de 2018.

1 Lee

Basándote en la información del artículo, relaciona cada principio de frase de la columna de la izquierda con el final adecuado de la columna de la derecha. Empareja la letra y el número apropiado. Nota: hay más finales de los necesarios.

1. *Cuando era más joven* [*J*]
2. Sus amigos eran [ ]
3. No podía escapar de [ ]
4. Un día tuvo [ ]
5. Su adicción tuvo [ ]
6. Va a tener [ ]
7. Quiere intentar [ ]

A también adictos.
B un impacto enorme sobre su salud.
C cambiar su vida.
D llevar una vida más sana.
E que luchar contra la adicción durante el resto de su vida.
F muchos amigos que no le ayudaban.
G problemas de corazón.
H que beber cada día con sus amigos.
I se despertó en el hospital.
J llevaba un estilo de vida muy malsano.
K un accidente que le impulsó a cambiar de vida.
L deseo de salir para tomar algo.
M las tentaciones del alcohol y del tabaco.
N pensaba que no podía salir sin beber alcohol.

2 Lee y escribe

Completa la tabla basándote en los párrafos 1 y 2 del texto.

En el párrafo...	¿Qué palabra significa...?	Respuesta
1	*'algo que hace daño a la salud'*	*malsana*
	'alguien que abusa del alcohol'	
	'persona que no bebe alcohol'	
	'incidente involuntario que resulta en daño'	

3 Escribe

Contesta las preguntas con frases completas. Justifica tus respuestas con la información del artículo con un tono / registro apropiado.

Ejemplo: 1 Tenía diecinueve años cuando tuvo el accidente.

1. ¿Cuántos años tenía cuando tuvo el accidente?
2. ¿Cuántos cigarrillos fumaba cada día?
3. ¿Cómo describe a sus amigos?
4. ¿Qué efectos tuvo su estilo de vida sobre su aspecto físico?
5. ¿Por qué decidió cambiar de vida?
6. ¿Qué hizo inmediatamente?
7. ¿Cómo va a ser su futuro?
8. ¿Qué va a hacer para mejorar su estilo de vida?

Gramática en contexto

El pretérito imperfecto y el pretérito indefinido

El pretérito imperfecto describe una acción en el pasado que no tiene un final claro y perfecto.

Antes fumaba muchos cigarrillos (no se sabe cuándo terminó).

El pretérito indefinido describe una acción en el pasado que tiene un final claro, no quedan dudas de que la acción ha concluido.

La semana pasada fumé un cigarrillo (se sabe que terminó).

En muchos casos los dos tiempos aparecen juntos en frases que describen el pasado.

La acción en el **pretérito indefinido** interrumpe la acción en el **pretérito imperfecto.**

Antes fumaba muchos cigarrillos, pero luego dejé de fumar.

Cuaderno de ejercicios 13/8, 13/9, 13/10, 13/11

G. *La adicción, ¿se debe castigar o curar?*

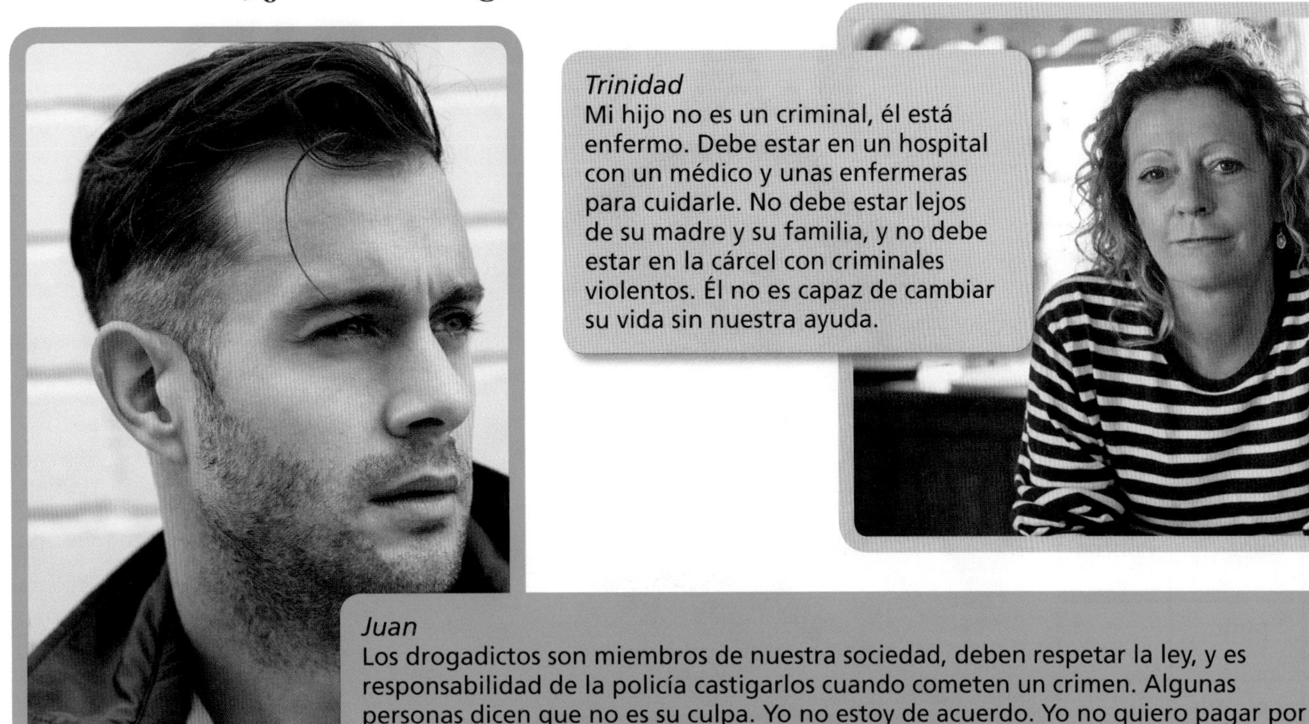

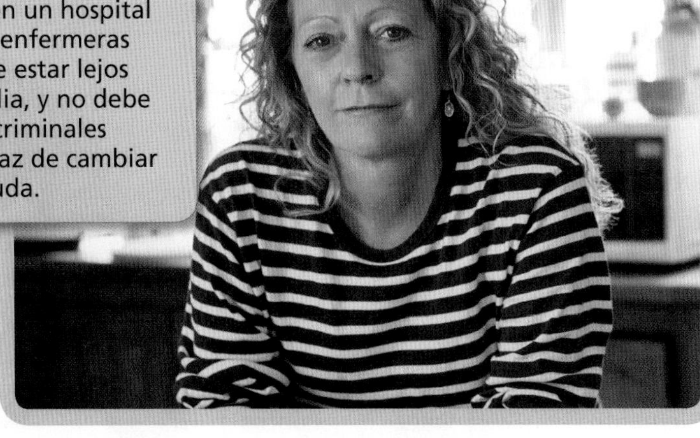

Trinidad
Mi hijo no es un criminal, él está enfermo. Debe estar en un hospital con un médico y unas enfermeras para cuidarle. No debe estar lejos de su madre y su familia, y no debe estar en la cárcel con criminales violentos. Él no es capaz de cambiar su vida sin nuestra ayuda.

Juan
Los drogadictos son miembros de nuestra sociedad, deben respetar la ley, y es responsabilidad de la policía castigarlos cuando cometen un crimen. Algunas personas dicen que no es su culpa. Yo no estoy de acuerdo. Yo no quiero pagar por el tratamiento médico de un criminal, todos debemos aceptar responsabilidad por nuestras decisiones, y tener control sobre nuestras acciones.

1 Lee y escribe

Lee los testimonios de Trinidad y Juan, y decide de quién son estas opiniones. Justifica tu respuesta.

Ejemplo: 1 Juan – Dice que todos debemos aceptar responsabilidad por nuestras decisiones.

1 Se deben controlar las acciones propias.
2 No es culpa del drogadicto.
3 Se debe castigar al drogadicto.
4 No quiere pagar para curar a alguien con una adicción.
5 La familia tiene un papel importante en ayudar al adicto a cambiar.
6 Se debe tratar al adicto como a los demás.
7 El adicto está enfermo y debe estar en las manos de expertos.

2 Escribe

Utiliza los verbos siguientes en imperativo para crear unos eslóganes para una manifestación sobre la adicción, según las opiniones de Trinidad y Juan.

Ejemplo: 1 Castiga a los criminales verdaderos y no a los adictos.

1 castigar
2 proteger
3 ayudar
4 respetar
5 dar
6 admitir

3 Habla

¿Con quién estás de acuerdo, con Trinidad o con Juan? ¿Por qué? Habla con tres compañeros.

Ejemplo: Creo que estoy de acuerdo con los eslóganes de Trinidad, porque desde mi punto de vista los drogadictos no tienen control sobre sus acciones y no son capaces de cambiar de vida.

4 Escribe

Acabas de leer un artículo en el periódico local sobre cómo tratar a los drogadictos. Al final del artículo el editor invita a los lectores del periódico a enviar sus opiniones.

¿Piensas que se debe castigar o ayudar a los drogadictos? Justifica tu respuesta. Escribe 70 palabras con un registro y estilo apropiados.

Repaso

Los jóvenes y la vida sana

1 Escribe

Escribe una descripción sobre si llevas una vida sana o no para la revista juvenil *La Salud* . Explica por qué es difícil (o no) para los jóvenes en el mundo moderno e incluye lo que te gustaría hacer para llevar una vida más sana en el futuro. Escribe entre 70 y 150 palabras.Considera los elementos de la tabla e intenta incluir como mínimo 50 puntos en tu descripción.

Elemento gramatical	Valor	Puntos
un conector (*y*, *o*, *también*, *pero*)	1 punto	
un verbo en presente (*puedo*, *suelo*, *hago*, *me gusta*)	2 puntos	
un adjetivo (*importante*, *grande*, *basura*, *sano*)	3 puntos	
un verbo en pretérito imperfecto (*llevaba*, *me gustaba*, *solía*, *me entrenaba*, *comía*)	3 puntos	
un verbo en condicional (*me gustaría*, *comería*, *me entrenaría*)	5 puntos	
Una frase *si* + condicional	8 puntos	
Total		

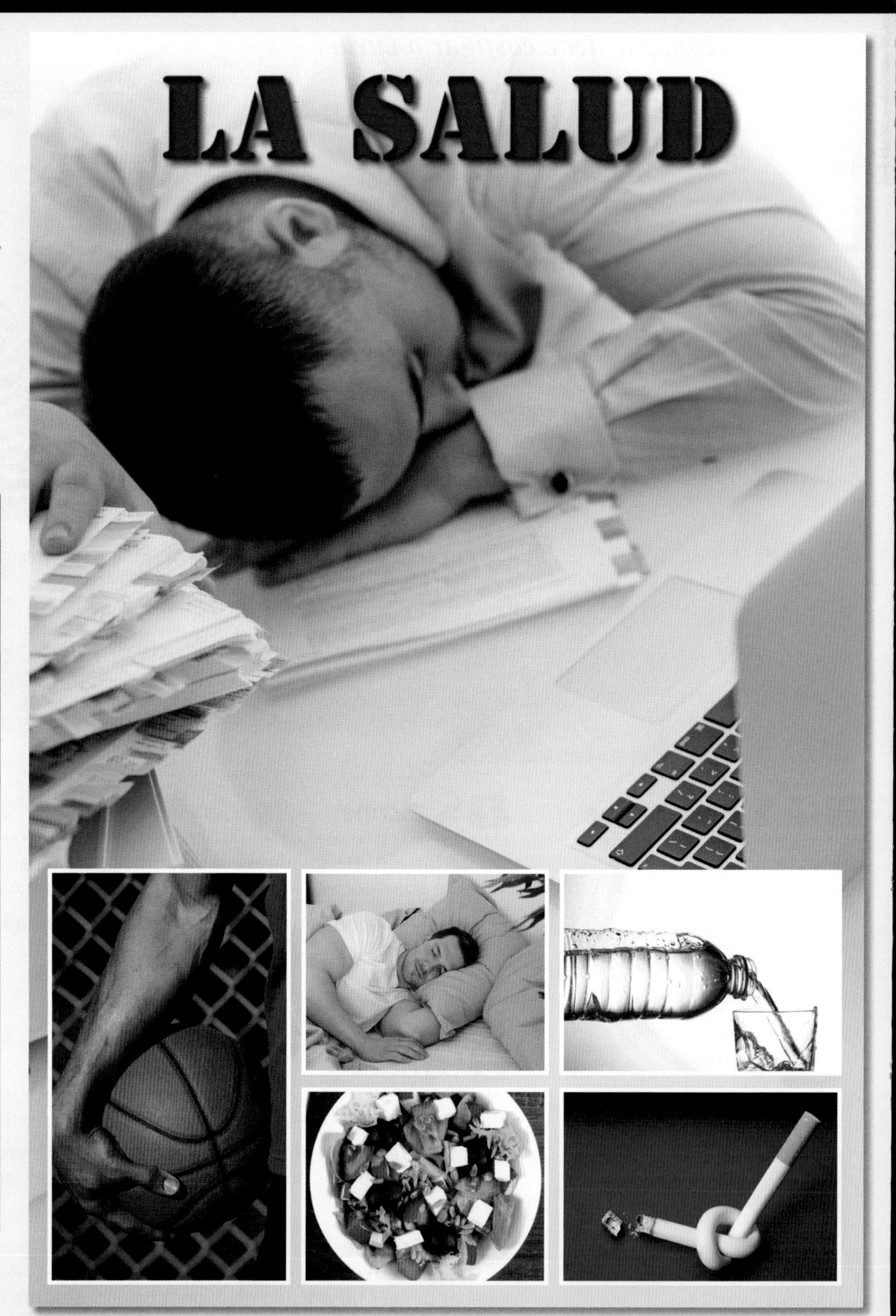

PUNTO DE REFLEXIÓN

¿Es fácil llevar una vida sana? ¿Es más difícil para los jóvenes?

¿Qué te gustaría hacer para estar más en forma? ¿O qué te gustaría recomendar a alguien de tu familia o amigos para animarlos a estar más en forma? Piensa en tres elementos que te gustaría que mejoraran. Habla con un compañero.

Las relaciones personales

Unidad 14

Lo más importante

dinero

Muy importante

éxito

Muy importante

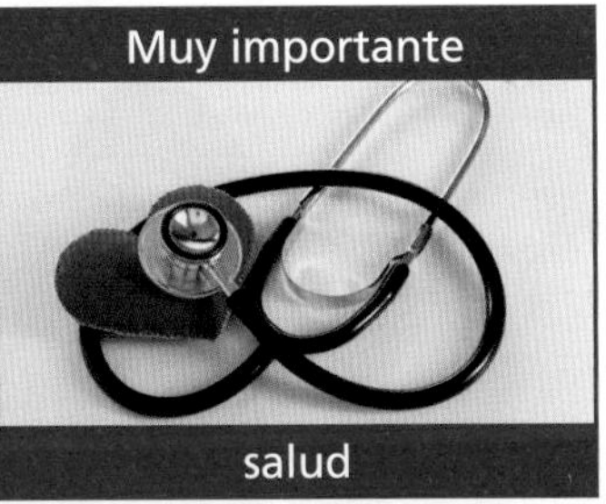

salud

Bastante importante

familia

Bastante importante

felicidad

Bastante importante

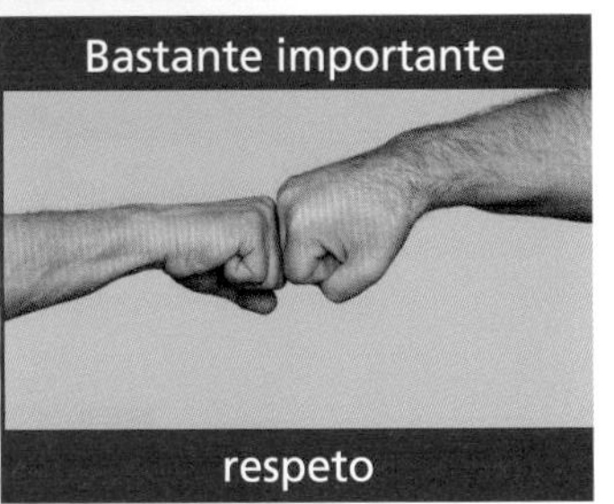

respeto

No muy importante

amigos

No muy importante

amor

Lo menos importante

seguridad

1 Para empezar

Mira las fotos y reorganízalas en las diferentes posiciones, de tal forma que describan tus prioridades en la vida.

2 Habla

Habla con tres compañeros sobre vuestras prioridades e intenta acordar una estructura común con ellos.

Ejemplo: A mi modo de ver el amor es menos importante que el dinero porque no se puede vivir sin dinero.

Identidades

- **Relaciones personales**

Ingenio humano

- **Tecnología**

Teoría del Conocimiento

¿Tienes el derecho de hacer lo que quieres? ¿Es importante tener leyes? ¿Por qué?

¿Varían las leyes en diferentes países/culturas?

Creatividad, Actividad y Servicio

Crea un póster comparando los derechos y los deberes de los jóvenes de tu país y de un país hispanohablante.

Gramática

- **Formas impersonales (repaso)**
- **Expresar y contrastar opiniones**
- **Expresar acuerdo y desacuerdo**

PUNTO DE REFLEXIÓN

¿Por qué no todos nos llevamos bien?

A. *Los derechos de los jóvenes españoles*

Edad	Derechos
14 años	Se puede usar un arma bajo determinadas condiciones legales.
15 años	Se puede conducir una moto de menos de 50 cc.
16 años	Se puede contraer matrimonio. Se puede conducir una moto de menos de 125 cc. Se puede dejar la educación obligatoria.
18 años	Se puede conducir un coche. Se puede beber y comprar alcohol. Se puede ser miembro del Ejército. Se puede votar. Se puede comprar un billete de lotería. Se puede ser candidato a las elecciones para el Congreso de los Diputados.

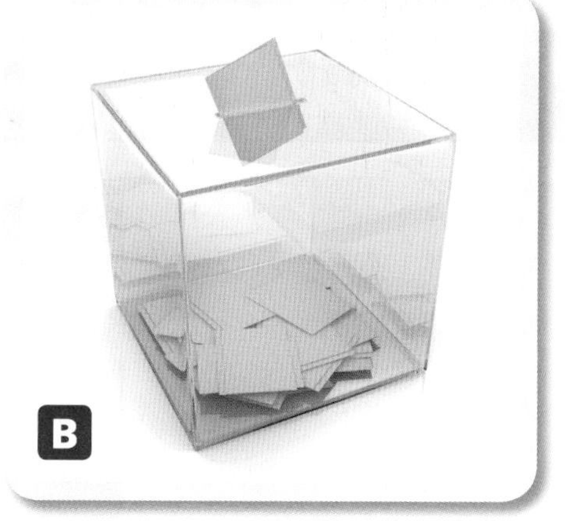

1  Lee

Lee la lista de derechos en España y conecta las fotos con la frase y edad apropiada.

Ejemplo: A Se puede comprar un billete de lotería (18 años).

2 Habla

Habla con tus compañeros en parejas o en grupos de tres. Usa un registro apropiado para una conversación informal.

- ¿Qué piensas de lo que se puede hacer a las diferentes edades en España?
- ¿Hay diferencias con tu país?
- ¿Es justo?
- ¿En tu opinión deberían los jóvenes tener otros derechos a edades diferentes?
- ¿Por qué?

Estoy de acuerdo	No estoy de acuerdo
Claro que sí	¿En serio?
Tienes razón	Ni en tus sueños
Es obvio	¿Qué me cuentas?
No se puede negar que…	Es completamente injusto.
Por supuesto	Es una locura

B. *Los derechos de los jóvenes latinoamericanos*

Luz Nati, 15 años, Bolivia

Aquí en Bolivia tradicionalmente todos los niños trabajaban con sus padres. Se necesitaba ganar dinero para sobrevivir y además se tenía que trabajar en el campo para luego poder comer. Pero, oficialmente, durante los últimos años esto era ilegal. Pero se acaba de cambiar la ley, y ahora se puede trabajar legalmente desde los diez años, con el apoyo de sus padres. Por una parte es algo muy positivo para ayudar a la familia, pero, por otra parte, yo no quiero dejar mis estudios, ¡quiero una vida mejor!

Rubén, 17 años, Costa Rica

A los diez años se puede fumar legalmente en Costa Rica, ¡qué locura! Pero no se puede comprar tabaco hasta los dieciocho años. Me parece una tontería que se puede fumar, pero no se pueda comprar tabaco, es ilógico. Yo no fumo porque en mi opinión es muy nocivo para la salud, y también mi padre fumaba cuando yo era más joven y no me gustaba nada. Pero no creo que la mayoría de los jóvenes sean suficientemente maduros para decidir de manera racional. Muchos de mis amigos dicen que fuman para parecer guay.

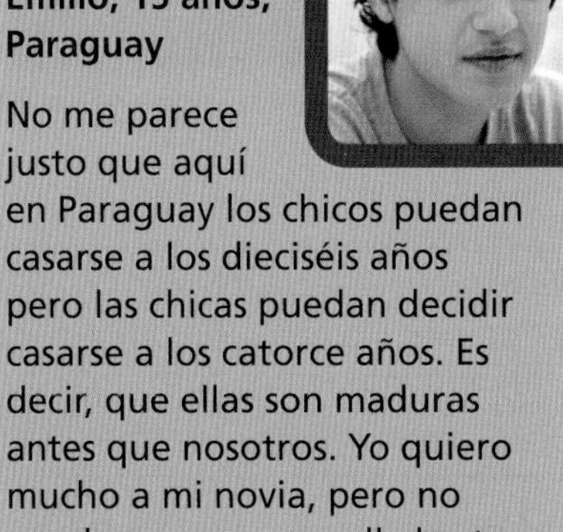

Emilio, 15 años, Paraguay

No me parece justo que aquí en Paraguay los chicos puedan casarse a los dieciséis años pero las chicas puedan decidir casarse a los catorce años. Es decir, que ellas son maduras antes que nosotros. Yo quiero mucho a mi novia, pero no puedo casarme con ella hasta el año que viene. Mis padres se quejan porque dicen que somos demasiado jóvenes y que todavía no entendemos el mundo real. Dicen que debemos esperar, que vamos a cambiar durante los próximos años y que no tenemos suficiente dinero para crear una vida juntos. ¡Pero el amor nos protegerá!

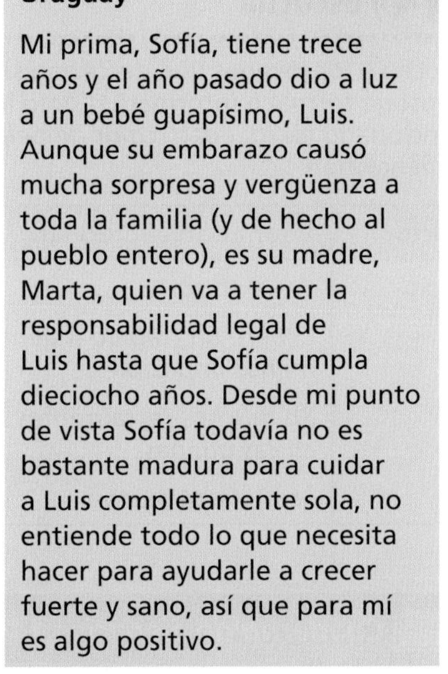

Ignacio, 19 años, Uruguay

Mi prima, Sofía, tiene trece años y el año pasado dio a luz a un bebé guapísimo, Luis. Aunque su embarazo causó mucha sorpresa y vergüenza a toda la familia (y de hecho al pueblo entero), es su madre, Marta, quien va a tener la responsabilidad legal de Luis hasta que Sofía cumpla dieciocho años. Desde mi punto de vista Sofía todavía no es bastante madura para cuidar a Luis completamente sola, no entiende todo lo que necesita hacer para ayudarle a crecer fuerte y sano, así que para mí es algo positivo.

1 Lee

Lee las cuatro descripciones en la página web *La juventud mundial* y contesta las preguntas siguientes. Escribe frases completas.

Ejemplo: 1 Solían trabajar con sus padres.

1 ¿Con quiénes solían trabajar los niños en Bolivia?
2 ¿Qué se puede hacer en Costa Rica a los diez años y qué no se puede hacer?
3 ¿Qué le dicen sus padres a Emilio?
4 ¿Por qué Sofía no puede cuidar a su bebé?
5 ¿Por qué se acaba de cambiar la ley en Bolivia?
6 ¿Por qué Emilio cree que puede casarse con su novia ahora?
7 ¿Por qué cree Rubén que se debe cambiar la ley en Costa Rica?

2 Habla

¿Es demasiado joven? Habla con un compañero para decidir a qué edad se debería poder dejar los estudios, fumar, casarse sin permiso y tener la responsabilidad legal de un hijo. ¿Debería ser igual para todo el mundo?

Ejemplo: No creo que se debería poder dejar los estudios a la edad de doce años. En mi opinión es demasiado pronto porque se debe estudiar para poder crear una vida mejor.

3 Escribe

Una organización internacional quiere examinar leyes de diferentes países que no protegen el bienestar de los jóvenes. Elige una de las descripciones de Luz Nati, Rubén, Emilio e Ignacio, y escribe a la organización para explicar tus opiniones y aclarar a qué edad se debería permitir a los jóvenes hacer ciertas cosas. Elige el tipo de texto y registro más adecuado. Escribe entre 70 y 150 palabras.

C. *La discriminación en el mundo moderno*

1 Escribe

Elige tres personas de las fotos y descríbelas. Escribe sus rasgos físicos (el pelo, los ojos, la piel), y también algo interesante que observes en ellos (sonrisa, humor, etc.).

2 Investiga

Trabaja con un compañero. Elige tres personas de las fotos y busca tres adjetivos para describir a cada persona.

Ejemplo: brillante, resuelto, apasionado

3 Lee

Conecta la forma de discriminación con los sentimientos que genera (1–4) y la foto que la ilustra (A–D).

- Discriminación de identidad étnica
- Racismo
- Sexismo
- Discriminación de edad

1 En muchos casos se discrimina contra mí porque soy mujer, así que obviamente no puedo hacer lo que hacen mis colegas varones. Además, mi cuerpo es mi cuerpo.

2 Tengo la piel oscura, pero no soy ni estúpido ni incapaz, quiero que se me trate de manera igual.

3 Tengo setenta y dos años, ¡pero ni me siento viejo ni estoy muerto! La sociedad debería aprovechar mi experiencia, pero nadie quiere darme un trabajo.

4 Soy gitana, y respeto los valores de mi comunidad. No soy ni criminal ni perezosa. Se me debe conocer antes de juzgarme.

4 Habla

1 Habla con un compañero y decide si los factores que aparecen al comienzo de esta página son importantes o no para definirte. ¿Cuáles son los tres factores más importantes? Justifica tus decisiones.

Ejemplo: Creo que mis amigos no son importantes para definir quién soy porque soy muy independiente.

2 ¿Eres víctima de discriminación a causa de estos factores? ¿Cómo te hace sentir?

Ejemplo: Soy víctima de discriminación a causa de mis amigos porque mucha gente dice que no somos guais.

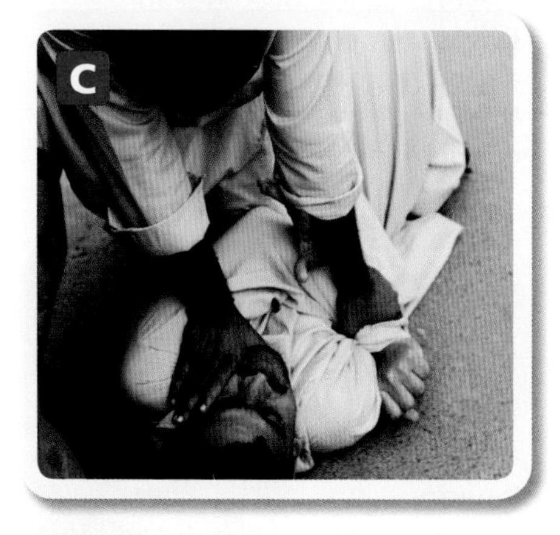

5 Escucha

Escucha a los jóvenes que describen sus experiencias de discriminación. ¿Es un reportaje formal o informal? ¿Cómo lo sabes? Completa la tabla con el factor mencionado (*sexo, edad, color de pelo*, etc.) y un mínimo de dos datos más que se mencionan.

Factor	Información adicional
Sexo	*Es un chico.* *Quiere un trabajo a tiempo parcial para el verano, pero es más o menos imposible.* *En muchos restaurantes solo se ofrece trabajo a las chicas guapas.* *Le molesta mucho.*

Cuaderno de ejercicios 14/1, 14/2

Andrés, 11 años

- Cada día tengo miedo de salir de mi casa para ir al colegio.
- Según los chicos de mi barrio, soy diferente, y para ellos soy inferior.
- Mis padres dicen que tengo que ignorar el abuso, y que, aunque tengo la piel más oscura, tengo el corazón más puro, son ellos los que son inferiores por no entender el mundo.

Trinidad, 16 años

- No me parece justo. La vida es más fácil para los chicos.
- Quiero encontrar un trabajo interesante, y no solo porque soy guapa.
- Creo que en el futuro las mujeres vamos a dominar, en mi opinión somos más inteligentes y más creativas.

Dani, 16 años

- Mis padres son pobres, y la vida es difícil. Mi madre está enferma y mi padre se ocupa de ella.
- Vivimos en una casa pequeña, comparto un dormitorio pequeño con mis dos hermanos menores. Mis padres duermen en el salón.
- Se burlan de nosotros en el barrio porque no tenemos casi nada. Pero no es nuestra culpa.

6 Lee y comprende

1 ¿Has sido discriminado alguna vez? ¿Cómo te hizo sentir?

¿Has visto alguna vez un caso de discriminación hacia otras personas?

2 ¿Quién expresa estas opiniones: Andrés, Trinidad o Dani? Hay tres frases falsas que sobran.

Ejemplo: 1 Andrés

1. No quiere salir de su casa.
2. Cree que el equilibrio entre los hombres y las mujeres va a cambiar.
3. Recibe abuso porque no tiene posesiones modernas.
4. Sus padres no tienen mucho dinero.
5. Sus profesores le niegan oportunidades porque son discriminadores.
6. Quiere tener éxito en la vida a causa de lo que puede hacer, no porque es atractiva.
7. Hay muchos chicos intolerantes en su barrio.
8. Sus padres se mudaron hace cinco años para escapar de la discriminación donde vivían.
9. Recibe abuso porque es extranjero.
10. En su casa falta espacio y sus padres no tienen su propio dormitorio.
11. Le parece frustrante que no haya igualdad para todos.
12. Se queja de que los chicos son violentos y teme por su salud.

7 Habla

Habla con un compañero. Imagina que eres el periodista que habló con estos tres jóvenes. ¿Qué preguntas tienes que hacer para obtener la información de cada viñeta? Hay muchas preguntas posibles.

Ejemplo:

A: ¿Te gusta ir al colegio?

B: Cada día tengo miedo de salir de casa para ir al colegio.

8 Escribe

La revista *Todos Somos Iguales* quiere saber si los jóvenes tienen experiencias de acoso, de intolerancia y de discriminación para publicar unos casos prácticos. Escribe un mínimo de 70 palabras para dar tus opiniones y experiencias sobre la discriminación. ¿Qué tipo de texto vas a escribir? ¿Cuáles son sus características?

Ejemplo:

No tengo mucha experiencia en discriminación, creo que tengo mucha suerte. En mi colegio hay algunos casos de acoso escolar, pero no me parece muy grave porque normalmente los profesores protegen a las víctimas. Además, en mi colegio celebramos la diversidad, y respetamos todas las culturas, etnias y religiones.

D. *El acoso virtual – la amenaza de la tecnología*

Acoso Virtual

intimidar
comunicar imágenes vergüenza proteger mención amenazar amigos
enviar importante discreción fotos destrucción dificultad expresarse
educar expresión educación violencia destruir psicológico
triste riesgos MediosSociales comunicación no protección
horrible tecnológico avergonzar vídeos intimidación
tecnología negativa responsabilidad padres confianza
destruir pánico mensaje nervioso libertad

1 Lee

Categoriza el vocabulario de la nube de palabras. Escribe en la tabla un mínimo de seis palabras en cada categoría.

Verbos en infinitivo	Sustantivos	Adjetivos

2 Lee

Lee los textos. ¿Quién dice…?

1. El acoso virtual impacta en la personalidad.
2. La gente dice lo que quiere en Internet.
3. La educación tiene un papel importante en limitar el acoso virtual.
4. No se deben olvidar los aspectos positivos de la tecnología.
5. Es cuestión de entender cómo debes ser en línea, y con quién debes comunicarte.
6. Cuando se publican mentiras la gente las cree.

3 Lee, escribe y comprende

1. Busca los ejemplos del *se* impersonal en las tres citas. Está el del ejemplo y cinco más.

   Ejemplo: no se debe prohibir el uso de la tecnología.

2. Escribe los ejemplos del *se* impersonal en su forma alternativa.

   Ejemplo: la gente en general no debe prohibir el uso de la tecnología.

3. ¿Se debe estudiar en el colegio cómo comportarse bien en línea o debería ser algo que todo el mundo aprendiera en casa con su familia?

Gramática en contexto

***Se* impersonal: *se* + tercera persona del singular**

Se dice… = La gente en general dice…

Se *debe tener mucho cuidado cuando se utilizan las redes sociales.*

 *Cuaderno de ejercicios 14/3*

Daniela, Buenos Aires, Argentina

Creo que el acoso virtual puede destruir la confianza y el comportamiento. Las fotos y los mensajes negativos causan mucha vergüenza y mucho dolor. Pero no se debe prohibir el uso de la tecnología completamente, en muchos casos se usa la tecnología de manera positiva también.

Santi, Miami, Estados Unidos

En mi opinión es muy importante educar a los padres y a los jóvenes en casa, y también en el colegio. Hay muchos riesgos graves con la tecnología si no se sabe usar bien.

Nicolás, Santiago, Chile

Me preocupa que no se pueda controlar lo que se dice en Internet, en algunos casos se escriben blogs o comentarios para amenazar o acosar a los demás, y no hay nada que se pueda hacer para defenderse, los insultos se convierten en la "verdad".

E. *La revista* Jóvenes Modernos *acaba de publicar una edición especial sobre cómo comportarse en línea*

TEN CUIDADO EN LÍNEA

Begoña tenía dieciséis años. Como todos sus amigos en Pamplona, tenía una cuenta de Twitter y una página de Facebook. Así se comunicaba con todo el mundo, les enviaba mensajes y compartía fotos y vídeos. Era divertido y le gustaba mucho.

Luego conoció a Alejandro en un foro en línea. Los dos utilizaban Twitter para compartir chistes para jóvenes. Alejandro era muy gracioso. Tras enviarse unos mensajes privados en Twitter, también se conectaron en Facebook, y empezaron a charlar cada noche durante unas semanas. Alejandro tenía quince años y era divertido, inteligente e interesante, su chico ideal. Nunca se conocieron en persona, pero se llevaban fenomenal.

Pero casi un mes más tarde el mundo de Begoña se derrumbó.

Tres chicas de su clase, con las cuales no se llevaba bien, comenzaron a revelar muchos detalles personales de Begoña en Facebook. Pronto Begoña se dio cuenta de que Alejandro era una ficción, que fueron las tres chicas las que enviaron todos los mensajes a Begoña. Las chicas publicaron muchas cosas crueles e íntimas, y todo el mundo se rio de Begoña.

Ella se sintió horrible. No fue al colegio durante tres semanas. No podía contestar el teléfono y borró sus cuentas en Facebook y en Twitter. Se sintió sola y paranoica.

1 Lee y comprende

1 Lee el texto. ¿Qué tipo de texto es? ¿A quién se dirige?

2 Relaciona cada principio de frase de la columna de la izquierda con el final adecuado de la columna de la derecha para crear un resumen del texto. Nota: hay más finales de los necesarios.

1 ***A través de una red social*** [*D*]

2 Durante un mes los dos [ ]

3 Tres chicas crearon las cuentas [ ]

4 Begoña perdió toda [ ]

5 Tras las revelaciones Begoña no [ ]

A de Alejandro para atormentar a Begoña.

B pudo ni ver ni hablar con nadie.

C quería encontrar un novio.

D ***conoció a un chico que parecía perfecto.***

E para hacer unos amigos en línea.

F su confianza a causa de las acciones de las chicas.

G admitieron que fue un acto de acoso virtual.

H charlaron cada noche y compartieron detalles personales.

I negaron su responsabilidad para el incidente.

2 Escribe

Contesta las preguntas. Escribe frases completas.

Ejemplo: 1 Tenía dieciséis años.

1 ¿Cuántos años tenía Begoña?

2 ¿Cómo utilizaba Begoña sus cuentas de Twitter y Facebook?

3 ¿Dónde se conocieron Begoña y Alejandro?

4 ¿Cómo era Alejandro?

5 ¿Quiénes eran las tres chicas?

6 ¿Qué impacto tuvo el acoso virtual sobre Begoña?

3 Lee y escribe

Lee el párrafo "Tres chicas de su clase…". Escríbelo otra vez, pero añade también un mínimo de dos adjetivos más, un adverbio más, mejora dos palabras y da una justificación.

4 Escribe

Escribe un mínimo de 70 palabras sobre tus propias experiencias y/o opiniones sobre los peligros del acoso escolar. Elige el tipo de texto más apropiado.

Gramática en contexto

Mejora la calidad de tus descripciones incluyendo elementos gramaticales.

Adjetivos

La tecnología puede ser mala. → La tecnología *nueva* puede ser mala.

Adverbios

La tecnología nueva puede ser mala. → La tecnología nueva puede ser *verdaderamente* mala.

La calidad de las palabras

En vez de escribir *bueno* o *mal,* utiliza palabras más descriptivas.

La tecnología nueva puede ser verdaderamente *mala.* → La tecnología nueva puede ser verdaderamente *peligrosa.*

Justificación

Da razones, explica por qué.

La tecnología nueva puede ser verdaderamente peligrosa → La tecnología nueva puede ser verdaderamente peligrosa *porque puedes revelar detalles personales a personas desconocidas.*

Cuaderno de ejercicios 14/4, 14/5, 14/6

F. *El estrés y los problemas juveniles, ¿cómo te puedo ayudar?*

1 No me llevo bien con mis padres. Mi madre se queja de que no estoy siempre de buen humor, pero ¿qué quiere? Tengo dieciséis años, no tengo confianza, no tengo ni idea de lo que quiero hacer con mi vida, no tengo nada. Es ella la que tiene la culpa de mi mal humor, no entiende mis problemas y no me escucha tampoco. No quiero salir, quiero sentarme en el salón para ver la tele, y no quiero siempre tener prisa, me gusta hacer las cosas lentamente, y cuando tengo ganas de hacerlas, no cuando me lo dice ella. Es una pesada. ¿Pero cómo puedo cambiar la situación?

Fran, dieciséis años

2 No tengo suerte. Estoy harta de buscar trabajo, pero no tengo la "experiencia necesaria". Pero ¿cómo voy a ganar la experiencia si no puedo trabajar? Tengo miedo de pasar todo el verano en casa con mis padres, va a ser horrible porque discutimos mucho, creo que mi madre está loca (debe calmarse un poco, en mi opinión). Necesito ganar dinero para tener más libertad. ¿Me puede ayudar, por favor?

María Dolores, dieciocho años

3 Mis amigos fuman y algunos toman drogas (pero solo a veces, no mucho). Dicen que yo debería probarlas, pero yo no quiero. La verdad es que tengo vergüenza, tengo que fumar un cigarrillo de vez en cuando porque quiero ser popular, pero no puedo hablar con mis padres. Ellos dirían que no debo pasar tiempo con estos amigos porque son una mala influencia. Y el problema es que sé que tienen razón, aunque no lo quiero admitir… ¿Qué debo hacer?

Ángel, dieciséis años

4 Estoy listo para el verano y un poco de libertad. Admito que durante las últimas semanas he tenido muy mal humor, pero estoy harto de estudiar y de no salir para descansar. Me despierto y abro los libros, pero no sé para qué sirve, no tengo mucha confianza en sacar buenas notas. De hecho, estoy de acuerdo con mi amiga Carmen, no quiero un trabajo «tradicional», es decir, ser contable o profesor, quiero hacer algo más creativo, entonces los exámenes no son muy útiles para mi futuro. Pero mis padres dicen que tengo que seguir estudiando, ¡no me entienden! ¿Qué puedo hacer?

Jesús, diecisiete años

5 Estoy en forma. Como bien, bebo mucha agua, duermo ocho horas cada noche. Pero me aburro. Quiero experimentar con cosas nuevas. Quiero salir más. Quiero conocer a más gente, y no solo a los chicos de mi club de atletismo. No obstante, mis padres no aprecian que estoy cambiando, ya no tengo doce años, ni tampoco soy su bebé. Pero no me parece que les interesan mis deseos y el hecho de que no estoy contenta.

Isabel, diecisiete años

1 Lee y comprende

Lee los textos. ¿Dónde se podrían encontrar estos textos? ¿Cuáles son sus características? Decide si las frases son *verdaderas*, *falsas* o si *no se mencionan*.

	Verdadero	Falso	No se menciona
1 *Fran está harto de las quejas de su madre.*	✔		
2 Fran tiene unos deseos muy claros para su futuro.			
3 María Dolores necesita escapar de su casa.			
4 Ángel bebe cerveza con sus amigos en el parque.			
5 Jesús tiene miedo de no conseguir un trabajo que pague bien.			
6 Isabel lleva una vida muy sana.			

2 Lee y escribe

1 Conecta el problema con la persona.

Ejemplo: A Isabel

- **A** Su vida es muy aburrida.
- **B** Quiere más libertad.
- **C** Sus amigos llevan una vida poco saludable.
- **D** Su madre no le escucha.
- **E** No quiere estudiar más.

2 Decide qué sugerencia sería apropiada para cada persona. Sobra una sugerencia.

Ejemplo: A María Dolores

- **A** Tienes que ir a los restaurantes y cafés de tu pueblo en persona para pedir trabajo y así demostrar que eres una candidata dinámica y flexible.
- **B** Tú ya sabes que estos "amigos" no son amigos de verdad. Tienes que protegerte y buscar otros amigos.
- **C** Va a ser difícil, pero intenta hablar con tus padres y explicarles la situación y tus deseos. Si no estás contenta, te van a ayudar.
- **D** Sois diferentes, pero probablemente sois bastante similares también. Debéis buscar algo en común: una actividad o algo donde no tengáis que hablar mucho.
- **E** Intenta evitarla durante el recreo, y pronto ella va a olvidar la discusión completamente. A veces es mejor no agravar el problema, ten paciencia.
- **F** Desafortunadamente los exámenes son importantes y vale la pena seguir estudiando.

Vocabulario

Expresiones con *tener*	Expresiones con *estar*
tener confianza	estar contento/a
tener ganas (de)	estar de acuerdo
tener la culpa	estar de buen humor / estar de mal humor
tener miedo (de)	estar en forma
tener prisa	estar harto/a (de)
tener que	estar listo/a
tener razón	estar loco/a
tener suerte	
tener vergüenza	

3 Escribe

El periódico pide a sus lectores ayudar a los jóvenes con problemas. Elige dos de los jóvenes y escribe tus consejos para ayudar con sus inquietudes. Escribe un mínimo de 20 palabras por consejo, utilizando un imperativo.

4 Investiga

Habla con tu compañero. ¿Podéis adivinar el significado del vocabulario del recuadro? Busca las expresiones en los textos para ver su contexto.

5 Escribe

Elige cinco de las expresiones. Escribe cinco frases completas (una por expresión) para describir el estrés en tu vida.

Ejemplo: Estoy harto de cuidar de mi hermano menor porque mi madre tiene que trabajar, no es justo.

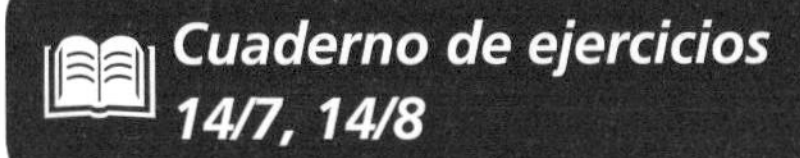

6 Escucha, habla y comprende

1 Escucha a Lucía y a Jorge que hablan de los problemas que afectan a los jóvenes donde viven. ¿Es una conversación formal o informal? ¿Cómo lo sabes? ¿Cuál es el objetivo de la conversación? Escribe quién menciona los problemas siguientes y cómo se los describe.

- La falta de trabajo
- El acoso escolar
- El estrés
- Los problemas de salud

2 ¿Cuáles son los problemas principales para los jóvenes donde vives? ¿Todos los jóvenes del mundo tienen los mismos problemas? ¿Por qué, en tu opinión, se dice a menudo que los jóvenes son "malos"?

7 Escribe

Tu mejor amiga no tiene la confianza necesaria para escribir a la consejera sentimental del periódico local de su pueblo. Ayúdala a describir sus inquietudes y a explicarlas. Elige el tipo de texto y registro más adecuado. Utiliza uno de los problemas ilustrados en las fotos e incluye un mínimo de cinco expresiones con *tener* o *estar*.

G. *¿Diferentes pero iguales? El sexismo en el mundo moderno*

www.sexismoentuvida.es

Cinco mujeres describen sus experiencias sexistas en el mundo moderno

Susana, veintitrés años, Madrid: Después de trabajar en la misma oficina durante cinco años, quiero más. Quiero encontrar un hombre simpático y generoso, y quiero tener hijos. No obstante, aunque tengo muchas ganas de ser madre, también quiero seguir trabajando un poco, ya que me gusta mucho, y me encanta tener mi propia independencia. Pero los hombres son demasiado egoístas y no quieren casarse con una mujer fuerte, y tampoco quieren quedarse en casa para cuidar a los niños. Para mí es una actitud sexista suponer que las mujeres van a estar en casa y que los hombres deben salir para ganar el dinero.

Yolanda, dieciocho años, Badajoz: Acabo de escribir mis opiniones sobre el sexismo y la desigualdad en la página web de la campaña *Contra el sexismo en tu vida*. Es un proyecto fascinante para compartir experiencias sexistas, ya sea en el trabajo, en la calle o en casa. Describí mis sentimientos de miedo de salir sola por la noche. La verdad es que me encantaría ser invisible, porque a menudo los hombres gritan cosas horribles o indecentes. Nunca llevo una falda corta para salir, prefiero llevar pantalones porque no atraen tanta atención, pero es una lástima, y la experiencia siempre me pone muy triste. Para mí es una forma de acoso muy grave.

Raquel, veintidós años, Málaga: No quiero cobrar menos que mis compañeros de trabajo varones. No quiero tener que demostrar constantemente mi capacidad y tener que luchar más solo porque soy mujer. Estoy harta de no conseguir los mejores trabajos, y sospechar que sucede porque soy una mujer. En mi opinión tenemos que ayudar ahora a las mujeres modernas para luego garantizar una vida más próspera a las chicas del futuro. Creo que cada empresa debe tener un mínimo del 50 % de mujeres en la oficina, y también en su consejo de administración. La influencia femenina va a mejorar las compañías porque va a ofrecer una perspectiva adicional, somos más imaginativas y fiables.

María Ángeles, diecinueve años, A Coruña: ¿Por qué no se ve a hombres guapísimos en los anuncios de yogures o cereales? ¿Por qué siempre salen mujeres delgadas que quieren perder aún más peso? Me parece ridículo, y me molesta mucho. El mundo de la publicidad es increíblemente sexista. ¿Todas las mujeres son, o quieren ser, talla cero? ¡Qué va! Yo mido un metro cincuenta y seis y no estoy muy delgada, pero estoy contenta, y además mi novio me quiere mucho; para mí es más importante tener personalidad que tener poca cintura. Solo pido un poco de igualdad y de…, no sé, realidad.

Marisa, veintisiete años, Zaragoza: Estoy contenta con quien soy. Soy atractiva, inteligente y relajada. Trabajo muchas horas, y también me gusta salir con mis amigos por la noche. Me encanta ir a festivales y descansar mientras escucho a mis grupos favoritos. Pero cada vez que voy a un festival tengo miedo de la violencia sexual. Muchos hombres creen que me pueden tocar de manera inapropiada, pero no debería ser así. El año pasado fui a San Fermín, en Pamplona, durante tres días, y no fue agradable. Fue una experiencia horrible porque había gente borracha, grosera y maleducada. Tuve miedo. Un hombre intentó quitarme la camiseta, y me sentí muy mal. Nunca voy a volver. Creo que es necesario hacer más por educar a la gente para que todos podamos sentirnos seguros en cualquier fiesta, festival o celebración.

1 Lee

Elige la opción apropiada para cada frase de acuerdo con las historias personales que aparecen en la página web.

Ejemplo: 1 B

1 Susana tiene ganas de (A) compartir los trabajos domésticos con su pareja / (B) encontrar un hombre que quiera quedarse en casa con sus hijos.

2 Yolanda acaba de contribuir a una campaña en línea que describe (A) el sufrimiento / (B) los deseos de las mujeres.

3 Cuando sale, Yolanda prefiere vestirse de manera (A) conservadora / (B) moderna a causa de la atención de los hombres.

4 Raquel no entiende por qué las mujeres no ganan (A) el mismo sueldo / (B) más dinero que los hombres haciendo el mismo trabajo.

5 A Raquel le parece que debería haber más mujeres en las compañías porque son más (A) creativas / (B) atrevidas.

6 María Ángeles está harta de ver salir en los anuncios a (A) las chicas guapas / (B) los chicos atractivos.

7 En su opinión la publicidad debe mostrar (A) el sueño de todos / (B) la vida real.

8 Yolanda sale a la calle por la noche con (A) temor / (B) confianza porque los hombres son (A) respetosos / (B) abusivos.

9 (A) Estaba orgullosa / (B) Tuvo miedo, a causa de la actitud de los hombres que (A) tomaban drogas / (B) bebían demasiado.

2 Escucha y escribe

Escucha a los dos amigos que hablan en una entrevista para la página web de sus opiniones sobre el sexismo y escribe tus respuestas a las preguntas siguientes. Escribe frases completas.

Ejemplo: 1 Sufre el sexismo en el colegio cuando los chicos creen que ligan con sus amigas. El problema es que no es ligar, es una forma de acoso sexual.

1 ¿Dónde sufre Sonia el sexismo?

2 ¿Cuál es la causa de los problemas?

3 ¿Qué efecto tienen sus palabras y sus gestos?

4 ¿Los chicos entienden el impacto de sus acciones?

5 ¿Todos los chicos son iguales?

6 ¿Qué consejo da Manuel a Sonia?

7 ¿Qué quieren conseguir al hablar del tema?

3 Habla y comprende

1 Habla con tres compañeros para decidir quién debe hacer las actividades siguientes, ¿los hombres, las mujeres o ambos? Justificad vuestras decisiones.

- Planchar la ropa
- Cocinar
- Hacer bricolaje
- Cuidar de los niños
- Limpiar la casa
- Ganar dinero para la familia

2 ¿Las relaciones entre los hombres y las mujeres son iguales en todos los países? ¿Por qué?

4 Escribe

La campaña *Contra el Sexismo Cotidiano* invita a los jóvenes menores de veintiún años a compartir sus experiencias sexistas en el mundo actual y sus opiniones sobre este problema en la sociedad. Escribe un mínimo de 70 palabras para su página web.

Utiliza la tabla para guiar tu descripción. Incluye como mínimo 30 puntos.

Elemento gramatical	Puntos
Adjetivo (*sano, horrible*)	1
Adverbio (*normalmente, frecuentemente*)	1
Conector (*y, sin embargo*)	2
Comparativo relativo (*más...que / menos...que / tan...como*)	2
El pretérito imperfecto	3
El pretérito indefinido	3
El condicional	4
El futuro inmediato (*ir a*)	5
El imperativo	6

Ejemplo: Creo que el sexismo es...

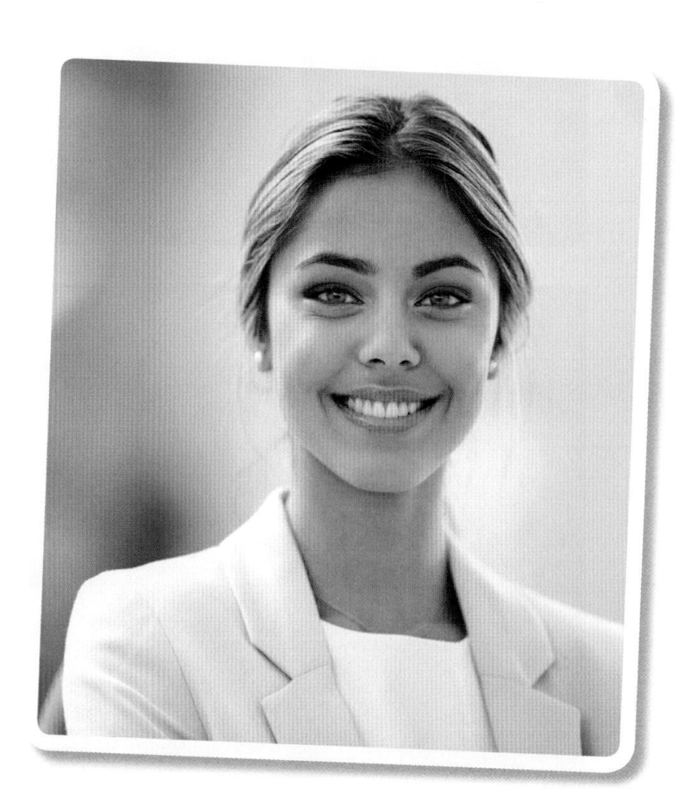

Repaso

Enfrentarse al acoso

Vocabulario

Para describir una foto

- En esta foto podemos ver…
- En la foto se ve…/se observa…
- En primer plano
- Al fondo de la foto
- Arriba a la izquierda/a la derecha
- Abajo a la izquierda/a la derecha

1 Habla

Mira las imágenes y contesta las siguientes preguntas sobre cada foto con un compañero.

FOTO 1

1 Describe a dos de las personas en la foto.

2 En tu opinión, ¿dónde y cuándo ocurre esta escena?

3 ¿Qué tienen en la mano?

FOTO 2

1 ¿Qué hacen las dos chicas al fondo de la foto?

2 ¿Cuál es su intención?

3 ¿Qué hace la chica en primer plano?

FOTO 3

1 ¿Qué le ocurrió a la chica de la chaqueta gris?

2 ¿Cómo está ahora la chica de la chaqueta gris?

3 ¿Qué puede hacer la chica para enfrentar el acoso?

2 Escribe

Ahora escribe una historia de entre 70 y 150 palabras basándote en la secuencia de las tres fotos. Compara cómo estaba la chica de la chaqueta gris antes y cómo está ahora. Utiliza expresiones con *estar* y *tener* aprendidas en esta unidad.

PUNTO DE REFLEXIÓN

¿Por qué no todos nos llevamos bien?

Escribe una lista de todos los factores que causan que la gente no se lleve bien. ¿Esos factores cambian mucho con el paso del tiempo? ¿Cuáles no existían hace cincuenta años?

Acknowledgements

The authors and publishers acknowledge the following sources of copyright material and are grateful for the permissions granted. While every effort has been made, it has not always been possible to identify the sources of all the material used, or to trace all copyright holders. If any omissions are brought to our notice, we will be happy to include the appropriate acknowledgements on reprinting.

Thanks to the following for permission to reproduce images:

Cover Image: Gabriel Perez/Getty Images

Unit 1: jhorrocks/GI; Anastasiia_Guseva/GI; timyee/GI; axelbueckert/GI; DMEPhotography/GI; Tara Moore/GI; szefei/GI; medesulda/GI; Plume Creative/GI; michaeljung/GI; monkeybusinessimages/GI; Koraysa/GI; DeanDrobot/GI; tumdee/GI; Ylivdesign/GI; Ganna Galata/GI; Blankstock/GI; enot-poloskun/GI; ricochet64/GI; Jessica Peterson/GI; Josep Maria Gerardo/GI; Fuse/GI; alvarez/GI (x2); Fuse/GI; Axel Bueckert/GI (x3); Ariel Skelley/GI; George Doyle/GI; Leremy/Shutterstock; subjug/GI; billnoll/GI; Luis Santos/Shutterstock; Zdenka Darula/Shutterstock; R. Gino Santa Maria/Shutterstock; Foodcollection RF/GI; Cagisha/GI; AlexRaths/GI; Sergey_Peterman/GI; Paul Matthew Photography/Shutterstock; Art-Y/GI; Anna Maloverjan/Shutterstock; Mrkornflakes/Shutterstock; Jaimie Duplass/Shutterstock; Konstantin Sutyagin/Shutterstock; Wavebreakmedia/Shutterstock; Virinaflora/Shutterstock (x2); aren Jai Wicklund/Shutterstock; Dragon Images/Shutterstock; Andresr/Shutterstock; **Unit 2:** Comstock/GI; travenian/GI; SanneBerg/GI; RomanSotola/GI; Creatista/Shutterstock (x2); Comstock/GI; hardyuno/GI; Andy Dean Photography/Shutterstock; Bikeriderlondon/Shutterstock; NikiLitov/GI; Pierre Aden/GI; Estudi M6/Shutterstock; Fotoluminate LLC/Shutterstock; Galina Zharkova/Shutterstock; Deborah Kolb/Shutterstock; meaghanbrowning/GI; Flashpop/GI; Jonathan Mark Ogden/GI; Fotoluminate LLC/Shutterstock; Galina Zharkova/Shutterstock; Bikeriderlondon/Shutterstock; George Mdivanian/GI; Neosiam/GI; dendong/GI; Coprid/GI; MarisaLia/GI (x2); Image Source/GI (x2); Creative Crop/GI; Sjo/GI; Fabrice Lerouge/GI; Sudipta Haldar/GI; Estudi M6/Shutterstock; Galina Zharkova/Shutterstock; Deborah Kolb/Shutterstock; Comstock/GI; Fotoluminate LLC/Shutterstock; Andy Dean Photography/Shutterstock; Creatista/Shutterstock; Comstock/GI; SanneBerg/GI; fotostorm/GI; fotostorm/GI; jax10289/GI; ElenaNichizhenova/GI; LoweStock/GI; CherriesJD/GI; nito100/GI; seksan Mongkhonkhamsao/GI; omgimages/GI; Tim Robberts/GI; Meinzahn/GI; RichVintage/GI; Perseomed/GI; PeopleImages/GI; matthibcn/GI; **Unit 3:** TommL\GI; bmelofo/GI; Fancy/Veer/Corbis/GI (x2); Ray Bradshaw/GI; PeterHermesFurian/GI; TwilightShow/GI; Hero Images/GI; Maxim Chuvashov/GI; Dorling Kindersley/GI; Ken Kaminesky/GI; 101dalmatians/GI (x2); Thiti Sukapan/GI; Compassionate Eye Foundation/Gabriela Medina/GI; Andreas Stamm/GI; Galina Barskaya/Shutterstock; Felix Mizioznikov/Shutterstock; Jenkedco/Shutterstock; Stockyimages/Shutterstock; **Unit 4:** Jovenes Coeineros food festival poster is used by permission of Tu Huesca; ma-k/GI; Burcu Atalay Tankut/GI; JoeGough/GI; jumpphotography/GI; ValentynVolkov/GI; Saaster/GI; Kristof Frhlich/GI; nevodka/GI; Carsten Schanter/GI; mikroman6/GI; fcafotodigital; DragonImages/GI; Stockyimages/Shutterstock; Morsa Images/GI; Djomas/Shutterstock; Alliance/Shutterstock; almoond/GI; fcafotodigital/GI; gibgalich/GI; rimglow/GI; fcafotodigital/GI; Alexandru Logel/Shutterstock; tycoon751/GI; gbh007/GI; ValentynVolkov/GI; Garo/Phanie/GI; Joy Skipper/GI; Laurie Castelli/GI; Karaidel/GI; mama_mia/Shutterstock; Klaus Vedfelt/GI; BonArea; Marakit_Atinat/GI; Germano Poli/GI; Suzifoo/GI; Copyright Xinzheng. All Rights Reserved./GI; Sezeryadigar/GI; Sfocato/GI; ihorga/GI; Oleksandr Perepelytsia/GI; Cláudio Policarpo/GI; Olaf Speier/Shutterstock; DebbiSmirnoff/GI; Ildi Papp/Shutterstock; yayayoyo/GI; danielsbfoto/GI; DMEPhotography/GI; Nastia11/GI; XiXinXing/Shutterstock; Kike Calvo/Flickr; Glenn R. Specht-grs photo/Shutterstock; Patty Orly/Shutterstock; Neil Setchfield/Alamy; Fernando Trabanco Fotografía/GI; baibaz/GI; Image Source/GI; mgkaya/GI; tashka2000/GI; Science Photo Library/GI; Maica/GI; boule13/GI; likstudio/GI; Tom Baker/GI; Markus Gann/GI; Subbotina Anna/Shutterstock; **Unit 5:** Ramon Espelt Photography/Shutterstock; 3000ad/Shutterstock; haraldmuc/Shutterstock; Madrugada Verde/Shutterstock; DC_Colombia/GI; m.iskandarov/Shutterstock; Westend61/GI; abogdanska/Shutterstock; FrankvandenBergh/GI; lisandrotrarbach/GI; deepblue4you/GI; Westend61/GI; Flashpop/GI; SensorSpot/GI; Zina Seletskaya/Shutterstock; Flashpop/GI; fitopardo.com/GI; stoonn/Shutterstock; FooTToo/GI; John Noble/GI; Jeff Greenberg/GI; thebroker/GI; Tony Weller/GI; Wavebreakmedia/GI; Tom Hopkins/GI; Westend61/GI; recep-bg/GI; vm/GI; Johner Images/GI; Lane Oatey/Blue Jean Images/GI; Pawel Libera/GI; Blend Images - KidStock/GI; Streeter Lecka/GI; zhudifeng/GI; Ventura Carmona/GI; Lyn Holly Coorg/GI; Marcelo Nacinovic/GI; WIN-Initiative/GI; Westend61/GI; Klaus Tiedge/GI; Jim Craigmyle/GI; Thomas Barwick/GI; Meinzahn/GI; John Eder/GI; Hill Street Studios/GI; dt03mbb/GI; Empresa de Transporte Masivo del Valle de Aburrá Limitada. Metro de Medellín Ltda; Secretaría de Movilidad de Medellín; El material es propiedad de Fundación Víztaz www.viztaz.org; Carlos Mora/Alamy; PeterHermesFurian/GI; nicolasdecorte/GI; jopstock/GI; **Unit 6:** J. L. Levy/Shutterstock; Gusto Images/GI; Nacho Such/Shutterstock; Rm/Shutterstock; medesulda/GI; filipefrazao/GI; Planet Observer/GI; Luxy Images/GI; Matthew Williams-Ellis/GI; Ksenia Ragozina/Shutterstock; Westend61/GI; Christian Wilkinson/Shutterstock; UrchenkoJulia/GI (x3); saemilee/GI; tkacchuk/GI; Vijay kumar/GI; studiogstock/GI; Davids48/GI; koya79/GI; undefined undefined/GI; wektorygrafika/GI; AVIcons/GI; siridhata/GI; FrankvandenBergh/GI; Nickolay Stanev/Shutterstock; gpointstudio/Shutterstock; Ariwasabi/Shutterstock; auremar/Shutterstock; Allison Hays-Allicat Photography/Shutterstock; Dana E. Fry/Shutterstock; AlenD/Shutterstock; Chris Coe/Design Pics/GI; Buena Vista Images/GI; JackF/GI; gary yim/Shutterstock; robert cicchetti/Shutterstock; Simon Laprida/Shutterstock; **Unit 7:** PeopleImages/GI; petejau/GI; ShaneMyersPhoto/GI; Howard Kingsnorth/GI; Kelly Cheng Travel Photography/GI; padchas/GI; Joseph Sohm; Visions of America/GI; Peter Adams/GI; Jane Sweeney/GI; MicrovOne/GI (x13); Arnold Media/GI; Julien McRoberts/GI; stockyimages/GI; saiko3p/GI; omersukrugoksu/GI; AzFree/GI; Mic hael/Shutterstock; Janoj/GI; Serhii Brovko/GI; igorshi/GI; KreativKolors/Shutterstock; Google map of Medellin Colombia is used by the permission of Google; piccaya/GI; fonikum/GI (x4); Amin Yusifov/GI; AVIcons/GI (x2); Elvinagraph/GI; Krzysztof Dydynski/GI; The International Photo Co./GI; Johannab/Flickr; Stephen Rafferty/GI; Jess Kraft/Shutterstock; Jerric Ramos/Shutterstock; Vitalii Bashkatov/Shutterstock; nicolasdecorte/Shutterstock; Michaelpuche/Shutterstock; K. Miri Photography/Shutterstock; sunsinger/Shutterstock; Ignatius Tan/GI; IvanGuevara/GI; miff32/GI; saiko3p/GI; Vijay Patel/GI; DC_Colombia/GI; Jesse Kraft/GI; KenWiedemann/GI; Romulo Rejon/GI; holgs/GI; **Unit 8:** dddb/GI; monkeybusinessimages/GI; gbh007/GI; Patrick Foto/GI; Boarding1Now/GI; Filip Fuxa/GI; Astrakan Images/GI; chege011/GI; PhotoAlto/Dinoco Greco/GI; monkeybusinessimages/GI; Monkey Business

Acknowledgements

Images/Shutterstock; Monkey Business Images/Shutterstock; Rachel Watson/GI; chege011/GI (x8); nenetus/Shutterstock; andresr/GI; Ryan McVay/GI; Leontura/GI (x4); David Madison/GI; microgen/GI; Angela940/GI; Ben-Schonewille/GI; Creative Crop/GI; jutka5/GI; ncognet0/GI; Dorling Kindersley/GI; Devonyu/GI; g-stockstudio/GI; m-imagephotography/GI; ruivalesousa/GI; EricFerguson/GI; monkeybusinessimages/GI; David Ramos/GI; Junior Gonzalez/GI; Stephen Dunn/GI; Encyclopaedia Britannica/UIG/GI (x3); Frank Peters/GI; Globe Turner/Shutterstock; Christophe Ena/AFP/Getty Images/GI; Clive Brunskill/Allsport/GI; bellenixe/Shutterstock; Syda Productions/Shutterstock; Zephyr18/GI (x2); martin-dm/GI; Ivanko_Brnjakovic/GI; TV channel 1 logo' is from RTVE Corporation (x2); TV channel 24H logo' is from RTVE Corporation; TV tdp logo' is from RTVE Corporation; Antena 3 logo' is used with the permission of Atresmedia Television; TV channel 5 logo' is from Telecino; TVE channel logo is from RTVE Corporation; Johner Images/GI; arieliona/GI; Shoji Fujita/GI; SerrNovik/GI; Westend61/GI (x2); kate_sept2004/GI; Jamie Garbutt/GI; Goodluz/GI; Romaoslo/GI; Tim Macpherson/GI; Image Source/GI; **Unit 9:** RapidEye/GI; Caiaimage/Sam Edwards/GI; Wavebreakmedia/GI; ZouZou/Shutterstock; Eric Lafforgue/Art In All Of Us/Corbis/GI; Sebastian Kopp/GI; Caiaimage/Robert Daly/GI; IICD/Flickr (x3); Anders Ryman/GI; weerapong pumpradit/Shutterstock; Peopleimages/GI; **Unit 10:** El Coleccionista de Instantes Fotografía & Video/Flickr (x3); catnap72/GI; viperagp/GI; El Coleccionista de Instantes Fotografía & Video/Flickr (x3); pegatina1/Flickr; Philippe Teuwen/Flickr; Niedring/Drentwett/GI; Graham McLellan/Flickr; Joe Calhoun/Flickr; El Coleccionista de Instantes Fotografía & Video/Flickr; Asier Solana Bermejo/Flickr; Migel/Shutterstock; Goodshoot RF/GI; Tony Anderson/GI; Compassionate Eye Foundation/GI; mariusz_prusaczyk/GI; santirf/GI; Lisiza/GI; El Coleccionista de Instantes Fotografía & Video/Flickr; Iakov Filimonov/Shutterstock; Ezra Bailey/GI; gpointstudio/GI; brusinski/GI; Jessica Peterson/GI; Jose Mesa/Flickr; DaveLongMedia/GI; Ron Levine/GI; ImageDB/GI; Martin Alvarez Espinar/Flickr; Gabriel Bouys/AFP/Getty Images; Tamara Kulikova/Shutterstock; Virginia Monita/Flickr; Jose M. Gavira/GI; StockPhotoAstur -shutterstock; Migel/Shutterstock; Javier Etcheverry/Alamy; Jordi Paya/Flickr; janssenkruseproductions/GI; SOPA Images/GI; Cris Bouroncle/GI; Dirección de Comunicación y Medios Municipio de Villarino/Flickr; Christian Frausto Bernal/Flickr; manuel m. v./Flickr; Compassionate Eye Foundation/Ezra Bailey/GI; Neustockimages/GI; **Unit 11:** Stats visual about online shopping habits in Spain is used with the permission of Lateweb; Henrik Sorensen/GI; moianes/Flickr; andresr/GI; arenysam/GI; eternalcreative/GI; Krzysztof Dydynski/GI; Ken Welsh/Design Pics/GI; Henglein and Steets/GI; Vostok/GI; Helen King/Corbis/GI; 97/GI; Ikonoklast_Fotografie/GI; oneblink-cj/GI; Wavebreakmedia/GI; Juanmonino/GI; Ljupco/GI; Jose A. Bernat Bacete/GI; abluecup/GI; Jamie Grill/GI; Andrew_Rybalko/GI; PeopleImages/GI; photobac/GI; erikreis/GI; kupicoo/GI; igabriela/GI; drbimages/GI; PhotoAlto/Frederic Cirou/GI; Rostislav_Sedlacek/GI; **Unit 12:** Poster for blood donations is used with the permission of WHO; PhotoEuphoria/GI; JGI/Jamie Grill/GI; Michael Heim/GI; Todd Pearson/GI; tab1962/GI; choja/GI; ugurhan/GI; SIphotography/GI; LeventKonuk/GI; philipimage/GI; dobok/GI; BravissimoS/GI; LattaPictures/GI; billnoll/GI; Victor_69/GI; Gen Nishino/GI; Poike/GI; Alex-White/GI; Image Source/GI; Anna Bizon/GI; MrKornFlakes/GI; vitapix/GI; ViewApart/GI; MitarArt/Alamy; fatihhoca/GI; damircudic/GI; Wladimir Bulgar/GI; KatarzynaBialasiewicz/GI; US Mission to the United Nations Agencies in Rome/Flickr; Wildpixel/Getty Images; Antonio_Diaz/GI; Dmitry_Evs/GI; RossellaApostoli/GI; Dan Foy/Flickr; **Unit 13:** Kennan Harvey/GI; nattrass/GI; FatCamera/GI; Dave and Les Jacobs/GI; Caiaimage/Paul Bradbury/GI; PhotoAlto/Odilon Dimier/GI; ElenaNichizhenova/GI; Pete Saloutos/GI; Tetra Images/GI; Yuri_Arcurs/GI; Yuri_Arcurs/GI; Tetra Images/GI; Sami Sarkis/GI; ermingut/GI; MachineHeadz/GI; TheCrimsonMonkey/GI; Martin Novak/GI; mtreasure/GI; Rancz Andrei/Alamy; Michaela Begsteiger/GI; PRImageFactory/GI; esolla/GI; U.S. Department of Agriculture/Flickr; Martin Barraud/GI; monticelllo/GI; golero/GI; Richard Drury/GI; creacart/GI; turk_stock_photographer/GI; Markus Boesch/GI; moodboard/GI; dra_schwartz/GI; ratmaner/GI; Anna Bizon/GI; **Unit 14:** clubfoto/GI; Ariel Skelley/GI; BravissimoS/GI; Robert Daly/GI; drbimages/GI; palinchakjr/GI; Hero Images/GI; mediaphotos/GI; masterovoy/GI; TaxCredits.net/Flickr; rzelich/GI; pvstory/GI; Westend61/GI; Nednapa Chumjumpa/GI; ManuelVelasco/GI; Glow Images/GI; PictureNet/GI; Yasser Chalid/GI; Image Source/GI (X2); Juanmonino/GI; Michaela Begsteiger/GI; Javier Ignacio Acuña Ditzel/Flickr; danishkhan/GI; Danielle Pereira/Flickr; Ministerio Secretaría General de Gobierno/Flickr; Picturenet/GI; Maria Fuchs/GI; Henrik Sorensen/GI; Image Source/GI; martin-dm/GI; LuckyBusiness/GI; princigalli/GI; Silke Enkelmann/GI; DNY59/GI; Paul Bradbury/GI; Steve Debenport/GI; Phil Boorman/GI; drbimages/GI; Dean Mitchell/GI; MrsWilkins/GI; Yuri_Arcurs/GI; SpeedKingz/Shutterstock (x3).

Key: GI=Getty Images